Wolkenkind

Soname Yangchen
mit Vicki Mackenzie

Wolkenkind

Aus dem Englischen von
Reinhard Kreissl

Weltbild

Die englische Originalausgabe erschien unter dem Titel
Child of Tibet bei Piatkus, London.

Besuchen Sie uns im Internet:
www.weltbild.de

Genehmigte Lizenzausgabe für Verlagsgruppe Weltbild GmbH,
Steinerne Furt, 86167 Augsburg

Ein Unternehmen der Droemerschen Verlagsanstalt
Th. Knaur Nachf. GmbH & Co. KG, München
Übersetzung: Reinhard Kreissl
Umschlaggestaltung: ZERO Werbeagentur, München
Umschlagmotiv: FinePic, München/Helmut Henkensiefen
Fotos im Text: © privat
Gesamtherstellung: Bagel Roto-Offset GmbH & Co.KG,
Gewerbegebiet Sachsen-Anhalt Süd, Kirchweg, 06721 Schleinitz
Printed in Germany

ISBN 3-8289-8645-5

2009 2008 2007 2006
Die letzte Jahreszahl gibt die aktuelle Lizenzausgabe an.

Für Tenzin Deckyi

Kapitel 1

Wilde Anfänge

Ich kam in einem windigen Kuhstall in einer verlassenen Gegend im Süden Tibets zur Welt. Meine Mutter melkte gerade eine Kuh. Eine Stunde nach meiner Mutter gebar auch die Kuh. Man hielt das für ein gutes Vorzeichen, und so nannte man mich Soname, was soviel wie »Glück« heißt, denn ich war in der glücklichen Situation, zwischen der Muttermilch und der Kuhmilch wählen zu können. Mein zweiter Name Yangchen bedeutet »Melodie«, und ich bekam ihn, weil ich zur Zeit der Festlichkeiten zur Welt kam, wo jedermann singt. Das alles muss im Frühjahr 1973 gewesen sein, genau weiß das niemand. Im Westen ist man sehr auf das Alter fixiert, aber wir in Tibet machen uns nicht viel aus Geburtstagen, niemand hat hier eine Geburtsurkunde. Bei uns wird man an Neujahr einfach ein Jahr älter.

Trotz meines fröhlichen Namens kam ich zu einer ziemlich schrecklichen Zeit zur Welt. Während die Kulturrevolution in China schon 1969 offiziell für beendet erklärt worden war, dauerte sie 1973 in Tibet noch an, und die »Befreiungsarmee« des chinesischen Volkes schickte sich an, uns in Tibet aus unserem rückständigen feudalen Leben zu befreien und uns statt dessen die Segnungen des Kommunismus zu bringen. Diese Verhältnisse prägten meine Kindheit und alle Ereignisse meines weiteren Lebens. Die fanatischen Rotgardisten zogen plündernd durch unser heiliges Land, rissen Klöster nieder, zerstörten unsere wertvollen Buddhastatuen und verwendeten unsere heiligen Texte als Klopapier. Tausende von Nonnen und Mönchen wurden verhaftet, gefoltert und getötet. Angst und Aufruhr waren an jeder Ecke des Landes zu spüren. Das Leben der Menschen war aus den Fugen geraten. Da meine Familie zum tibetischen Adel gehörte, hatten die Roten Garden auf uns ein besonderes Augenmerk geworfen.

Meine Mutter hieß Perma Norzin. Sie war schön, hatte ein rundes Gesicht und volle schwarze Haare, die ihr bis über die Knie reichten. Jeder bewunderte sie wegen ihrer ungewöhnlich geformten schönen Augen; man hatte ihr den Namen »Sternauge« gegeben, und sie hatte viele Verehrer. Auch ich bewunderte meine Mutter sehr. Unter ihren Vorfahren waren der Lehrer und der Hofarzt des Fünften Dalai Lama (1617–1682), den man den »Großen Fünften« nannte, weil er Tibet die Einheit brachte.

Im Gegensatz zu mir war meine Mutter eher zurückhaltend und förmlich, zu Scherzen neigte sie kaum. Sie sagte oft, ich solle mich anständig benehmen. Ich war das fünfte Kind und das erste Mädchen, das überlebte. Bevor ich auf die Welt kam, hatte meine Mutter schon mal eine Tochter, der an der rechten Hand der Daumen fehlte und die nur einen Monat alt wurde. Kurz darauf brachte auch meine Tante ein Mädchen ohne Daumen an der rechten Hand zur Welt. Auch dieses Kind überlebte nicht, es starb an den Chemikalien, die man auf den Feldern verwendete. Dann träumte meine Mutter von einer weiteren Tochter, die den beiden anderen Mädchen ähnlich sah, aber beide Daumen hatte. Und siehe da, es dauerte nur ein paar Monate, und ihr Traum ging in Erfüllung.

Als ich noch ein kleines Kind war, packte mich meine Mutter an den Daumen und sagte: »Du hast drei Reinkarnationen hinter dir!«

Erst viel später, ich war schon sechs Jahre alt war, bekam meine Mutter noch einen Sohn und im Jahr darauf eine weitere Tochter. Aber zu dieser Zeit wurde ich bereits an einem weit entfernten Ort festgehalten.

Mein Vater Wangdu war ganz anders; er war leicht erregbar, und ich fürchtete mich oft vor ihm. Wir haben uns nie richtig unterhalten. Wenn wir ihn ärgerten, schmiss er mit irgendwelchen Dingen nach uns. Allerdings hat er uns nie wirklich getroffen – er tat es nur zur Show. Wenn meine Geschwister und ich ihn kommen hörten, setzten wir uns mucksmäuschenstill auf die Bänke, die an den Wänden des Raumes standen, und rührten uns nicht. Es muss wie ein Stilleben ausgesehen haben.

Zwischen seinem siebten und seinem achtzehnten Lebensjahr hatte mein Vater als Mönch in Riwo Choling, einem unvorstellbar riesigen Kloster, gelebt, dessen Anfänge auf das Jahr 1420 zurückgehen. Die Chinesen haben das Kloster niedergerissen und meinen Vater und die anderen Mönche gezwungen, das Mönchsgewand auszuziehen und ihr Gelübde zu widerrufen. Das war für einen Menschen, der sein Leben auf den spirituellen Weg ausgerichtet hat, ein traumatisches Erlebnis, und so kam es wohl, dass mein Vater immer etwas nervös war.

Mein Vater war ein sehr gebildeter und empfindsamer Mensch, er war mit den heiligen Schriften des Buddhismus vertraut und hatte sich mit Rhetorik und Logik beschäftigt. Im Kloster hatte er viel gelernt, er schrieb Gedichte, konnte tanzen und spielte tibetische Gitarre und tibetisches Saxophon. Außerdem war er ein geschickter Handwerker, der Kleidung und Schuhe für meine Mutter machte.

Meine Eltern hatten sich während eines fünfzehntägigen Pferderennens anlässlich einer Neujahrsfeier kennengelernt. Sie verliebten sich, heirateten und lebten glücklich zusammen. Ich habe sie nie streiten gesehen.

Mit uns zusammen lebten meine Großeltern. Großvater hatte langes weißes Haar, das er zu Zöpfen flocht. Er war ein wohlhabender und angesehener Mann gewesen, dem ein Kloster außerhalb der Hauptstadt Lhasa gehört hatte – dieser Besitz hatte ihn zu einer anerkannten und wichtigen Persönlichkeit gemacht. Die Großmutter war eine richtige Matriarchin, sie hatte achtzehn Kinder zur Welt gebracht, von denen elf überlebt hatten. Derartig große Familien waren in Tibet nichts Besonderes. Verhütung kannte man nicht, und zudem glaubt man bei uns, dass man der Natur den Lauf aller Dinge überlassen sollte.

Nur noch meine Mutter und einer ihrer Brüder waren bei den Großeltern geblieben, die anderen Kinder waren alle weggezogen. Meine Großmutter hing sehr an meiner Mutter. Als Mädchen hätte meine Mutter in Shanghai zur Schule gehen können, aber meine Großmutter brachte es nicht übers Herz, sich von ihr zu trennen. Also blieb meine Mutter eine Analphabetin.

In unserer großen Familie kümmerte Großmutter sich um den Haushalt, sie kochte, putzte, spülte die Kochtöpfe. Das muss für sie sehr hart gewesen sein, denn ihre Eltern waren sehr wohlhabend gewesen, und als Kind war sie mit Dienern aufgewachsen, die den Haushalt besorgten.

Meine Großeltern standen sich sehr nahe. In Tibet gibt es sowohl Monogamie als auch Polygamie, und zwar für

Männer wie für Frauen. So war es durchaus üblich, dass Frauen mehr als einen Ehemann hatten, aber meine Großmutter hatte nur den Großvater. Ich erinnere mich noch, wie sie sein langes graues Haar wusch und flocht.

Meine Großeltern machten alles gemeinsam. Es war unglaublich. Wenn meine Großmutter auf die Toilette ging, passte mein Großvater auf sie auf. Ich glaube, er war ihr richtig verfallen.

Männer und Frauen waren in Tibet immer schon gleichberechtigt, im privaten wie im öffentlichen Bereich. Das unterscheidet uns von anderen asiatischen Gesellschaften. Vielleicht sind die Frauen in Tibet deshalb im allgemeinen unabhängig, gut gelaunt und offen. Wir lachen und flirten gern.

Meine Mutter hat mir diese Unabhängigkeit beigebracht. Sie sagte immer: »Soname, sieh zu, dass du nicht kochen kannst. Denn dann weißt du, dass dich dein Mann so liebt, wie du bist.«

Tibetische Frauen sind nicht sonderlich unterwürfig. Wir sind tapfer. Es ist außerhalb das Landes nicht sehr bekannt, aber die Nonnen in Tibet leisteten der chinesischen Herrschaft erbitterten Widerstand, sie organisierten immer wieder Proteste, obwohl sie wussten, dass man sie verhaften und foltern würde.

Unsere Vorfahren kommen aus zwei alten Adelsgeschlechtern, und wir sind wohl eine der blaublütigsten Familien im ganzen Land. Ein Vorfahre, Dharmo Menrampa Lobsang Chodak, geboren 1638, war der berühmte Leibarzt des Fünften Dalai Lama, der als der größte in der langen Reihe der Dalai Lamas gilt. An Bedeutung kommt ihm nur noch der jetzt lebende Dalai Lama gleich. Dieser Leibarzt des Großen Fünften war ein wenig wie Leonardo da Vinci und erforschte beispielsweise die Funktionsweise des menschlichen Körpers, indem er Leichen sezierte. Er war sehr berühmt, sammelte eine Vielzahl von Schülern um sich und verfasste eine Reihe von Werken über seine Forschungsergebnisse und Heilmethoden. Über ihn gelangte der Hut des Großen Fünften in den Besitz unserer Familie, den die Chinesen allerdings konfiszierten.

Auch Yongzin Pandita Yeshe Gyaltsen, geboren 1713, gehörte zu unseren Vorfahren. Er war der Lehrer des Achten Dalai Lama. Das hob ihn aus der Menge der normalen Lehrer heraus, er galt als spiritueller Meister und verfügte über enormen politischen Einfluss.

Wegen dieser engen und starken Verbindungen zu zwei Dalai Lamas war unsere Familie vor der Kulturrevolution für tibetische Verhältnisse sehr wohlhabend gewesen. Wir besaßen viel Grund, hatten große Yak- und Rinderherden, wertvolle Teppiche und Möbel schmückten das Haus, und die Frauen trugen edlen Schmuck aus Korallen und Türkisen. Zudem hatten wir viele Diener. Als ich auf die Welt kam, war das alles von den chinesischen Eindringlingen beschlagnahmt worden, und wir standen praktisch mit nichts da.

Wenigstens hatten sie uns fürs erste das Haus gelassen. Es war ein magischer Ort. Man ging durch eine Allee auf das Haus zu und musste dann durch ein Tor. Das Haus war im traditionellen Stil aus Holz erbaut, es war bemalt und hatte fünfzehn Zimmer. Die Tiere lebten im Erdgeschoss und die Familie darüber. Mein Bruder und ich spielten oft im Untergeschoss, wo wir Weizen lagerten und wo auch die Bänder aufgehoben wurden, mit denen wir unsere Yaks schmückten. Obwohl ich seit meinem siebten Lebensjahr nicht mehr dort war, erinnere ich mich an den glänzenden Steinboden in der Eingangshalle, die ein ziemliches Statussymbol darstellte, und an das mit wunderbaren Blumen bestickte Seidentuch, das im Fenster zur Terrasse hing – irgendwie hatte man das beim Plündern wohl übersehen.

Mein Onkel und meine Eltern hatten ihre eigenen Häuser auf unserem Besitz, dort schliefen sie, und gelegentlich kochten sie dort auch. Meistens aber versammelte sich die ganze Familie auf der Terrasse im ersten Stock. Hier traf man sich auf ein Schwätzchen, hier wurde gegessen, und im Sommer schlief ich dort draußen unter dem Sternenhimmel.

Man betrat die Terrasse von der Küche aus. Die Küche war schwarz und über die Jahrhunderte verrußt vom Holzfeuer, dessen Rauch sich dort mit dem Fett des Buttertees vermischte, den wir stundenlang über der Flamme köchelten und den ganzen Tag über tranken. Es war ein Ort mit einer wunderbaren Atmosphäre, wie das Labor eines Alchemisten.

Es gab all die vielen wunderbaren Holzschnitzereien und Fensterbemalungen in unserem Haus, Zeichen früheren Reichtums. Das Leben war sehr traditionell, es gab keine modernen Annehmlichkeiten, weder fließendes Wasser noch Elektrizität oder eine Zentralheizung. Wir hatten Öllampen und einen großen Lehmofen in der Küche, der in den langen, kalten Wintern die einzige Wärmequelle war. Gegen die Kälte kämpften wir, indem wir viele warme Schichten übereinander anzogen und viel Buttertee tranken. Wir hatten phantastische, mit Schaffell gefütterte Mäntel.

Das Dach der Welt war mein Spielplatz, ich lebte vor der herrlichsten Kulisse, die man sich denken kann. Die Landschaft hat meine Seele geprägt, wie sie es bei allen Tibetern tut. Meine frühe Kindheit war ungezähmt und wild, und so wuchs in mir eine Liebe zur Natur und ein Freiheitsdrang, die mich nie verlassen haben.

Unser Dorf lag in einem von riesigen Bergen umgebenen Tal, einige der Gipfel waren über sechstausend Meter hoch. Das Dorf Yarlung war erstaunlicherweise ein lieblicher Ort, inmitten von Feldern, Hainen und Bächen gelegen. Die Flüsse Shampo und Chongye, die im Winter zufroren, teilten das Tal. Man sagte, in Yarlung gäbe es den besten Boden in ganz Tibet. Die Erde wurde gedüngt vom Klang des mächtigen Windes, vom Gesang der Vögel, dem Rauschen des Wassers und dem Geräusch des berstenden Eises. Als ich klein war, gab es dort keine Industrie, keine Flugzeuge und kaum Autos. Der einzige Lärm kam von den Bauern, die mit ihren Gesängen die Yaks antrieben. Yaks mögen es, wenn man ihnen etwas vorsingt.

Der Himmel war weit und ungewöhnlich. Wohin man auch blickte, schien der Horizont sich bis in die Unendlichkeit zu erstrecken. Der Blick und mit ihm der Geist schweifte nach oben und in die Ferne, und man wurde erfüllt von dem Gefühl unendlicher Weite. Die Sonne schien von einem wolkenlosen Himmel, der in strahlendstem Indigoblau leuchtete. Die starke Sonne machte unsere Backen strahlend rot – allerdings holte sich der eine oder andere Unglückliche durch die intensive Sonnenstrahlung auch den grauen Star. Die Luft war so rein wie das Wasser, alles sprudelte, als wäre es erst gestern erschaffen worden.

Das einzige Foto, das es von meiner Kindheit in Tibet gibt: mein Bruder und ich während Saka Dawa, dem Geburtsfest des Buddha, im Norbu Lingka, dem Sommerpalast des Dalai Lama.

Ich war ein zähes kleines Kind – das musste man sein, wenn man in diesem Klima überleben wollte. Die Säuglingssterblichkeit war hoch, und nur die stärksten überlebten. Aus den Bergen blies ein eisiger Wind, der einen bis auf die Knochen frieren ließ. Wenn man zur Hälfte im Schatten saß, war die eine Seite warm und auf der anderen Seite fror man.

Die Winter waren schneereich, und die Kälte nahm kein Ende. Dann wurden die Tiere nach drinnen gebracht, und wir drängten uns in der Küche eng zusammen, während Großmutter uns Geschichten erzählte. Den ganzen Winter über wuschen wir uns nie. Es war einfach zu kalt, um die Kleider auszuziehen. Wir zogen uns nicht einmal aus, wenn wir ins Bett gingen.

Das Klima war so wild wie die Landschaft. Es gab heftige Stürme, und manchmal brachten sie Hagelkörner groß wie Golfbälle mit sich. Manche Stürme dauerten mehrere Tage und bedeckten alles mit einer Staubschicht. Der Staub drang überall ein. Vor einem solchen Sturm gab es kein Entrinnen, man konnte sich nur auf den Boden kauern, um sich zu schützen. Zwei Mönchen soll die Flucht aus Lhasa gelungen sein, als sie eines Tages mit einer Gruppe von Gefangenen außerhalb des Gefängnisses im Freien arbeiteten und von einem Sturm überrascht wurden. Sie wurden gänzlich unter dem Staub begraben. Nur die Strohhalme ragten noch heraus, durch die sie geatmet haben. Schließlich brach die Nacht herein, und sie konnten im Schutz der Dunkelheit entkommen.

Kurz vor der chinesischen Invasion war Tibet von einem Erdbeben heimgesucht worden. Erdbeben kommen hier immer wieder vor, aber dies war eines der stärkeren, man konnte es noch zweitausend Kilometer entfernt in Kalkutta spüren. Meine Mutter sagte, dass sich der Himmel purpurrot verfärbte und ein Schwefelgeruch in der Luft lag. Es war wie ein böses Omen – viele Menschen glaubten damals, das Ende der Welt sei gekommen. Andere sahen darin ein Zeichen für die schlimme Zeit, die auf Tibet zukommen würde. Es gab noch weitere Vorzeichen, etwa eine Prophezeiung des vorherigen Dalai Lama, dass Tibet vor seiner dunkelsten Zeit stehe. Diese Warnungen nahmen den Ereignissen ein wenig ihren Stachel, als sie dann tatsächlich eintraten.

Für mich wie für alle Tibeter ist die Erde unseres Landes heilig. Etwas von dieser Haltung ist in mir, ganz ohne mein Zutun hat es sich in mir festgesetzt. Das Yarlung-Tal, in dem ich aufgewachsen bin, ist die Wiege der tibetischen Zivilisation, von hier stammten die ersten Könige Tibets. Von hier aus konnte man zur Kristallhöhle hinaufsteigen, wo sich nach der Legende der Gott des Mitleids in einen Affen verwandelte und ein weibliches Ungeheuer begattete. So entstanden die ersten tibetischen Stämme. An der Wand der Höhle war immer noch das Bild des Affen zu sehen.

Vor langer Zeit waren wir ein wildes, kämpferisches Volk – wahre Krieger, die ihr Reich bis zur früheren Kaiserstadt Chang'an, dem heutigen Xi'an, ausdehnten. Aber dann wurden wir zum Buddhismus bekehrt. Das war vor tausendvierhundert Jahren, und der Buddhismus kam aus Indien. Wir lernten, mit allen Kreaturen Mitgefühl zu haben, und gaben das Töten auf – ja selbst das Jagen und Fischen. Sogar die Tötung eines Insekts wurde zum Tabu. Wenn Tibeter einen Damm bauten, trugen sie alle kleinen Tiere und die Würmer aus der Erde von Hand auf sicheren Boden.

Die ganze tibetische Gesellschaft wurde sehr religiös, und es entstanden über sechstausend Klöster. Die Berghänge waren übersät mit Höhlen, die jahrhundertelang von Einsiedlern und Yogis bewohnt waren, die in Einsamkeit meditierten, um Erleuchtung zu erlangen. Mit Wasser getriebene Gebetsmühlen füllten die Bäche, überall wehten Gebetsfahnen mit Fürbitten, wunderschöne riesige Buddhabilder wurden an die Felswände der Berge gemalt, und überall fand man Steinhügel, auf denen Gebete eingemeißelt waren. Das Land war mit einem Netz heiliger Orte überzogen, und überall traf man auf Pilger. Nichts, nicht einmal die zerstörerische Wut der Chinesen, konnte uns diesen Sinn für das Heilige nehmen.

Die Chinesen verboten unsere Religion, es hieß, sie sei Gift. Aber Großmutter hatte ein Bild des Dalai Lama unter ihrem Kopfkissen versteckt, und im stillen betete sie zu ihm. Ich wusste nicht, wer der Dalai Lama war. Er war 1959 ins Exil gegangen, vierzehn Jahre bevor ich auf die Welt kam, und man durfte nicht einmal seinen Namen erwähnen. Wer das tat, landete im Gefängnis und man riss ihm die Zunge heraus.

Als Kind war ich ein rechter Wildfang. Ich rannte, kletterte auf Bäume und sprang von hohen Mauern herab. Mit meinen Brüdern ritt ich auf quiekenden Schweinen und hielt mich an ihren rauhen Stoppelhaaren fest. Wir hatten immer irgendwelchen Unsinn im Kopf. Ich erinnere mich, wie wir Frösche fingen und sie von hinten mit Strohhalmen aufbliesen, dann drückten wir sie zusammen, bis der Froschlaich herauskam. Heute leiste ich in jedem Gebet Abbitte dafür. Wir fingen Fliegen und brachten sie um, bis Großmutter uns sagte, dass auch Fliegen Mütter seien, die sich um ihre Kinder kümmern.

Wir Kinder machten unsere eigenen Späße. Mein Bruder zeigte kleine Schattenspiele. Er stellte einen Spiegel so, dass die Sonne sich darin fing, und hielt eine Puppe davor, so dass ihr Schatten auf der Wand zu sehen war. Die Kinder im Dorf wussten nicht, wie er das hinkriegte. Sie baten ihn, abends einen seiner Filme zu zeigen, aber er sagte immer nur: »Abends gibt es keine Filme.«

Das tägliche Leben in Yarlung war von den sinnlosen und lächerlichen Vorschriften der neuen Herrscher geprägt. Für alles und jedes brauchte man eine offizielle Erlaubnis. Wenn man Feuerholz sammeln wollte, musste man es sich genehmigen lassen. Für einen Verwandtenbesuch in einem anderen Ort brauchte man zwölf Unterschriften. Eine der verrücktesten Vorschriften war, dass wir die Pekinger Zeit übernehmen mussten, die zwei oder drei Zeitzonen voraus war. Statt nun bei Sonnenaufgang aufzustehen, wurden wir morgens um vier durch chinesische Militärmusik geweckt, die aus den Lautsprechern drang.

Meine große Leidenschaft war das Singen. Ich liebte es, wenn ich meiner Familie etwas vorsingen konnte. Ich verkleidete mich mit einem Tuch und schminkte mich mit der roten Farbe, die man für die Bemalung der Yakhörner verwendet. Es dauerte drei Tage, bis die Farbe von meinem Gesicht wieder weg war.

Ich wollte gerne bei den Dorffesten auftreten, aber mein Vater verbot es mir. Öffentliche Auftritte seien etwas für die niederen Stände – das sei schlimmer als Prostitution. Aber meine Großmutter, die mir die traditionellen Lieder beibrachte, prophezeite mir, dass ich eines Tages eine Sängerin werden würde.

Trotz der wunderbaren Landschaft und des engen Zusammenhalts in unserer Familie waren es schreckliche Zeiten. Ich war ein glückliches Kind, das in einer liebevollen Familie in einer herrlichen Umgebung lebte, aber meine Erinnerungen an diese Zeit sind gefärbt von dem Schmerz, den ich in meiner Familie mit ansehen musste. Offensichtlich waren wir aufgrund unserer sozialen Position »schuldig geborene«, und sowohl die Chinesen als auch die Leute aus der Gegend verfolgten uns. Alle waren durch Maos Herrschaft brutalisiert worden, und die Leute aus unserem Dorf, die früher für uns gearbeitet hatten, wandten sich jetzt gegen uns, denn wir waren ihre früheren Herren. Man hielt sie an, sich für die alten Zeiten schadlos zu halten. Es war ein Klima der Angst, und man spürte in unserer Familie die Anspannung.

Oft wurden meine Brüder und ich von den anderen Kindern gequält. Sie stießen uns herum und nannten uns Bastarde – das schlimmste Schimpfwort, das sie sich vorstellen konnten. Bastard wurde so etwas wie mein zweiter Name.

Eines Tages kam mein Bruder niedergeschlagen nach Hause. Andere Kinder hatten ihn auf dem Boden festgehalten und in seinen Mund gepinkelt. Mein älterer Bruder rastete aus, als er das hörte. Meine Mutter bat ihn, ruhig zu bleiben, aber er zog los, um die Jungen zu stellen, die das gemacht hatten. Später, es war schon Nacht, kamen sie dann zu unserem Haus und schlugen alle Fenster ein. Meine Eltern meldeten den Vorfall bei den lokalen Behörden, und es wurde eine Versammlung einberufen, an der alle teilnehmen mussten. Unsere Familie wurde schuldig gesprochen! Meine Eltern wurden öffentlich ausgepeitscht, und wir Kinder mussten dabei zuschauen. Großvater wurde mit dem Kopf über ein Feuer aus brennenden scharfen Pfefferschoten gehalten. Es war grausam und schmerzhaft, sein Gesicht schwoll an und wurde fürchterlich rot. Tagelang war er danach erblindet.

Später verdächtigten ihn die chinesischen Behörden, er habe Familienschmuck in den Bergen versteckt. Das stimmte nicht, obwohl viele Tibeter damals ihren Schmuck in die Bäche und Flüsse warfen. Sie wollten ihre Schmuckstücke lieber einem natürlichen Ursprung zurückgeben, als sie den Behörden auszuhändigen. Großvater wurde für drei Wochen in einem unterirdischen Lagerraum eingesperrt, der sich auf unserem Grund befand. Nachts schmuggelte meine Mutter etwas zu essen und Schnupftabak in sein Verlies, weiß der Teufel, wie sie das anstellte.

Auch Großmutter wurde nicht verschont. Kurz vor meiner Geburt wurde sie zur Zwangsarbeit in einer Arbeitsbrigade verurteilt, die Kanäle und Straßen baute. Sie musste den ganzen Tag durch einen eiskalten Fluss waten und auf dem Rücken Steine schleppen. Sie bekam Frostbeulen und Rückenschmerzen. Irgendwann konnte sie kaum mehr laufen. Mein Großvater setzte sie aufs Pferd und brachte sie in ein Krankenhaus. Sie erholte sich wieder und durfte dann zu Hause bleiben, um sich um uns Kinder zu kümmern.

Auch mein Onkel wurde mehrere Jahre eingesperrt, weil irgend jemand behauptet hatte, er hätte gehört, wie er auf einem Berg ein Schmählied auf den großen Vorsitzenden Mao gesungen habe. Im Gefängnis lernte er zu stricken, und als er wieder frei kam, ernährte er seine Familie mit dieser neu erworbenen Fertigkeit.

Jeden Abend gab es im Dorf eine politische Versammlung. Das Ganze nannte sich »Sonderversammlung für soziale Reformen«, und für meine Eltern war das die größte Tortur. Leute unseres Standes wurden von den Komitees zu ihrer persönlichen Vergangenheit verhört, sie mussten über ihr Leben vom achten Lebensjahr an Rechenschaft ablegen. Ihre Bekenntnisse wurden dann in den Versammlungen öffentlich vorgelesen, diskutiert und kritisiert. Alles mögliche diente dabei als Anlass für öffentliche Erniedrigung.

Eines Abends wurde meine Mutter um neun Uhr zu einem Treffen einbestellt. Ihr sechster Sinn ließ sie meinen älteren Bruder mitnehmen. Als sie zu dem vereinbarten Ort kamen, war dort nur ein einzelner Tibeter, der schon länger ein Auge auf sie geworfen hatte. Dass mein Bruder dabei war, war ihre Rettung. Viele Frauen wurden damals in Tibet vergewaltigt. In einer Stadt wurden die Frauen und Mädchen von vierhundert Familien vor aller Augen nackt zusammengetrieben, gefoltert und vergewaltigt. Es war eine verrückte Zeit, es war wie zur Zeit der Nazis in Deutschland, die Menschen taten Dinge, die sie sonst nie tun würden.

Das Leben meiner Eltern war außergewöhnlich hart. Sie arbeiteten Tag für Tag auf den Feldern, wo die meisten Leute aus unserem Dorf zwischen sieben und achtzig Jahren schuften mussten. Ihr Tag begann um fünf Uhr morgens und endete um acht oder zehn Uhr abends, je nach Jahreszeit. Es war eine Knochenarbeit, und viele starben an Erschöpfung. Die Arbeiter wurden nicht mit Geld, sondern mit Getreiderationen bezahlt. Einmal im Jahr erhielten sie eine bestimmte Ration, die aber nie ausreichte.

Da meine Mutter noch stillte, durfte sie abends und morgens eine halbe Stunde weniger arbeiten. Meine Großmutter gab mir tagsüber ihre leere Brust, um mich zu beruhigen.

Meine Eltern waren wie die meisten unserer Landsleute immer hungrig, eigentlich waren sie fast am Verhungern. Im Jahr meiner Geburt litt ganz Tibet unter einer schrecklichen Hungersnot, Tausende starben damals, weil China das ganze Getreide exportierte, um die hungernde Bevölkerung im eigenen Land zu ernähren. Jahrhundertelang war es uns gelungen, unser fragiles Ökosystem ohne Hungersnöte zu erhalten, aber die Chinesen schafften die traditionelle Form des Fruchtwechsels ab, und das hatte katastrophale Folgen. Oft mussten meine Eltern losziehen und auf den Feldern nach Wurzeln graben, damit wir etwas zu essen hatten.

Ich bin sowohl durch die Landschaft Tibets als auch von unser Religion geprägt. Der Glaube hielt uns am Leben. Wir kennen keine strafende Religion mit Vorschriften und Verboten. Wir glauben an das Karma – an die Vorstellung, dass wir all das ernten, was wir gesät haben. Auch geht man bei uns davon aus, dass nichts ewig existiert. Schlechte Zeiten vergehen, und es kommen bessere Zeiten nach. Der Buddhismus lehrte mich beispielsweise, im Angesicht von Feindseligkeiten die Ruhe zu bewahren und mich von Gefühlen, insbesondere von negativen und zerstörerischen Gefühlen, zu befreien. Das heißt nicht, dass ich keine Empfindungen hätte, ganz im Gegenteil – aber das hat nichts mit Gefühlsaufwallungen zu tun.

Trotz all der schrecklichen Armut und der Verfolgung, unter der unsere Familie litt, gab es keine Bitterkeit, weder bei uns noch bei den anderen Menschen in unserem Land. In meiner Kindheit gab es Phasen der Heiterkeit, es wurde sogar gelacht. Der Mahayana-Buddhismus, dem man in Tibet anhängt, lehrt das Mitleid, auch mit den eigenen Feinden. Wir vergaben den chinesischen Unterdrückern. Gewaltlosigkeit gegenüber allen Wesen war seit Generationen die vorherrschende Haltung, und man wusste, dass jede wütende Reaktion, jede Rache die Feindschaft nur verlängern würde. Auch wussten wir, dass die Chinesen durch ihr Verhalten ihrem eigenen Karma schadeten. All das Leiden, das sie anderen zufügten, würden sie eines Tages selbst erfahren. Dafür verdienten sie unser Mitleid. Allerdings war es nicht immer einfach, freundlich zu bleiben, besonders da sie sich nicht änderten.

Als ich sechs Jahre alt war, rief mich meine Mutter zu sich. Ich sollte mich hinsetzen, da sie mir etwas Wichtiges mitzuteilen habe. Sie blickte sehr besorgt drein. Mein Vater und sie hatten beschlossen, mich in die Hauptstadt nach Lhasa zu schicken, wo ich bei einer Tante leben sollte. Es sei nur zu meinem Besten, erklärte meine Mutter. Wenn ich hier bliebe, müsste ich wie sie auch demnächst auf den Feldern arbeiten. Diese Arbeit sei nichts für ein kleines Mädchen, und sie wollten mir das ersparen. Auch machten ihnen die vielen Vergewaltigungen Sorgen. In Lhasa hätte ich bessere Zukunftsaussichten. Meine Tante, die jüngere Schwester meiner Mutter, arbeitete in einer Theaterschule; dort könnte ich möglicherweise unterkommen und Unterricht nehmen. Vielleicht käme ich auch an einer staatlichen Schule unter, um eine richtige Ausbildung zu erhalten, damit ich später etwas aus meinem Leben machen konnte.

Ich wusste nicht, was ich davon halten sollte. Als Kind verstand ich den Sinn dieser Worte überhaupt nicht. Meine Mutter liebte mich. Ich vertraute ihr voll und ganz, obwohl ich von der Idee, meine Familie und mein vertrautes Umfeld zu verlassen, alles andere als begeistert war. Ich hatte diese Tante bisher nur zweimal gesehen und war nicht richtig warm geworden mit ihr. Und ich hatte nicht die geringste Idee davon, wo Lhasa lag.

Ich mochte mutig und tapfer sein, aber meinen Eltern zu widersprechen kam mir nicht in den Sinn. Ich war ein gehorsames Kind. Und ich war neugierig. Was würde mich in Lhasa erwarten? Also erhob ich keine Einwände.

Von diesem Tag an war meine Kindheit vorüber.

Kapitel 2

Sklaverei

Meine Tante war eine junge Frau von etwa sechsundzwanzig Jahren und lebte mit ihrem Mann und zwei kleinen Söhnen in einem Haus in einer Seitenstraße in der Nähe des Stadtzentrums. Sie war Tänzerin von Beruf. Das Tanzkomitee der Chinesen hatte sie auserwählt, und sie hatte eine richtige Ausbildung an der Kunsthochschule erhalten. Jede Stadt und jedes Dorf hatte einen Vertreter in dieser Hochschule.

Meine Tante war freundlich, aber zugleich sehr distanziert, denn, so sagte sie mir, sie wollte mich lehren, das Heimweh zu besiegen. Es funktionierte aber nicht. Ich vermisste meine Mutter und weinte mir die Augen aus - kein Wunder, schließlich war ich noch ein kleines Mädchen. Als ich fortgeschickt worden war, hatte meine Mutter mir noch die Schuhe binden und den Gürtel an der Chuba, dem traditionellen Gewand, festmachen müssen.

Jeden Morgen sagte ich, dass ich wieder nach Hause gehen würde. »Deine Eltern werden bald kommen«, sagte meine Tante dann immer. Aber sie kamen nie. Ich spielte ein wenig mit den Söhnen meiner Tante, und das lenkte mich ab. Aber die Nächte waren schrecklich. Dann brach das Heimweh durch, und ich weinte mir das Herz aus dem Leib. Dabei verkroch ich mich unter die Decke, damit niemand mich hören konnte.

Die ersten Wochen in Lhasa waren schrecklich. Nicht nur hatte ich meine Lieben verloren, sondern plötzlich lebte ich in einer völlig fremden Umgebung. Verschwunden waren die Berge und Felder, die Bäche und die weiten Himmel, die ich so liebte und die mir vertraut waren. Statt dessen war ich nun umgeben vom Lärm der Stadt, von Beton und Autos, und überall waren Menschen. In Yarlung hatte ich fast nie ein Auto gesehen, nur manchmal fuhr ein Militärfahrzeug vorbei. Jetzt war ich eingekreist von Autos, die überall herumfuhren. Diese Fahrzeuge faszinierten mich, obwohl ich ihren Gestank und den Qualm, den sie ausstießen, verabscheute.

Ich ging nicht viel nach draußen, aber ich erinnere mich an einen Spaziergang mit meiner Tante, die mich bei der Hand nahm, um mir den berühmten Potalapalast zu zeigen, der von dem Fünften Dalai Lama errichtet worden war und in dem all seine Reinkarnationen über die Jahrhunderte hinweg gelebt hatten. Auch meine Vorfahren hatten dort einst gelebt.

Als kleines Kind hatte ich mir immer die Geschichten meiner Großmutter über den Potala angehört. Sie selbst war nur einmal dort gewesen, aber sie erzählte ausführlich und sehr anschaulich von einem komischen Tier, das Elefant hieß und mit seiner Nase Wasser aufsaugen konnte, das er dann dreimal zu Ehren Buddhas versprühte, bevor er es trank. Der Elefant war das Geschenk eines indischen Prinzen an den Dalai Lama. Ich konnte es kaum erwarten, dieses wundersame Tier zu sehen. Als wir im Palast ankamen, schaute ich mich überall um, doch nirgendwo war ein Elefant zu sehen.

Aber der Palast selbst war überwältigend. Ich wollte meinen Augen nicht trauen. Noch nie im Leben hatte ich etwas derart Großes, Großartiges und Wunderbares gesehen. Der Palast thront auf einem Hügel über der Stadt. Er hat tausend Zimmer, und eine riesige Steintreppe mit zweitausend Stufen führt zu ihm hinauf. Meine Tante sagte, ich solle genau hinschauen. Auf den ersten Blick sehen die beiden Teile symmetrisch aus. Aber wenn man genau hinsieht, stellt man fest, dass der Ost- und der Westflügel unterschiedlich gestaltet sind. Es ist sehr schlau gemacht!

Die Chinesen hatten viele der traditionellen tibetischen Häuser niedergerissen und an ihrer Stelle Betonklötze errichtet, die rosa oder grün angemalt waren. Aber an den Potala hatten sie sich nicht herangewagt. Selbst die Chinesen hatten erkannt, um was für ein architektonisches Meisterwerk es sich hier handelte, ein Gebäude, das manchen als das achte Weltwunder gilt.

Eines Tages zog mir meine Tante mein bestes Gewand an und nahm mich mit zur Kunstakademie, um mich dort vorzustellen, wie sie es meinen Eltern versprochen hatte. Ich stand steif da und sang, so gut ich konnte. Es gab einen dünnen Applaus, und man sagte mir, ich hätte es ganz gut gemacht. Dann nahmen sie mich mit und vermaßen mich: Höhe, Breite, der Abstand zwischen Knöcheln und Knie, zwischen Knie und Hüfte und die Länge meiner Wirbelsäule wurden gemessen. Das war's dann. Sie sagten, ich hätte zwar eine gute Stimme, würde aber nach ihren Berechnungen nicht die ausreichende Größe für eine Sängerin erreichen. Ich sei zu kleinwüchsig, erklärten sie nicht gerade zartfühlend. Es war lächerlich! Für alles gab es irgendwelche dummen Regeln, selbst Künstler mussten einer Einheitsnorm entsprechen. Das Ganze war absurd und voller Widersprüche. »Vielleicht solltest du in einem Büro arbeiten«, meinte meine Tante vorsichtig. Ich nickte, obwohl ich keine Ahnung hatte, was man in einem Büro zu tun hatte.

Zwei Monate nach diesem Vorsingen sagte meine Tante, dass ich nicht länger bei ihr bleiben könnte und dass sie vorhabe, mich zu einem Bruder ihres Mannes zu schicken. Ich glaube, sie wussten einfach nicht mehr, was sie mit mir anfangen sollten. Die neue Familie, Herr und Frau Tashi, wie mir meine Tante sagte, brauchte ein Hausmädchen, da sie beide berufstätig waren. Offensichtlich machte sich niemand etwas daraus, dass ich erst sechs Jahre alt war und eigentlich bei meiner Mutter sein, zu Hause spielen oder in die Schule gehen sollte. Statt dessen sollte ich die Hausarbeiten erledigen und lernen, wie man für eine Familie einkauft, wäscht und putzt.

»Wenn sie das Haus verlassen, machst du die Tür zu und öffnest erst, wenn sie wiederkommen«, befahl mir meine Tante.

Was sollte ich tun? Ich war ein Kind und hatte keine andere Wahl. Mit einem Apfel in der Hand wurde ich zu dieser neuen Familie gebracht. Aber ich schaffte es nicht, in den Apfel zu beißen, mein Magen war vor Sehnsucht und Heimweh wie zugeschnürt.

Die Tashis lebten gleich in der Nähe, und so gingen wir zu Fuß zu ihnen. Meine Tante klopfte an, und Herr Tashi machte auf, bat uns herein, und man stellte mich vor. Er und seine Frau waren groß gewachsen, gut aussehend und in den Dreißigern. Man erklärte mir, sie seien beide sehr beschäftigt, weil sie wichtige Posten bei der Polizei hätten. Wie alle Behörden wurde die Polizei von Peking aus gesteuert, die Tashis waren also mächtige Leute. Jetzt brauchten sie dringend jemanden, der sich um den Haushalt kümmerte. Sie hatten einen Sohn, Dawo, der so alt wie ich war, und eine jüngere Tochter, Tsering, die unter der Woche in einem Internat lebte. Außerdem gab es zwei Hunde, Lhasa Apsos.

Man zeigte mir das Haus, das nach tibetischen Maßstäben sehr komfortabel war. Es gab zwei Schlafzimmer, ein Wohnzimmer, eine Küche und einen kleinen Garten. Die Möbel waren von guter Qualität, ebenso die Teppiche, die überall lagen. Geldprobleme schienen die Tashis jedenfalls nicht zu haben.

Meine Tante küsste mich zum Abschied, sagte, ich solle mich gut benehmen, und war verschwunden. Der letzte Faden zu meiner Familie war damit gekappt – noch nie in meinem Leben hatte ich mich derart einsam gefühlt. Da stand ich nun und wusste nicht, was ich sagen oder tun sollte.

»Du kannst deine Sachen im Garten in den Schuppen tun, und nachts rollst du dir hier in der Küche eine Matratze aus. Da kannst du schlafen«, sagte Herr Tashi zu mir.

Mein Leben als Aschenputtel hatte begonnen. Es dauerte an, solange ich dort lebte.

In den ersten Monaten kam der Vater von Herrn Tashi tagsüber, um mich einzuweisen und aufzupassen, was ich tat. Als er sicher war, dass ich meine Pflichten beherrschte, blieb er wieder zu Hause und überließ mich meinem Schicksal. Man hatte mich dienstverpflichtet.

Die täglichen Pflichten haben sich mir für immer eingeprägt. Man vergisst nicht, was man zehn Jahre lang tagein, tagaus und ohne einen freien Tag immer und immer wieder macht: Aufstehen vor Sonnenaufgang um sechs Uhr und die Nachttöpfe der Familie ausleeren. Die Pflanzen im Hof gießen und den Boden benetzen, damit es nicht so sehr staubt. Dann leerte ich die Asche aus dem Küchenherd, zündete ein frisches Feuer an und erhitzte Wasser, um Tee zu machen. Der Tee kam in zwei Thermosflaschen, so dass die Familie ihn vorfand, wenn sie aufstand. Das klingt nicht besonders schwer, aber in Tibet Wasser zum Kochen zu bringen ist eine langwierige Sache. Da der atmosphärische Druck so niedrig ist, dauert es doppelt so lange wie hier im Westen. Als die Tashis einen Dampfkochtopf kauften, wurde das Ganze etwas einfacher.

Dann galt es, den tibetischen Tee zuzubereiten, der mit Butter und in Ziegelform gepresstem Tee gemacht wird und den man den ganzen Tag auf kleinen Feuerstellen wärmen muss. Man nimmt Sägemehl, formt daraus einen Quader, dann kommt Kuhdung dazu, das Ganze wird mit Kerosin angefeuchtet und angezündet. Wenn das dann bis zur Glut heruntergebrannt ist, kann man es ins Haus nehmen und den Teetopf auf das kleine irdene Stövchen stellen. Dann musste ich den Tee ewig lange umrühren – tibetischen Tee zuzubereiten ist eine langwierige und schwierige Prozedur. Man muss ständig ein Auge darauf haben und ihn immer wieder mit einem Holzlöffel umrühren, sonst brennt der Tee im Topf an, oder er beginnt zu kochen und wird ungenießbar.

Das Frühstück war wie bei den Chinesen. Es gab Reissuppe und dampfend heiße Teigtaschen, die sie selbst herstellten. Kochen durfte ich nie, weil sie fürchteten, ich würde das ganze Haus anzünden. Ich glaube, meine Mutter hätte es mir erlaubt. Dann musste ich Frau Tashi das Haar kämmen, ihre Kopfhaut massieren und nach grauen Haaren suchen, die ich ausreißen sollte. Anschließend musste ich ihre Fahrräder polieren, bevor sie damit in die Arbeit fuhren. Auch die Speichen musste ich polieren und natürlich den Luftdruck in den Reifen überprüfen und die Reifen notfalls aufpumpen.

Nachdem die Tashis das Haus verlassen hatten und zur Arbeit gegangen waren, begann ich mit Putzen, räumte die Küche auf, machte die Betten, ölte den Holzboden in den Schlafzimmern und wischte Staub. Die beiden Hunde brachten mich zur Weißglut. Überall waren Hundehaare, besonders im Bett, was bedeutete, dass ich noch mehr zu putzen hatte.

Dann zog ich mit Eimer und Lappen durch das Haus. Die Tashis bestanden darauf, dass ich die Möbel zur Seite rückte und auch darunter putzte. Das war eine schreckliche Tätigkeit, denn die Möbel waren extrem schwer, aber irgendwie gelang es mir, sie zu bewegen. Ich war von Natur aus kräftig, und diese harte körperliche Anstrengung machte mich nur noch stärker. Nach einiger Zeit konnte ich sogar die nassen Teppiche, die ich am Fluss gewaschen hatte, allein ins Haus tragen. Sie waren nicht besonders groß, aber wenn sie sich voll Wasser gesogen hatten, wogen sie sicher an die fünfzig Kilo.

Als nächstes musste ich nachsehen, ob die Mäuse Löcher in die Vorratssäcke für Reis und Gerstenmehl gemacht hatten. Wenn ich ein Loch entdeckte, musste ich die Säcke ausleeren, waschen und am nächsten Tag flicken.

Ich bereitete auch das Gemüse vor und schnitt das Fleisch für das Mittagessen. Die Tashis kamen mittags nach Hause. Wir aßen alle zusammen, und ich aß ziemlich viel, weil ich es gar nicht kannte, dass es Essen in solchem Überfluss gab, und wurde dabei ziemlich dick. Bei all den Hungersnöten und der Knappheit im ganzen Land war es unvorstellbar, dass irgend jemand so viel zu essen haben konnte.

Nach dem Mittagessen gingen die Tashis wieder zur Arbeit, und immer hieß es, ich solle die Tür hinter ihnen verschließen und niemandem öffnen. Ich wusste nie, ob sie mehr Angst vor Einbrechern hatten oder davor, dass ich davonlaufen könnte. Außerhalb des Hauses durfte ich mit niemandem sprechen.

Einmal, ich war etwa zehn Jahre alt, klopfte eine Nachbarin an die Tür und fragte, ob sie etwas Salz haben könne. Ich traute mich nicht, es ihr zu geben. »Kommen Sie später wieder und fragen Sie sie selbst, wenn sie wieder da sind«, sagte ich der armen Frau.

Für mich ging die Plackerei nach dem Essen weiter. Ich musste das ganze Messinggeschirr in der Küche putzen. Die Teile waren alt und befanden sich seit Generationen im Familienbesitz. Die Mutter von Frau Tashi hatte darin Chang, das ist tibetisches Bier, zubereitet, das sie verkaufte. Ich hatte immer Angst, irgendeines der Teile kaputtzumachen.

Dann kam die schlimmste Arbeit, die Wäsche. Ich hasste es. In Tibet gibt es keine Waschmaschinen, und ich musste die gesamte Wäsche der Familie von Hand im Hof waschen. Es war schrecklich für meine kleinen Hände, besonders im Winter, wenn ich alles im kalten Wasser spülen musste. Das Wasser war so kalt, dass es fast fror, aber ich wagte nicht, nach drinnen zu gehen, um mich aufzuwärmen oder eine Tasse Tee zu trinken, denn dann wären in der Zwischenzeit die Sachen gefroren und ich hätte sie nicht mehr aufhängen können. Also biss ich die Zähne zusammen und machte weiter. Bald sahen meine Hände nicht mehr wie die eines

Kindes aus, es waren eher die Hände eines Bauern, rot und geschwollen.

Besonders schrecklich waren die Jeans, die man in Lhasa eingeführt hatte. Wenn man sie ins Wasser tat, wurden sie steif und hart wie Leder. Wie ich diese Jeans gehasst habe!

Am schlimmsten waren die Wochenenden, wenn nicht nur die Tochter aus dem Internat kam, sondern auch Verwandte zu Besuch kamen. Dann wuchs der Berg mit Wäsche, und ich hatte ein Vielfaches zu arbeiten.

Niemand sagte jemals zu mir: »Ich hoffe, es macht dir nichts aus.« Man ging einfach davon aus, dass ich alles machte. Ich weiß nicht, warum, aber die Tibeter müssen ihr Haus und ihre Kleider jeden Tag säubern und waschen.

Wenn ich mit der Wäsche fertig war, musste ich mich selbst belohnen. Dann spielte ich Musik. Das war das Schönste am ganzen Tag, aber es war strikt verboten. Es gab im Haushalt Tonbänder mit chinesischen Liebesliedern, die manchmal abends aufgelegt wurden. Ich beobachtete genau, wie sie den Kassettenrecorder bedienten, und versuchte mir jeden einzelnen Schritt einzuprägen. Wenn niemand im Haus war, legte ich meine Lieblingsstücke auf, achtete aber immer genau darauf, wo das Band gestanden hatte, und spulte es dann wieder dorthin zurück, damit kein Verdacht aufkam. Ich sang die Lieder mit und machte mein eigenes Karaoke.

Eines Tages riss das Band in der Kassette. Ich war zu Tode erschrocken. »Bitte, Buddha, hilf mir«, betete ich. »Ich verspreche, dass ich den Kassettenrecorder nie wieder anrühren werde.« Ich flehte Buddha aus tiefstem Herzen an. Es war gar nicht auszumalen, was geschehen würde, wenn die Tashis herausfanden, was ich angerichtet hatte.

Der Buddha muss meine Gebete erhört haben, denn das Kindermädchen der Nachbarn, das ich kannte, hatte die gleiche Kassette und gab sie mir. Ich hielt das Versprechen, das ich dem Buddha gegeben hatte, etwa einen Monat lang. Dann wurde ich schwach. Ohne Musik konnte ich nicht leben. Singen war meine Leidenschaft, es befreite mich von meinen Fesseln. Ich liebte die Musik. Viel später hörte ich einmal eine Aufnahme mit Michael Jackson und dachte, er müsste der beste Musiker sein, den es je gegeben hatte. Das war mein erster Kontakt mit westlicher Musik – abgesehen von den komischen Autos der Straßenreinigung, die auf der Hauptstraße hin und her fuhren, Wasser verspritzten und dabei Beethovens Neunte Symphonie spielten. Das war Chinas Art, Tibet zu modernisieren.

Eines Tages sah ich eine riesige aus Pappe ausgeschnittene Figur eines westlichen Filmstars, der bis zu den Hüften nackt war. Er hatte ein Tuch um die Stirn geschlungen und hielt eine riesige Panzerfaust in der Hand. Diese Figur hatte man auf dem Dach eines Cafés am Fuße des Potala aufgestellt. Es handelte sich um ein Bild von Rambo. Vor dem Palast des Dalai Lama wirkte das höchst unpassend, wie ein Sakrileg, aber vermutlich war genau das die beabsichtigte Wirkung.

Nach meiner heimlichen Gesangspause machte ich mich auf den Weg zum Markt, dem sogenannten Barkhor, der rings um den großen Tempel von Lhasa, den Jokhang, aufgebaut ist. Der Barkhor-Markt ist ein quirliger, lebendiger Platz, es gibt hier alle möglichen Händler, und ich ging gerne dorthin. Ich weiß noch, wie ich das erste Mal zum Markt geschickt wurde, um Frühlingszwiebeln für das Sonntagsessen zu kaufen. Es war kurz nach meiner Ankunft, und es war für mich als kleines Mädchen vom Lande das erste Mal, dass ich alleine in der Stadt war. Die Familie machte Mo-Mos, das sind eine Art tibetischer Teigtaschen, für die man unbedingt Frühlingszwiebeln braucht. Man sagte mir, ich würde nicht länger als eine Viertelstunde brauchen. Also rannte ich los und hielt das Geld, das ich dabeihatte, fest in der Hand umklammert.

Das erste, was ich sah, war ein Eisverkäufer. Ich war ganz verzaubert von den vielen Farben der Eiscreme und von den Leuten, die kamen und Eis kauften. Ich stand eine Ewigkeit da und schaute zu, was an dem Stand passierte. Niemand gab mir ein Eis, was ich insgeheim gehofft hatte, aber ich traute mich nicht, das Einkaufsgeld für Eis auszugeben. Ich wusste, das wäre verkehrt gewesen. Dann sah ich einen Schönheitssalon, in dem junge Mädchen mit heißen Eisen Locken in die Haare der Kundinnen eindrehten. Ich hatte noch nie lockiges Haar gesehen und stand auch hier wieder eine Ewigkeit herum und sah wie verzaubert zu. Dann entdeckte ich einen Mann, der Fahrräder reparierte. Er ließ mich die Reifen aufpumpen und gab mir einen kleinen Hocker, auf den ich mich hinsetzen und zuschauen konnte. Ich verbrachte den ganzen Tag auf dem Markt, hielt das Geld fest in der Hand und war von allem, was ich sah, völlig fasziniert. Als alle ihre Stände zusammenpackten, machte auch ich mich mit meinen Frühlingszwiebeln auf den Heimweg.

Herr und Frau Tashi tobten. »Was fällt dir ein, so lange fortzubleiben! Wo warst du die ganze Zeit?«

Das einzige, was ich herausbrachte, war ein: »Tut mir leid.« Gegen meine innere Neugier und meinen Drang nach Unabhängigkeit war ich machtlos – selbst unter diesen schrecklichen Umständen brachen sie durch.

Die Plackerei ging weiter, Tag und Nacht. Immer musste nach dem Abendessen abgespült werden, Schuhe mussten geputzt, Holz für den Ofen gehackt, Kleider geflickt werden. Oft rollte ich erst abends um elf Uhr meine Matratze auf dem Küchenboden aus, im Winter manchmal auch eine Stunde früher. Ich schlief immer sofort ein, so erschöpft war ich. Im Sommer breitete ich mein Bettzeug im Garten aus und sah zu den geliebten Sternen empor, der Wind strich mir übers Gesicht und streichelte mich in den Schlaf, es war fast wie in Yarlung. Das waren kurze Augenblicke, in denen ich mich zurückversetzt fühlte in meine ungebundene tibetische Kindheit, wo mein Herz und mein Körper frei herumtobten, und ganz tief unten fühlte ich die Freude, die ich damals empfand.

Mit den Jahren gewöhnte ich mich an mein Leben als Sklavin, die den ganzen Tag arbeitet, kein Geld bekommt und nur Kost und Logis frei hat. Allmählich reduzierte sich mein Leben darauf – ich kannte nichts anderes, es gab nichts, was mir als Vergleich dienen konnte. Ehrlich gesagt störte mich die Hausarbeit gar nicht so sehr. Wir Tibeter sind im allgemeinen gute Arbeiter. Ich hatte meinen Eltern und den anderen Leuten aus dem Dorf zugeschaut, wie sie bei jedem Wetter den ganzen Tag auf dem Feld arbeiteten, ohne zu klagen, und offensichtlich habe ich diese Gene geerbt, da ich nie wirklich faul war oder mich vor körperlicher Arbeit gefürchtet habe. Ich war eine zuverlässige, gute Arbeitskraft, und Freunde und Verwandte der Familie bewunderten mich. Was ich tat, wollte ich gut machen.

Das Schreckliche bei der ganzen Sache war die seelische Grausamkeit. Nicht dass mich die Tashis geschlagen hätten, aber es gab kein Zeichen der Zuneigung, kein gutes Wort, keine Liebe. Für sie war ich eine Arbeitskraft, mehr nicht. Ich blieb in diesem Haus immer die Außenseiterin. Körperliche oder emotionale Wärme konnte ich nicht erwarten.

Ihren eigenen Kindern gaben sie Süßigkeiten, ich ging leer aus. Zwischen den Mahlzeiten gab es kleine Snacks, Biskuits oder dergleichen, aber ich durfte sie nicht anrühren. Die Kinder wurden mitgenommen ins Kino, ich musste zu Hause bleiben, weil es hieß, ich könne mich nicht anständig benehmen. Als die Familie den ersten Fernseher bekam, setzte ich mich eifrig davor, um eine Sendung anzuschauen. Gleich hieß es, ich solle aufstehen, weil ich sonst süchtig würde. Danach traute ich mich nicht mehr, fernzusehen.

Unter diesen Bedingungen stand ich natürlich immer unter Spannung, stets fürchtete ich, etwas verkehrt zu machen oder das Falsche zu sagen. Ich lief den ganzen Tag wie auf rohen Eiern. Ich war die Arbeitskraft im Haus und damit basta. Ich dachte, vielleicht würde ich ihre Anerkennung und Zuneigung gewinnen, wenn ich meine Aufgaben erledigte und alles tat, was man mir sagte, aber nie kam ein gutes Wort.

Die ganze Zeit über fühlte ich mich schrecklich einsam. Mein Heimweh, die Sehnsucht nach meiner Familie ließen nie nach, und es gab Momente, in denen konnte ich es nur schwer aushalten. Lange weinte ich abends, nachdem alle anderen ins Bett gegangen waren, allein unter meiner Decke. Niemand sollte mich hören. Die Tashis sollten nicht merken, wie sehr ich litt.

Vielleicht genauso schlimm wie die mangelnde Zuneigung war, dass ich keine Möglichkeit hatte, jemand anderem Zuneigung zu geben. Jemanden lieben zu können ist ein großes Geschenk. Allmählich lernte ich, keine Gefühle zu haben, damit mir das unerträgliche seelische Auf und Ab erspart blieb. Ich wurde gefühllos, war wie abgeschnitten und innerlich wie tot. So war es einfacher für mich. Was immer man zu mir sagte, was man tat oder was geschah, es ging an mir vorbei, ich zeigte keine Reaktion. So gelang es mir, zu überleben. Zudem war ich immer derart beschäftigt, dass ich gar keine Zeit für einen Zusammenbruch hatte.

Immer wieder sagte ich mir die Worte meiner Mutter vor: »Wenn du in die Stadt gehst, musst du nicht auf dem Feld arbeiten, du bekommst eine Ausbildung und kannst etwas aus deinem Leben machen.« Aber ganz gleich, wie lange ich wartete, nie kam eine Ausbildung auf mich zu. Ich dachte, es wäre mein Karma, als Sklavin zu arbeiten. Offensichtlich musste ich für irgend etwas aus einem früheren Leben büßen, und ich wollte mich nicht beschweren, denn mit dem jetzigen Leben bereitete ich meine Zukunft vor. Mir war intuitiv klar, dass wir unser Schicksal mit jeder Handlung, jedem Wort und jedem Gedanken selbst bestimmen. Alles war für mich damals Karma, und ich sehe es auch heute noch so. Tage, Wochen, Monate und Jahre vergingen, und in mir wuchs die Überzeugung, dass ich all dem widerstehen konnte, dass ich an den Schwierigkeiten nicht scheitern würde. Ohne es zu wollen, trainierten mich die Tashis gut für das Leben.

Ebenso schlimm wie die emotionale Leere war die Unterdrückung. Ich hatte keinerlei Freiheit, und das war für meinen ungebundenen Geist die größte Qual. Keine einzige Entscheidung durfte ich selbst treffen. Man schrieb mir vor, wann ich aufzustehen und wann ich zu Bett zu gehen hatte, jede Minute meines Tages war genau geplant, und immer wurde kontrolliert, ob ich auch alles nach Vorschrift erledigte. Man war sehr streng, und ich wurde oft zurechtgewiesen und bestraft.

Frau Tashi sorgte sogar für meine Frisur. Ich durfte mir die Haare nicht kämmen, wie ich wollte, mir eine neue Frisur machen oder die Haare einfach offen tragen, wie ich es manchmal gerne gemacht hätte. Jeden Tag wurden meine Haare zu zwei langen Zöpfen geflochten, und das war's. Die tägliche Prozedur mit meinen Haaren wurde für mich zum Symbol meiner Gefangenschaft.

Ich fühlte mich wie im Gefängnis. Selbst wenn ich auf die Toilette gehen wollte, die auf der Straße ums Eck war, musste ich um Erlaubnis bitten. Der tägliche Gang zur öffentlichen Toilette war mein kleines, aber sicheres tägliches Fenster zur Freiheit. Als ich etwas älter wurde, schlich ich morgens, wenn ich sehr früh aufgewacht war, davon, um diese Toilette zu putzen. Öffentliche Toiletten in Tibet sind keine schönen Orte, besonders wenn sie auch von Kindern genutzt werden. Es gibt keine Porzellankloschüsseln, keine Wasserspülung, sondern nur einen Holzsitz und ein tiefes Loch, in das alles hinunterfällt. Oft geht etwas daneben, und dann sind überall auf dem Boden Urin und Fäkalien. Auch alte Frauen hinterlassen manchmal ein Chaos auf diesen Toiletten. Ich dachte, wenn ich hier saubermachte, so dass es für die Leute angenehmer wäre, die Toilette zu benutzen, würde auch ich mich damit einem Reinigungsritual unterziehen, und mein negatives Karma könnte dadurch gereinigt und meine Zukunft besser werden. Obwohl es fürchterlich schmutzig auf dieser Toilette war, machte es mir nichts aus. Ich bin nicht sehr empfindlich, und ich hatte das Gefühl, etwas Gutes zu tun – ich tat etwas Gutes für andere und gleichzeitig für mich selbst. Wenn man reine Absichten hat, fühlt man sich nicht schmutzig.

Die meiste Zeit war ich sehr einsam. Mit Dawo, dem Sohn der Familie, kam ich einigermaßen zurecht, aber mein Herz konnte ich ihm nicht ausschütten, da er alles sofort seinen Eltern erzählt hätte. Tsering, die Tochter, war einfach zu jung. Einmal spielte ich mit ihr zusammen ein Murmelspiel und gewann. Sie lief weinend zu ihrer Mutter. Daraufhin bemühte ich mich immer zu verlieren, und das machte überhaupt keinen Spaß. Du hast es gut, dachte ich, du hast eine Mutter, zu der du gehen kannst, wenn irgend etwas schiefläuft.

Eines Tages traf ich auf der Toilette ein Mädchen namens Wangmo, die in der Nachbarschaft wohnte. Sie war ein Jahr älter als ich und war ebenfalls vom Land nach Lhasa gekommen, um hier als Kindermädchen zu arbeiten. Die Arme musste sich um fünf Kinder kümmern und hatte daneben noch den Haushalt zu versorgen. Da wurde mir klar, dass ich nicht die einzige war, der ein solches Schicksal widerfahren war. Viele junge Mädchen waren in die Stadt geschickt worden, um ihnen die harte Arbeit auf den Feldern zu ersparen und sie vor den häufigen Vergewaltigungen zu schützen. Wir alle endeten hier praktisch als Sklavinnen. Wir waren Opfer des monströsen Regimes von Mao.

Wann immer es möglich war, traf ich mich mit Wangmo um drei Uhr nachmittags auf der Toilette. Wir unterhielten uns, erzählten einander von unserem früheren Leben, was uns hier widerfuhr und wie sehr wir unsere Eltern vermissten. Auch teilten wir das Essen miteinander, das jede von uns auf die Seite bringen konnte. Mit Wangmo war es herrlich, sie war meine beste Freundin. Ohne sie wäre mein Leben unerträglich gewesen.

Wangmo half mir, als ich zum ersten Mal meine Periode bekam. Ich wusste nicht, wie mir geschah. Eines Morgens wachte ich auf, mein Bettzeug war voller Blut, und ich dachte, ich müsste sterben. Sie sagte mir, das sei normal, und bei ihr passiere das jeden Monat. Ich sollte mir einfach Zeitungspapier in die Hose stecken. Das nervte mich, ich wurde krank, mein Gesicht schwoll an, und mir wurde schwindlig. Ich glaube, die Druckerschwärze von dem Zeitungspapier war irgendwie giftig. Ich hatte ziemliche Angst, aber es wurde allmählich besser. Später verwendete ich statt Zeitungspapier alte Lumpen.

1982, sechs Jahre nach dem offiziellen Ende der Kulturrevolution in Tibet, entspannten sich die Verhältnisse ein wenig. Man durfte jetzt ein wenig freier im Lande reisen, und zumindest äußerlich herrschte eine gewisse religiöse Toleranz. Allmählich gingen die Menschen wieder auf Pilgerfahrten, und auch Besucher aus dem Westen wurden wieder ins Land gelassen. Zum ersten Mal in meinem Leben sah ich große blonde, blauäugige Menschen. Ich staunte diese Wesen an! Am meisten verwunderte mich, dass sie so sauber waren und nach Blumen rochen – das muss wohl an der Seife und dem Shampoo gelegen haben, das sie benutzten. Und die Männer waren so behaart. Manchmal konnte man die Wimpern dieser Menschen nicht erkennen, weil sie weiß waren. Für mich sahen sie alle aus wie Wesen von einem anderen Planeten. Einmal begegnete ich einer Frau aus dem Westen auf der Toilette und war ganz angetan von der Unterwäsche, die sie trug. Ich fand sie wunderschön.

Auf dem Barkhor-Markt hörte ich, dass die Menschen

jetzt wieder Cora praktizierten. Dabei läuft man im Kreis um einen heiligen Ort herum, schwingt die Gebetsmühlen und spricht das heilige Mantra. Der Potalapalast war einer der Orte, an denen das geschah. Ich wollte Näheres wissen und beschloss, mich daran zu beteiligen. Also stand ich frühmorgens um drei Uhr auf, schlich mich aus dem Haus und lief durch Nebengassen zum Fuß des Palasts des Dalai Lama. Dort waren Hunderte von Menschen versammelt, einige hatten ihre Tiere mitgebracht, und alle liefen unter dem Sternenhimmel im Uhrzeigersinn um das riesige Gebäude herum. Man hörte nur ein allgemeines Summen wie von Millionen von Heuschrecken – das Geräusch der Menge, die das Mantra des Mitleids des Dalai Lama murmelte: Om Mani Padme Hum, was soviel bedeutet wie »Heil dem Juwel im Lotus«, eine Metapher für das Mitleid, das jedem Wesen gebührt.

Es herrschte eine Stimmung der Ehrfurcht, und ich empfand es als unglaublich aufregend. Hinzu kam, dass ich auf eigene Faust ausgebüxt war und frische Luft und Freiheit spürte. Wunderbare Freiheit! Der Morgen atmete Freiheit. Ich erzählte Wangmo davon, und wir gingen gemeinsam dorthin. Das waren mit die schönsten Momente meines Lebens.

Ich war zehn Jahre alt und lebte seit drei Jahren bei den Tashis, als mich meine Eltern und Großeltern besuchten. Es fühlte sich komisch an, nach all den Jahren »Mutter« oder »Vater« zu sagen, Worte, die ich lange nicht mehr ausgesprochen hatte. Sie kamen, um zu sehen, wie es mir ginge, und erzählten mir, dass sich die Verhältnisse auf dem Land gebessert hätten und dass ich jetzt wieder nach Hause kommen könnte.

Aber die Familie Tashi bekniete meine Eltern, mich bei ihnen zu lassen, sie lobten mich als ausgezeichnete Arbeitskraft und sagten, sie würden mir eine Aufenthaltserlaubnis für die Stadt besorgen, eine Art Stadt-Pass, die mir später, wenn ich älter wäre, das Anrecht auf eine Wohnung und Essensmarken in der Stadt garantieren würde. Sie sagten, in ihrer Position könnten sie für mich eine vorteilhafte Ehe arrangieren oder mir eine Stelle in einem Büro verschaffen. Auch deuteten sie an, dass ich eines Tages ihr Haus würde übernehmen können.

Meinen Eltern erschien das Angebot verführerisch. Eine solche Aufenthaltserlaubnis war sicherlich besser als das Leben auf dem Land, das sie mir bieten konnten. Sie erklärten mir, dass das Jahr 1982 zwar den Städten eine gewisse Liberalisierung gebracht hatte, dass aber das Leben auf dem Land immer noch sehr hart sei. Auch sah man immer noch auf unsere Familie herab, weil sie früher zu den besseren Kreisen gehört hatte.

»Es wird dir hier bessergehen«, sagte meine Mutter.

Ich umklammerte ihre Hand und fühlte mich sehr traurig.

»Du musst hierbleiben«, sagte meine Mutter.

Mütter nehmen in Tibet eine ganz besondere Position ein. Sie werden verehrt, weil ihre Liebe höher steht als die aller anderen, und niemand denkt schlecht von seiner Mutter. Also stellte ich meine Wünsche hinter ihren zurück. Vielleicht kann sie sich nicht um mich kümmern, dachte ich.

Dann verließen sie mich wieder und gingen.

Jedes Jahr an Neujahr sagte ich zu den Tashis, dass ich jetzt nach Hause gehen möchte. Ich hasste Neujahr, denn die Tashis luden dazu viele Gäste ein, darunter auch Chinesen, und die spuckten Sonnenblumenkerne auf den Boden. Das bedeutete für mich noch mehr Arbeit.

In Yarlung war alles ganz anders. Meine Familie beteiligte sich an den Feierlichkeiten, zu denen die Menschen von allen Bauernhöfen zusammenkamen. Man zog sich festlich an, sang und tanzte. Auch die Yaks wurden geschmückt und bekamen besonders leckeres Futter, denn in der darauffolgenden Woche mussten sie wieder an die Arbeit. Wenn gerade Mönche in der Gegend waren, kamen sie auch zu den Feierlichkeiten und segneten die Felder. Es war die Zeit, in der die Menschen sich verliebten.

Die Tashis sagten dann immer bloß: »Nächstes Jahr kannst du gehen.« Oder: »In den Sommerferien kannst du gehen.«

Ich gab die Hoffnung nicht auf, und die Hoffnung hielt mich am Leben. Niemand kann ohne Hoffnung leben.

Kapitel 3

Weglaufen

Nachdem meine Eltern gegangen waren, war ich sehr unruhig. Ich konnte mich kaum auf meine täglichen Aufgaben konzentrieren. Das Wiedersehen hatte mich aufgewühlt, Gefühle und Wünsche kamen in mir hoch, die ich über die Jahre hinweg erfolgreich verdrängt hatte. Noch monatelang rumorte es in mir, und meine Unzufriedenheit mit dem Leben wuchs. Dann zerbrach ich eines Tages beim Abtrocknen ein Glas. Als die Tashis nach Hause kamen, schimpften sie mit mir und machten mir Vorwürfe auf eine Art, die ich ungerecht und übertrieben fand. Auch danach ließen sie die Sache nicht auf sich beruhen. Noch Tage nach dem Vorfall schimpften sie, wie ungeschickt ich sei und dass ich meine Arbeit nicht richtig verrichten würde. Da gab es plötzlich einen Knacks in mir. Ich hatte genug. Ich machte keine Szene, ich brach nicht zusammen, ich beschloss einfach, davonzulaufen und nach Hause zurückzukehren. Ohne weitere Vorbereitungen ging ich einfach durch die Vordertüre aus dem Haus, während sie bei der Arbeit waren.

Ich machte mich auf den Weg zum Sera-Kloster, wo einer meiner Onkel lebte. Er würde mir sicher etwas Essen anbieten, das ich für meine Reise benötigte, denn das gebot die Gastfreundschaft.

Sera ist eine der drei großen Klosteruniversitäten in Tibet

und lag nur zwei Stunden entfernt. Es ist eine riesige Anlage, voller Kapellen und Universitätsbauten am Fuße eines Berges, an dessen Rücken ein riesiger farbiger Buddha gemalt ist. Früher lebten dort über fünftausend Mönche, aber jetzt waren es nur noch ein paar hundert, darunter mein Verwandter. Wie erwartet, begrüßte mich mein Onkel aufs herzlichste und reichte mir etwas vom übriggebliebenen Tsog, das sind gesegnete rituelle Speisen, die dem Buddha im Rahmen religiöser Zeremonien dargebracht werden. Dieses Essen besteht aus Biskuits und getrockneten Früchten.

Ich wagte nicht, meinen Onkel in meine Pläne einzuweihen, da er mir sicherlich verboten hätte davonzulaufen. Als ich ihn schließlich am späten Nachmittag verließ, gab er mir ein bisschen Geld und setzte mich in einen Bus, der zurück nach Lhasa fuhr. Ich stieg nicht aus. Ich fuhr, bis der Bus hielt, irgendwo am Rande von Lhasa, wo es keine Häuser gab. Von hier aus machte ich mich auf den Weg über ein paar Felder, die ich in der Nähe gesehen hatte. Ich hatte keine Ahnung, wohin ich eigentlich lief, sondern folgte lediglich einem tiefsitzenden Instinkt, der mich heimführen sollte.

Ich ging immer weiter, bis es dunkel wurde. Irgendwie kam ich mir verrückt vor, ich war allein ins Blaue losgelaufen und hatte keine Ahnung, was ich jetzt machen sollte. Da hörte ich plötzlich in der Ferne ein mechanisches Geräusch. Ich folgte dem Klang und kam zu einer Fabrik. Es war nicht zu erkennen, was dort hergestellt wurde, und es schien, als sei niemand da. Vielleicht waren die Arbeiter nach Hause gegangen. Ich fand ein paar große Pappkartons und machte mir daraus eine Unterkunft für die Nacht. Ich war es gewohnt, auf dem Boden zu schlafen, und so fiel ich in einen tiefen, traumlosen Schlaf.

In aller Herrgottsfrühe wachte ich frisch und erholt auf und machte mich auf den Weg dorthin, wo ich mein Zuhause vermutete. Ich überquerte einen Bach und trank etwas Wasser und aß ein wenig von dem Tsog. Später kam ich an ein Feld mit blühenden Rettichen. Ich nahm mir ein paar, sie schmeckten köstlich.

Eine Ewigkeit lang lief ich über endlose Felder und war froh, den Tashis entkommen zu sein. Ich hatte keinen Zweifel daran, auf dem Weg nach Yarlung zu sein.

Es wurde dunkel, die zweite Nacht meiner Flucht brach herein, und ich sah mich um nach einer Bleibe für die Nacht, nach einem Haus, einem Bauernhof oder vielleicht einer Fabrik. Aber nirgends war ein Anzeichen menschlicher Behausung zu sehen. Tibet ist ein riesiges Land, größer als Europa, es hat aber nur sechs Millionen Einwohner. Man kann tagelang unterwegs sein, ohne einem einzigen Menschen zu begegnen.

Was sollte ich machen? Ich fand ein Kartoffelfeld, wickelte meine Kleider eng um mich, rollte mich in einer der Furchen zusammen und versuchte zu schlafen. Ich war zwar erst zehn Jahre alt, aber ich hatte keine Angst hier draußen im Dunkeln, allein in der Wildnis. Nicht dass ich ein besonders tapferes Kind gewesen wäre, ich war einfach ein kleiner Wildfang, und zwar von Geburt an. Ich bekomme nicht leicht Angst, und mich wirft so schnell nichts aus der Bahn. Es gab hier nichts, was mir hätte angst machen können. Es gab in Tibet keine Pädophilen, und auch vor Tieren fürchtete ich mich nicht. Die meisten wilden Tiere waren ohnehin von den Chinesen so gut wie ausgerottet worden, und an kleine Tiere wie Ratten und Mäuse hatte ich mich in Lhasa gewöhnt. Ich fing sie immer, wenn sie in der Vorratskammer sich über die Lebensmittel hermachten. Außerdem bin ich ein Naturkind. Ich fürchte mich nie im Freien. Die Jahre der Sklaverei hatten mich zudem körperlich, emotional und mental abgehärtet, und ich hatte eine Widerstandskraft entwickelt, die für ein Kind in meinem Alter eher ungewöhnlich war. Auch war es Sommer und nicht sehr kalt.

Dennoch wachte ich in dieser Nacht mehrmals fröstelnd auf. Ich stand dann auf und sprang hin und her, um mich aufzuwärmen, bevor ich mich wieder in meine Furche legte. Als ich am Morgen erwachte, lag Tau auf meinen Haaren. Ich wusch mich damit und machte mich dann wieder auf den Weg, guter Dinge, frei von jedem Zweifel und voller Energie.

Ich kam an ein Feld, das aussah, als sei hier gerade frisch Gras gesät worden. Als ich auf das vermeintliche Gras trat, sank ich tief in Schlamm ein. Ich war in ein Reisfeld getreten und konnte mich gerade noch an ein paar Zweigen festhalten und mich aus dem Schlamm herausziehen. Nun hatte ich zwar wieder festen Boden unter den Füßen, aber meine Kleidung war nass, die Schuhe waren voller Wasser und schlammig. Am nächsten Bach zog ich mich aus, wusch meine Kleidung und meine Schuhe und saß nackt in der Sonne, während meine Sachen trockneten. Weit und breit war niemand zu sehen. Ich lag auf dem Rücken und schaute den Wolken am Himmel zu, lauschte dem Plätschern des Bachs und beobachtete die Libellen, die über dem Wasser flogen. Am Himmel schwebten riesige Lämmergeier, die sich mit ausgestreckten Flügeln von der warmen Luft tragen ließen. Unter meinem kleinen Körper fühlte ich die Erde. Ich roch den Boden, und der Wind trug den Geruch der Felder durch die Luft. Ich fühlte mich wie im Paradies. Ich war frei, ich war in der Natur auf dem Land, das ich so liebte.

Nach all den Jahren, die ich in der Stadt eingesperrt war und Hausarbeit verrichten musste, war dies der reinste Segen. Hier in der unendlichen wunderschönen Weite von Tibets Natur war ich endlich heimgekehrt. Es war eine friedliche Stimmung, die man nicht in Worte fassen kann. Die Zeit schien stillzustehen, und ich hätte für immer hier zwischen diesen Feldern liegenbleiben können. Schließlich machte ich mich ohne jede Hektik wieder auf den Weg.

In der Ferne sah ich zwei Kinder. Als sie näher kamen, fragte ich sie, ob sie wüssten, wo Yukoo lag. Das war der Name der Stadt am äußersten Rand von Lhasa, wo alle noch einmal anhielten, um Benzin zu tanken, bevor sie weiterfuhren. Von Yukoo aus würde es einfach sein, eine Mitfahrgelegenheit in mein Dorf zu bekommen. Sie zeigten mit den Fingern in eine Richtung und sagten, Yukoo sei noch meilenweit weg.

»Das macht nichts«, sagte ich. »Ich werde langsam gehen.«

Ich schlief eine weitere Nacht auf einem Kartoffelfeld und ging am vierten Tag weiter. Bald stieg mir der Geruch von Benzin in die Nase. Yukoo konnte nicht mehr weit entfernt sein. Ich ging dem Benzingeruch nach. Er wurde immer stärker, und plötzlich stand ich vor einer Tankstelle. Ich freute mich. Am Straßenrand stand ein Lastwagen, der den Namen meines Dorfes an der Ladefläche angeschrieben hatte. Niemand saß in der Fahrerkabine, aber ich stieg ein und setzte mich einfach auf den vorderen Sitz und wartete.

Bald kamen zwei Männer, die erstaunt waren, ein kleines, verwahrlostes Mädchen hinter dem Lenkrad ihres Wagens zu finden. Ich fragte, ob sie nach Yarlung unterwegs seien, und als sie sagten, sie würden in diese Richtung fahren, fragte ich, ob sie mich mitnehmen könnten, da ich kein Geld hätte, um mit dem Bus zu fahren.

»Warum?« fragten sie.

»Ich bin auf dem Weg nach Hause«, antwortete ich, und das schien sie zu befriedigen, da sie keine weiteren Fragen stellten.

»Kein Problem«, sagte der eine. »Lass uns fahren.«

Wir fuhren stundenlang und hielten nur für eine Teepause und um etwas zu essen. Die beiden Fahrer luden mich ein. Sie waren sehr nett. Ich hatte ziemlichen Hunger und verdrückte das Essen ziemlich schnell. Die beiden schauten mich an und sagten: »Arme Kleine.«

Als wir Yarlung erreichten, bat ich die Fahrer, mich aussteigen zu lassen. »Ich komme jetzt allein zurecht«, sagte ich.

Ich wollte nicht, dass sie wussten, wo genau ich wohnte, falls sie der Polizei erzählten, dass sie dieses kleine zerlumpte Mädchen mitgenommen hatten. Dann würden bestimmt die Tashis kommen, um mich zu suchen.

Ich ging die Straße entlang, die zu meinem Dorf führte, und kam an vielen Menschen auf Fahrrädern vorbei. Es war Mittagszeit und sehr heiß. Ich hatte mir einen Hut aus Blättern gemacht, um mich vor der Hitze zu schützen. Meine Mutter hatte immer gesagt, vornehme Damen schützen ihr Gesicht vor der Sonne im Sommer, weil sie sonst Falten bekommen. Wenn schon, denn schon, dachte ich mir, und schmierte mein Gesicht mit Schlamm ein. Ich nahm an, meine Mutter würde das ganz toll finden.

Ein Jeep fuhr vorbei, und ich hielt ihn an in der Hoffnung, er könnte mich das letzte Stück bis nach Hause mitnehmen. Ich erschrak, als ich sah, dass ein tibetischer Polizist am Steuer saß.

»Wo willst du hin?« fragte er.

Da diese kleine Straße nur nach Yarlung führte, blieb mir nichts anderes übrig, als den Namen meiner Familie zu nennen. Alle hier in der Gegend kannten meine Familie.

»Ah, zu denen gehörst du. Steig ein«, sagte er.

»Was hast du mit deinem Gesicht gemacht?« fragte er.

Ich sagte ihm, ich hätte es mit Schlamm eingerieben, um keinen Sonnenbrand zu kriegen.

»Ihr Kinder seid schon verrückt heutzutage«, sagte er fröhlich.

Ich war glücklicherweise an einen freundlichen Polizisten geraten. Er nahm mich mit zu sich nach Hause, damit ich mir das Gesicht waschen konnte. Ich sah aus wie eine kleine Bettlerin. Seine Frau gab mir Tee zu trinken, und dann fuhr mich der Polizist zum Haus meiner Familie.

Ich kam nachmittags um fünf Uhr beim Haus an, und die ganze Nachbarschaft lief zusammen, um zu sehen, was hier los war. Polizeifahrzeuge kommen selten nach Yarlung, und jedermann dachte, es ginge hier um ein Verbrechen. Dann sahen sie mich.

»Yangchen ist wieder da«, riefen sie.

Ich ging durch die Tür in unser Haus. Mein Vater sah auf, erblickte mich und rief: »Was machst du denn hier?« Er war sehr ärgerlich.

»Sei nicht so grob«, mischte sich meine Mutter ein.

Ich rannte zu ihr. Ich glaube, sie hatten beide ziemliche Angst, weil mich ein Polizist gebracht hatte, und sie fragten sich, was ich wohl angestellt haben mochte. Aber dieser Polizist war ein sehr zuvorkommender Mensch.

»Ich habe sie auf der Straße aufgelesen und dachte, ich bringe sie nach Hause«, sagte er und ging dann.

Das war nun nicht ganz der Empfang, den ich mir erhofft oder gewünscht hatte. Mein Vater war ziemlich ärgerlich und schimpfte mit mir. Ich erzählte ihnen von dem zerbrochenen Glas, wie man mich die ganze Zeit beschimpft hatte und dass es mir gereicht habe und ich einfach gegangen sei. Sie fragten mich, wie ich nach Hause gekommen sei, und ich erzählte ihnen die Geschichte meiner Reise. Meine Mutter musste sehr weinen. Und meine Großeltern lachten.

»Das ist ja ein lustiger Affe!« sagten sie.

Das brach die schlechte Stimmung auf. Wir gingen alle in die Küche, setzten uns um den Tisch, tranken tibetischen Tee und aßen Tsampa, ein traditionelles Gericht, das aus geröstetem Gerstenmehl hergestellt wird. Ein Tibeter kann ohne Tsampa nicht leben – es ist nicht nur ein Gericht, es ist eher eine Art göttlicher Medizin. Trotz des Imbisses mit den Lastwagenfahrern, saß mir von meiner Reise immer noch der Hunger in den Knochen, und nie schmeckte ein Tsampa so gut wie dieses.

»Verhungerst du in Lhasa?« fragte meine Mutter besorgt.

»Nein, aber das Tsampa fehlt mir«, antwortete ich.

Wir verbrachten den ganzen Abend in der Küche, unterhielten uns und brachten uns gegenseitig auf den neuesten Stand der Dinge. Die größte Neuigkeit war, dass meine Mutter gerade ein weiteres Kind auf die Welt gebracht hatte, ein Mädchen mit Namen Lhakchung Dorga, das heißt weiße Göttin. Mein Vater hatte ihr bei der Geburt diesen Namen gegeben, weil sie so wunderschön war. Als sie aus dem Leib meiner Mutter schlüpfte, hatte sie lockiges Haar und rosenrote Lippen. Später wurde sie in der ganzen Gegend wegen ihrer ausnehmenden Schönheit berühmt.

Ich war ganz aufgeregt, weil ich jetzt endlich eine Schwester hatte. Die nahe Bindung allerdings, die ich mir zu ihr wünschte, war nicht zu realisieren.

Schon am nächsten Morgen schrieb mein Vater einen Brief an die Familie Tashi, in dem er ihr mitteilte, dass seine Tochter Soname Yangchen sicher zu Hause angekommen sei.

In der folgenden Woche kehrte noch einmal das Glück meiner frühen Kindheit zurück, bevor ich wieder nach Lhasa geschickt wurde. Ich rannte durch die Felder. Ich spielte. Ich schlich mich zu meiner Großmutter. Bei den Kindern, die mich früher wegen meiner »schlechten Abstammung« gequält hatten, war ich die Heldin im Dorf. Jetzt trug ich Jeans statt der traditionellen Kleidung, und alle dachten, ich sei schrecklich modern. Auch hatte ich mir einen vornehmen Lhasa-Akzent zugelegt. Ich war ein Mädchen aus der Stadt.

»Du bist schön!« riefen sie.

Ein paar Tage lang kam ich mir vor wie ein Star. Ich wurde in alle Häuser des Dorfes eingeladen, man bot mir Tee und Kaffee an, und jeder wollte wissen, wie es in Lhasa so war.

Ich half meinen Eltern in der Landwirtschaft, so gut es ging, ich wusch die Wäsche und servierte ihnen Tee, alles in der Hoffnung, sie würden mich bei sich behalten. Ich war sehr, sehr glücklich.

Aber dann kam ein Jeep, den die Tashis geschickt hatten, um mich abzuholen. Sie sandten Kleidung und Süßigkeiten und eine Nachricht, dass sie es ohne mich einfach nicht schafften.

»Man braucht dich, also musst du gehen«, sagte mein Vater.

Meine Mutter sagte nichts. Ich weiß nicht, warum. So waren die Menschen in Tibet damals. Jahrhunderte des Feudalismus, in denen niemand das System in Frage stellte, gefolgt von Jahren der Folter und des Terrors während der Kulturrevolution hatten alle etwas unterwürfig und feige gemacht.

Natürlich wollte ich überhaupt nicht gehen, aber ich gab nach und fügte mich in mein Karma. Ich war klein und hörte auf meine Eltern. Die Kinder in Tibet widersprechen Vater und Mutter nicht – wir gehorchten, ohne zu fragen. So waren die Regeln unserer Kultur.

Ich versuchte, das Ganze von der positiven Seite zu sehen. Vielleicht bekam ich wirklich eines Tages die Möglichkeit, etwas zu lernen, eine Ausbildung zu machen. Vielleicht vermittelten mir die Tashis, die über gute Verbindungen und Einfluss verfügten, eines Tages eine vorteilhafte Hochzeit. Vielleicht besserte sich mein Leben wirklich.

Ich ging zurück nach Lhasa, niedergeschlagen, aber nicht geschlagen. Die Tashis schimpften mich diesmal nicht. Sie benahmen sich sogar ziemlich zivilisiert, zumindest am Anfang. Ich glaube, sie hatten gemerkt, dass sie zu weit gegangen waren und mich damit aus der Bahn geworfen hatten.

Ich nahm den Faden meines traurigen Schicksals ohne zu klagen wieder auf, aber ich war alles andere als glücklich. Nur ein Ereignis unterbrach die Monotonie meiner Tage: Der zehnte Panchen Lama, nach dem Dalai Lama die zweitwichtigste Persönlichkeit des spirituellen und politischen Lebens in Tibet, kehrte zurück ins Land. Er war viele Jahre zuvor nach China gebracht worden, wo er von 1969 bis 1977 als politischer Gefangener inhaftiert war. In dieser Zeit wussten die Tibeter nicht, ob er überhaupt noch am Leben war. Jetzt zitterte das ganze Land vor Aufregung.

Die Panchen Lamas waren einflussreiche Persönlichkeiten, die über die Jahrhunderte hinweg eng mit den Dalai Lamas verbunden waren; man liebte und verehrte sie sehr. Der Panchen Lama gilt als Reinkarnation des Buddha Amitabha, dem Buddha des Unermesslichen Lichts. Wenn ein Panchen Lama starb, wurde sein Nachfolger sorgfältig ausgesucht und vielen Prüfungen unterzogen, um sicherzustellen, dass es sich bei ihm auch wirklich um die Reinkarnation des Panchen Lama handelte.

Der letzte Panchen Lama war eine etwas umstrittene Figur. Wir Tibeter wussten nie, ob er mit China kollaborierte oder nicht. Zu Beginn der Besetzung des Landes hatte er erklärt, er glaube an die lauteren Absichten der chinesischen Führung. Aber dann wurde er festgenommen und öffentlich erniedrigt, weil er die chinesische Politik in Tibet öffentlich kritisierte. Man führte ihn durch die Straßen, und die Leute spuckten ihn an. Daraufhin verschwand er nach China, wo er eingekerkert und beschimpft wurde. Jahrelang sperrte man ihn in eine Einzelzelle und erniedrigte ihn auf jede nur erdenkliche Weise, unter anderem indem man Fäkalien in sein Essen mischte. Als er aus der Haft entlassen wurde, heiratete er eine Chinesin. Das führte zu einem riesigen Skandal, weil es hieß, er führe ein luxuriöses und privilegiertes Leben.

Und nun tauchte er plötzlich in Lhasa auf. Die Neuigkeit verbreitete sich wie ein Lauffeuer, und alle liefen zusammen, um ihn zu sehen. Meine ganze Familie kam aus Yarlung angereist, und ich durfte sie begleiten, um den großen Mann selbst zu sehen. Zum ersten Mal seit meinem kleinen Ausbruch in die Freiheit im letzten Jahr hatte ich wieder einmal gute Laune.

Der Anblick am Jokhang, dem zentralen Tempel, vor dem er sprechen wollte, war unvorstellbar. Es war, als sei Lhasa plötzlich aus einer tiefen Depression erwacht. Die Sonne schien von einem Himmel, der zu lange grau und bedeckt gewesen war. Aus allen Ecken des Landes strömten die Menschen in die Hauptstadt. Manche waren wochenlang zu Fuß gegangen, nur um ihn zu sehen und seinen Segen zu bekommen, manche hatten den ganzen Weg sogar in einer endlosen Serie von Niederwerfungen zurückgelegt. Für viele war es eine Art Pilgerreise, und jeder mühevoll gebeugte Schritt, den sie taten, verbesserte ihre spirituellen Chancen. Auch wenn es in in den abgelegenen Gegenden Tibets kein Telefon gab, wusste seltsamerweise jeder wie durch Telepathie, dass der Panchen Lama zurückgekommen war. So sind die Verhältnisse in Tibet.

Rund um Lhasa spielten sich unglaubliche Szenen ab, ich habe dergleichen nie vorher gesehen. Die Schlangen der Gläubigen rund um den Tempel zogen sich über mehrere Kilometer hin. Es herrschte eine aufgewühlte Stimmung. Einige waren derart aufgeregt, dass sie in Ohnmacht fielen.

Ältere Menschen erlitten Herzattacken und starben. Es war offensichtlich, dass der Glaube der Menschen trotz aller Verfolgungen nach wie vor tief und stark war. Ich fragte mich, was wohl passieren würde, wenn der Dalai Lama eines Tages zurückkehren würde.

Die Behörden waren schockiert und besorgt ob dieser Aufwallung religiöser Gefühle, die sie meinten erfolgreich abgetötet zu haben.

Glücklicherweise mussten wir uns nicht in der langen Reihe der Pilger anstellen. Die Tashis hatten Sondergenehmigungen und schleusten meine Familie und mich an den Menschenschlangen vorbei.

Als der Panchen Lama in den Tempel trat und sich auf seinen Thron setzte, um zu uns zu sprechen, war ich wie hypnotisiert. Er war eine faszinierende Persönlichkeit. Ich betrachtete diesen bemerkenswerten Mann, einen Repräsentanten des alten Tibet, das ich nie kennengelernt hatte, und sah eine sanfte würdevolle Person, und obwohl ich noch sehr jung war, erkannte ich, dass er ein sehr weiser Mensch war. Er war groß und hatte eine sehr helle Haut und dicke kleine Hände. Er trug eine lange gelbe Chuba, was angesichts des Misstrauens der chinesischen Herrscher eine kluge Mischung aus sakraler und ziviler Kleidung war.

Als er den Mund aufmachte, klang seine Stimme etwas derb. Irgendwie passte sie nicht zu seinem sonstigen Erscheinungsbild. Man erzählte mir, das sei darauf zurückzuführen, dass man ihn im Gefängnis mit Exkrementen gefüttert habe. Sein Publikum fing sofort Feuer, als er mit der Ansprache anhob. Das war kein Lakai, keine chinesische Marionette. Er kritisierte so ziemlich jeden Aspekt der chinesischen Politik in Tibet, angefangen vom erschreckenden Zustand des Bildungssystems über die Massenimmigration chinesischer Siedler, die den Tibetern die Arbeitsplätze wegnahmen, bis hin zur Vernachlässigung der tibetischen Sprache.

Seine Rede war befeuert vom Erlebnis einer tiefen Erniedrigung, die ihn jedoch nicht zu brechen vermocht hatte, geprägt von Zorn und Wut. Er saß auf seinem Thron und forderte, dass die verschiedenen Regionen untereinander in einen Wettbewerb eintreten sollten, man solle um die schönsten traditionellen Kostüme und den schönsten Schmuck wetteifern. Die Schulen forderte er auf, wieder die tibetische Geschichte zu lehren. Es war eine tapfere Rede, und sein Besuch führte zu einigen wichtigen Änderungen im Lande.

Und dann war plötzlich alles vorbei, diese wundervollen Momente, die unser aller Leben erleuchtet hatten, gingen vorüber. Es war, wie Buddha es sagte: Nichts ist von ewiger Dauer, alles ist vergänglich, das Schöne wie das Traurige. Meine Familie kehrte nach Hause zurück und ich zu meinem Leben als Aschenputtel.

Sechs Monate nach dem Besuch des Panchen Lama erhielt ich den ersten und einzigen Brief von meinem Vater. Er teilte mir mit, dass meine Mutter sehr krank sei und dass ich sofort nach Hause kommen sollte. Mein Herz blieb stehen, mein Kopf war leer. Wenn mein Vater so etwas schrieb, dann konnte das nur eines bedeuten: Meine Mutter lag im Sterben. Diese Vorstellung war zu schrecklich, ich musste den Gedanken verdrängen. Jede Faser meines Körpers strebte zu ihr.

Die Tashis, die mir den Brief vorgelesen hatten, konnten

mich nicht mehr zurückhalten. Zum ersten und einzigen Mal siegte bei ihnen die Menschlichkeit, und sie ließen mich gehen. Sie ließen mich sogar mit ihrem Jeep nach Hause fahren.

Kapitel 4

Himmelsbegräbnis

Völlig aufgelöst erreichte ich am frühen Abend Yarlung. Mein Mund war ausgetrocknet, mein Herz schlug so laut, dass man es im ganzen Dorf hören musste. Der erste große Schock war, dass unser Haus verschwunden war. Dieses herrliche Haus, in dem ich meine Kindheit verbracht hatte, mit seinen vielen Zimmern, den schönen Holzschnitzereien, den einzigartigen glänzenden schwarzen Fußböden und der wundervollen Terrasse im ersten Stock war einfach weg. Man hatte meine Familie gezwungen, den Abriss selbst vorzunehmen, Stein für Stein. Das Ganze geschah unter dem Vorwand, das Haus stünde einer neu zu bauenden Straße im Weg. Diese Straße wurde nie gebaut. Meiner Familie zerriss es das Herz – wieder eine dieser schmerzhaften öffentlichen Erniedrigungen.

Anstelle des alten Hauses hatte man ihnen befohlen, eine moderne stil- und herzlose Betonschachtel mit zwei Räumen zu errichten, abseits vom Tal, isoliert von den Häusern der anderen, am Fuße eines nackten Berges. Nirgends war ein Baum zu sehen. Es war schrecklich eng, feucht und gefährlich. Wenn es stark regnete, schoss das Wasser den Berg hinab, ohne von Bäumen oder Büschen aufgehalten zu werden, und überflutete den Raum im Erdgeschoss. Ich hasste das Haus vom ersten Moment an, als ich es sah.

Voller Angst rannte ich hinein. Da lag meine wunderschöne junge Mutter im Bett, man sah, dass sie schrecklich krank war. Ihr herrlicher schlanker Körper war ausgezehrt, sie sah aus wie ein Skelett, ihre Haut war trocken und gespannt, und ihre schönen Augen hatten ihren Glanz verloren. Das Licht verschwand allmählich aus ihr, und selbst ich, die ich davon nichts verstand, merkte, dass sie nicht mehr lange auf dieser Erde weilen würde.

Der Verlust der Mutter ist immer schrecklich, egal wie alt man ist, aber im Alter von zwölf Jahren ist es einfach eine unbegreifliche Katastrophe. Ich konnte nicht verstehen, wie sie in so kurzer Zeit so verfallen konnte. Dass es ihr bereits schlechtging, als sie nach Lhasa kam, um den Panchen Lama zu sehen, hatte ich nicht geahnt. Sie wusste damals selbst nicht, was ihr fehlte, und mit der Selbstlosigkeit, die nur eine Mutter aufbringt, behielt sie ihre Sorgen für sich, um nicht andere und mich damit zu belästigen. Nach ihrer Rückkehr stellte sich heraus, dass sie an einer Art Magenkrebs litt, der sich laut der Diagnose der Ärzte erschreckend schnell entwickelte. Mein Vater erzählte mir, sie habe durchgehalten, bis sie erfahren hatte, dass ich auf dem Weg zu ihr sei, dann erst habe sie sich ins Bett gelegt.

In den kommenden Tagen wich ich nicht von ihrer Seite. Ich blieb Tag und Nacht bei ihr und versuchte all das aufzuholen, was ich in den Jahren der Trennung versäumt hatte. Ich wollte soviel Zeit wie möglich mit ihr verbringen, denn viel Zeit blieb ihr nicht mehr.

Ich tat alles für sie. Ich wusch ihr Gesicht, kämmte ihr Haar, massierte ihre Füße mit Öl, um ihren Schmerz zu lindern. Ich versuchte, ihr ein bisschen Tee einzuflößen oder ihr kleine Stückchen Tsampa zu geben. Ich half ihr sogar mit der Bettpfanne. Meine jüngeren Geschwister liefen mit düsteren Blicken durch die Gegend, aber ich versuchte mir nichts anmerken zu lassen. Ich wollte nicht, dass sie sich Sorgen machte. Also versuchte ich ruhig und fröhlich zu wirken, obwohl mir fast das Herz brach. Es gelang mir. Ich war zwar erst zwölf, aber innerlich war ich schon erwachsen geworden.

Mutter wartete mit dem Sterben, bis mein ältester Bruder nach Hause kam, der damals in einer weit entfernten Stadt lebte. Sie wartete auf ihn. Am Schluss, als sie starb, nahm sie meine Hand.

»Ich vermisse dich so sehr, wenn du nicht da bist«, flüsterte sie.

Ihre Worte waren wie Nektar für mich. Ich hatte so lange darauf gewartet. Endlich, am Ende ihres Lebens, brachte sie diese Worte über die Lippen.

Dann schaute sie mir direkt in die Augen und fügte mit sanfter Stimme hinzu: »Sei nicht allzu traurig.«

Es waren die letzten Worte, die sie zu mir sagte, bevor sie starb.

Ich hielt ihren abgemagerten schmalen Körper in meinen Armen, aber ich weinte immer noch nicht. Meine Tränen waren seit langer Zeit tief in mir verschlossen, sie waren so tief vergraben, dass ich nicht an sie herankam. Vielleicht war ich aber auch einfach nur gelähmt von dem Gedanken, jetzt keine Mutter mehr zu haben. Sie wurde nur neunundvierzig Jahre alt. Ich betrachtete ihr Gesicht, küsste ihre Lippen und bedeckte sie mit dem zeremoniellen weißen Schal.

»Du bist ein gutes Kind. Du hast alles für deine Mutter getan, was du tun konntest«, sagte mein Vater. Ein sehr seltenes Lob.

Wir behielten ihren Leichnam drei Tage lang im Haus, wie es die Sitte vorschreibt. Nur weil jemand nicht mehr atmet oder keinen Puls mehr hat, ist er noch lange nicht tot. Das Bewusstsein meiner Mutter und ihre Seele waren immer noch an die materielle Form ihrer Existenz gebunden, und man musste ihnen Zeit geben, um sich in Ruhe davon zu trennen. Wir zündeten Räucherstäbchen an und stellten rund um ihren Leichnam Butterlampen auf. Und wir achteten genau darauf, was wir in ihrer Nähe sagten und taten, denn in diesem Zustand war sie sehr empfindlich gegenüber den Dingen, die um sie herum geschahen, und darüber hinaus sehr hellsichtig. Ich sorgte dafür, dass die Tasse meiner Mutter immer mit Tee gefüllt war, damit sie wusste, dass sie noch zu uns gehörte und wir sie liebten.

Dann holten wir einen Lama, der aus dem *Tibetischen Totenbuch* vorlas. Das ist ein uralter Text, der den feinstofflichen Geist durch die Stromschnellen des Todes und ins nächste Leben führt. Ich hörte dem Lama zu, der meiner Mutter sagte, sie solle sich nicht über ihren Tod wundern, solle nicht traurig sein, dass sie sich diesseitig nicht mehr bewegen könne, statt dessen möge sie vertrauensvoll voranschreiten. Er sagte, sie werde viele Bilder sehen, manche friedlich und schön, andere schrecklich und vom Zorn geprägt, aber was immer geschehen möge, sie dürfe nicht vom Weg abkommen, denn all das seien nur Projektionen ihres eigenen Geistes.

»Gehe mutig weiter, bis du das klare Licht erreichst, das dir deinen wahren Tod anzeigt. Bleibe in diesem Licht, solange du kannst. Hier ist deine wahre Natur als Buddha – hier kannst du viel erreichen, selbst die Erleuchtung.« Das alles klang für mich wundervoll.

Danach, fuhr der Lama fort, werde sie ins Bardo voranschreiten, in das Zwischenstadium zwischen den verschiedenen Leben, und dort würde ihr Karma die Form und Bedingungen ihres nächsten Lebens bestimmen.

Ich fragte mich, in welcher Form meine Mutter wiedergeboren werden würde und wo sie letztlich landen würde. Niemand konnte das sagen, außer einem Lama mit großen hellseherischen Fähigkeiten. Möglicherweise würde meine Mutter in einem der vielen Himmel wiedergeboren oder als Mensch, als Vogel, Delphin, Insekt oder sogar – bei diesem Gedanken erschauderte ich – in der Hölle. Alles hängt von der Reinheit des Lebens ab. Selbst wenn man nach den Regeln der Religion lebt und viel betet, bedeutet das nicht, dass man eine gute Wiedergeburt haben wird. Was wirklich zählt, ist die innere Einstellung, sind Geist und Herz.

Am dritten Tag bekam meine Mutter ein Himmelsbegräbnis. Das ist die typische Art des Begräbnisses in Tibet. Dabei wird der Leichnam der Verstorbenen den Geiern zum Fraß dargeboten. Ich wollte unbedingt dabeisein, um endgültig Abschied von meiner Mutter zu nehmen, aber mein Vater sagte, ich sei zu jung. Das war absurd – als er mich im Alter von sechs Jahren nach Lhasa schickte, war ich schließlich auch nicht zu jung. Also kümmerten sich mein Vater, mein Onkel und meine Brüder um das Begräbnis.

Mein ältester Bruder schulterte den Leichnam meiner Mutter und machte sich bei leichtem Schneefall auf den Weg zu dem berühmten Samye-Kloster, dem ersten, um das Jahr 770 herum errichteten Kloster in Tibet. Es hat den Grundriss eines Mandalas, das heißt, es spiegelt in der buddhistischen Kosmologie die Struktur des Universums. Es ist ein magischer Ort, es heißt, dass bestimmte Teile des

Tempels aus dem Nichts entstanden, und plötzlich seien wie von Geisterhand Buddhastatuen erschienen.

Mein Bruder und die kleine Trauergemeinde waren auf dem Weg zum Gipfel des Shitak, eines heiligen Berges oberhalb des Klosters. Dieser Berg gilt als besonders heilig, er verströmt magische Energie, und an seinen Hängen leben Einsiedler in Höhlen, um zu meditieren. Mein Bruder lief sieben Stunden mit meiner Mutter auf dem Rücken. Er sagte, auf diese Weise habe er sich von negativem Karma gereinigt, das sich im Lauf seines Lebens angesammelt habe. Da der Großteil des Weges bergauf ging, hatte er damit vermutlich sogar recht.

Auf dem Weg zu dem Berg mussten sie den herrlichen Tsangpo, die Lebensader Tibets, überqueren. Sie legten meine Mutter in ein Boot und ruderten über den Fluss.

Dann stiegen sie auf den Shitak, bis sie zum Durto kamen, dem Ort der Leichenaufbahrung, an dem die Beerdigungen stattfinden. Es war ein Ort mit mehreren verteilten Plateaus, die gewissermaßen als Altar dienten. Auf den Felszinnen in der Umgebung saßen in gebührendem Abstand die Geier.

Die männlichen Mitglieder meiner Familie übergaben den Leichnam meiner Mutter an die Ragyapa, Angehörige des Clans, der seit Tausenden von Jahren die Himmelsbegräbnisse vollzieht. Die Mitglieder dieses Clans geben ihr Wissen von Generation zu Generation weiter, der Sohn lernt beim Vater. Selbst unter den Tibetern gelten sie als Außenseiter, aber sie akzeptieren diesen Status, da sie eine heilige Pflicht erfüllen. Es heißt, sie würden die Schmerzen und Leiden der Menschen übernehmen, während sie ihre Aufgabe erfüllen. Sie tun es, damit die anderen in Frieden leben können, und gehen Tag für Tag ihrer Pflicht mit Würde nach. Es muss eine schreckliche Belastung sein, jeden Tag mit den Toten umzugehen – ich kann mir nicht vorstellen, wie man das aushalten kann.

Die Ragyapas legten meine Mutter mit dem Gesicht nach unten auf einen flachen Stein und begannen sie systematisch und mit großer Präzision zu zerlegen. Der Körper wurde mit wissenschaftlicher Akribie in seine Einzelteile zerteilt, zuerst die Glieder, dann der Torso. Sie zogen die Haut ab und zerschnitten das Fleisch und die Organe. Dann mahlten sie ihre Knochen zu Pulver und vermengten es mit Fleisch und Blut. Dem Ganzen gaben sie Gerstenmehl als Bindemittel bei. Der Kopf war der letzte Körperteil, den sie zerlegten. All das wurde respektvoll, mit großer Akribie und Können durchgeführt.

Als sie fertig waren, riefen sie mit einem durchdringenden klagenden Schrei die Vögel, wie meine Brüder mir erzählten. Auf dieses Zeichen hatten die Geier geduldig gewartet. Die Ragyapas und die Geier verstehen einander perfekt, sie haben seit langen Zeiten harmonisch zusammengearbeitet. In einer gemeinsamen Bewegung flogen die Vögel auf, kreisten würdevoll über dem Plateau und landeten dann am Ort des Himmelsbegräbnisses. Sie fraßen alles auf. Nichts blieb von meiner Mutter übrig außer ihren Kleidern. Die Geier hatten alles beseitigt, sogar das Blut.

Mein Bruder erzählte mir, dass mehrere solcher Begräbnisse gleichzeitig stattfanden und dass die Ragyapas den Geiern zuerst die männlichen Körper vorsetzten, da das Fleisch von männlichen Leichen saurer ist als das von weiblichen. Hätte man ihnen zuerst das süße Fleisch der weiblichen Leichen gegeben, hätten sie die männlichen Leichen nicht mehr gefressen.

Es war für uns etwas Besonderes, unsere Mutter auf diese Weise zu beerdigen. Himmelsbeerdigungen sind ein aufwendiger und teurer heiliger Ritus. Kein Außenstehender darf dabeisein und zusehen. Man muss die Ragyapas bezahlen, was sich nicht jeder leisten kann. Mein Bruder hatte lange Zeit gespart, um für die Kosten aufkommen zu können.

Eine Himmelsbeerdigung ist das Beste, was man nach dem Tod für seine Liebsten tun kann. Die zweitbeste Lösung ist es, den Körper in Stücke zu hacken und ihn an die Fische im Wasser zu verfüttern (daher essen die Tibeter nicht gerne Fisch). Die drittbeste Möglichkeit ist das Verbrennen. Wenn jemand erstochen oder erschossen worden ist, kann er kein Himmelsbegräbnis bekommen, da sonst die Altarsteine bersten würden.

Für meine Mutter war es eine phantastische Zeremonie. Es ist ein Zeichen der äußersten Großzügigkeit, wenn man den eigenen Körper hingibt, um andere Lebewesen zu erhalten. Manche Völker begraben ihre Toten in der Erde, und dann fressen die Würmer und Maden sie auf. Was ist da für ein Unterschied? Einmal kann man sehen, wie der Körper verzehrt wird, und einmal nicht. Das ist alles. Der Unterschied hängt allein vom eigenen Glauben ab. Wir glauben, ein Himmelsbegräbnis verbessert die Chancen, als Mensch wiedergeboren zu werden (selbst wenn man dazwischen ein paar kurze Leben als Tier oder Insekt hat), und das ist eine sehr gute Form der Wiedergeburt.

Nach dem Tod meiner Mutter erlosch ein Licht in meinem Leben. Nichts war mehr so, wie es früher war. Das neue Haus war kalt und leer. Egal wie viele Feuer man darin anzündete, ich fühlte mich nie warm darin. Mein Vater war so distanziert wie immer. Meine Großmutter aber trauerte so sehr, dass sie sechs Monate später starb. Mein Großvater folgte ihr bald nach. Er konnte ohne seine Frau nicht leben und starb drei Monate nach meiner Großmutter.

Ich war ein anderer Mensch, als ich nach Lhasa zurückkehrte. Nichts zog mich mehr nach Yarlung zurück, keine Sehnsucht, kein Heimweh. Das wunderbare Heim unserer Familie, in dem ich meine frühe Kindheit verbracht hatte, war zu Staub zerfallen, und meine Liebsten waren tot.

Irgendwann in dieser Zeit, als meine Mutter starb, fand ich meine eigene Stimme. Ich begann, mich gegen die Tashis zu wehren.

»Ihr habt mich wie einen Erwachsenen behandelt, als ich noch ein Kind war. Ich habe umsonst für euch gearbeitet«, sagte ich.

»Du riskierst eine kesse Lippe«, entgegnete man mir.

Mir machte das nichts mehr aus. Ich hatte nichts mehr zu verlieren. Innerhalb weniger Monate hatte ich die Menschen, die ich liebte, verloren. Unter anderen Bedingungen wäre ich vermutlich in tiefste Depressionen verfallen, aber mein pausenloses Arbeitsprogramm hielt mich beschäftigt, und ich hatte keine Zeit, mich schwermütigen Gedanken hinzugeben.

In der Zwischenzeit brauten sich politische Unruhen zusammen, die Atmosphäre in Lhasa war zunehmend gespannt. Immer mehr Menschen aus dem Westen tauchten auf, und sie brachten Bilder des Dalai Lama und des Panchen Lama mit. Es gab jetzt auch Tonbandkassetten mit den Predigten des Dalai Lama. Das brachte die Gefühle der Menschen in Aufruhr. Wir stürzten uns auf die Bilder, als wären es Geschenke und wertvolle Edelsteine. Die Bilder wurden an den verwaisten Thronen dieser verehrten Persönlichkeiten angebracht, und man drapierte Roben darum herum, so dass es aussah, als säßen sie wirklich hier. Die Gläubigen brachten ihnen Almosen dar und verbeugten sich vor den Bildern.

Es war eigenartig, aber die Fotos waren alles, was die Menschen hatten. Trotz des Verbots, über den Dalai Lama zu sprechen, zeigte sich, dass die Tibeter ihn nie vergessen hatten. Ihr Glaube an ihn war kein bisschen geringer als früher.

Eines Morgens im September 1987 ging ich auf den Markt, um Gemüse zu kaufen, als ich plötzlich in ein großes Gedränge kam. Eine Gruppe Mönche in vollem Ornat lief die Straße entlang, sie schwenkten Fahnen, auf denen stand »Lang lebe der Dalai Lama«. Das war ein höchst ungewöhnlicher Anblick, und ich verstand nicht, was hier vor sich ging. Schließlich war ich noch ein junges Mädchen. Was wusste ich schon, was kümmerte mich Politik?

In unserem Haus wurde nie über Politik gesprochen, und Informations- oder Redefreiheit in den öffentlichen Medien gab es bei uns nicht, so dass ich nicht wusste, was in der Welt passierte. Persönlich hatte ich nichts gegen die Chinesen. Sie gehörten von Geburt an zu meinem Leben, und ich hatte keine Vorurteile. Die Tashis hatten oft Chinesen zu Gast, und wenn jemand nett zu mir war, dann war es mir egal, wo er oder sie herkam.

Plötzlich tauchte überall Polizei auf und entzündete Feuer. Rauch stieg auf, und ich begann zu husten. Es war wie Gift. Tränen liefen mir übers Gesicht, ich konnte kaum mehr atmen. Es handelte sich um Tränengas, und das war extrem schmerzvoll.

»Schnell, lauf weg und schütte dir Wasser ins Gesicht!« rief einer der Händler auf dem Markt mir zu.

Die Mönche wurden natürlich verhaftet. Jeder sprach von ihrem Mut, und alle waren sehr erregt.

Im folgenden Monat gab es eine noch größere Demonstration. Tausende Menschen gingen auf die Straße. Gott sei Dank war ich diesmal nicht in der Nähe. Die Mönche wurden aufs Polizeihauptquartier mitgenommen, und eine aufgebrachte Menge stürmte die Polizeistation und zündete sie an.

Die Reaktion der chinesischen Machthaber war brutal. Mit allen Mitteln wurde der Aufstand niedergeschlagen. Einige Mönche wurden erschossen. Andere wurden in Lager weggebracht und gefoltert. Man sah sie nie wieder. Es war der größte Aufstand seit der Besetzung des Landes, und die Behörden waren schwer geschockt. Wenn ich jetzt zum Einkaufen ging, sah ich viele bewaffnete Soldaten auf den Straßen und auch auf den Dächern. Immer waren Gewehrläufe vom Dach des Jokhang, des zentralen Tempels, auf uns gerichtet, die wir unten liefen.

Doch es kamen immer mehr Besucher aus dem Westen nach Lhasa, es gab immer mehr Bilder des Dalai Lama und immer mehr Kassetten mit seinen Reden. Junge tibetische Mönche, deren Eltern 1959 geflohen waren und in Indien und Nepal wieder Klöster aufgebaut hatten, kamen für einen kurzen Besuch zurück in ihre Heimat, um mit eigenen Augen die Orte zu sehen, wo ihre Religion und sie selbst ihren Ursprung hatten. Sie unterschieden sich deutlich von jenen Mönchen, die das Land nicht verlassen hatten. Im Vergleich zu unseren einheimischen Mönchen waren sie sauber, stark und selbstbewusst, während unsere arm, heruntergerissen und demoralisiert waren.

An einem schicksalsschweren Tag unterhielt ich mich mit

einem dieser Mönche aus Dharamsala, jener Stadt in Indien Stadt, wo der Dalai Lama und seine Exilregierung residierten.

Mit glühenden Worten erzählte mir der Mönch: »In Indien wachsen die herrlichsten Früchte auf den Bäumen, man muss sie nur pflücken. Der Dalai Lama hat eine wunderbare Leistung vollbracht. Man kriegt dort die Ausbildung umsonst, es gibt Schulen, die er und seine Schwester in Dharamsala gegründet haben.«

Dass irgend etwas Geld kostete, davon sprach er nicht. Diese Geschichte grub sich in mein Gedächtnis ein. Immer wieder und immer öfter musste ich daran denken, und so wuchs in mir in den kommenden Monaten der Gedanke, aus Tibet zu fliehen. Ich wollte den Dalai Lama finden. Ich wollte eine Ausbildung machen. Bildung war für mich der Schlüssel zu all dem, was mir fehlte, es war wie ein Passierschein für ein besseres Leben. Und im Vergleich dazu, wie es mir hier ging, konnte es nur besser werden.

Ich hatte in Tibet keine Zukunft mehr. Das ganze Leben – die Arbeitsmöglichkeiten, die Lebensmittelversorgung, die Wohnung – war unter dem Kommunismus von bürokratischen Vorschriften und irgendwelchen Papieren bestimmt. Durch meinen Umzug von Yarlung nach Lhasa hatte ich alles verloren. Die Tashis hatten mir nie die versprochene Aufenthaltserlaubnis für die Stadt besorgt, die mir den offiziellen Zugang zu Nahrungsmitteln und Wohnraum ermöglicht hätte. Meine Aufenthaltserlaubnis für das Land hatte ich aber verloren, als ich nach Lhasa gezogen war. Ich gehörte also nirgendwo mehr hin.

Selbst wenn ich geheiratet hätte, wäre ich nicht frei gewesen und hätte mein Leben nicht nach meinen eigenen

Vorstellungen führen können, denn nach alter Sitte wäre ich auch dann verpflichtet gewesen, den Tashis zu helfen, wann immer sie es für nötig erachteten. Wäre ich nach Yarlung zurückgekehrt, hätte ich kein Land gehabt, das ich hätte bestellen können, zudem waren meine landwirtschaftlichen Fähigkeiten inzwischen verkümmert.

Ich hatte keine Idee, wo Indien lag. In meiner Vorstellung war es irgendein Teil von Tibet – nur eben ein bisschen weiter entfernt. Ich war vollkommen ahnungslos. Aber für mich war es das gelobte Land, und dorthin wollte ich.

Kapitel 5

Leb wohl, Tibet

Im Oktober 1989, an einem staubigen Tag, änderte sich mein Leben. Alles begann wie immer mit den üblichen aufreibenden und ewig gleichen Aufgaben, aber am Nachmittag sollte ich zum Sera-Kloster außerhalb von Lhasa gehen, um dort die Butterlampen vor den Buddhafiguren zu versorgen. Ich war glücklich. Ein paar Stunden lang würde ich für mich allein und frei sein.

Dieser Tag steht mir noch heute genau vor Augen. Ich hatte heimlich Radfahren gelernt, und jetzt sprang ich auf das Fahrrad, das große Gefäß mit der flüssigen heißen Butter auf dem Rücken. Meine Aufgabe war es, in möglichst viele der dort brennenden Butterlampen ein paar Tropfen der mitgebrachten flüssigen Butter zu gießen. Die Tashis waren tief im Herzen noch sehr religiös, doch da sie bei der staatlichen Polizei beschäftigt waren, zeigten sie es nicht nach außen hin, und so musste ich in ihrem Namen die Opfergaben darbringen.

In Sera gibt es Hunderte solcher Butterlampen, und daher dauerte das ganze Ritual ziemlich lang. Ich war ganz in meine Aufgabe vertieft, als ich plötzlich aus einer dunklen Ecke in einer der Kapellen ein Flüstern hörte. Neugierig schlich ich näher. Zwei jugendliche Mönche steckten ihre Köpfe zusammen, und ich hörte, wie sie darüber sprachen, in einem Lastwagen aus Tibet zu fliehen.

Mein Herz pochte. War das nicht auch für mich eine Möglichkeit, meinem schrecklichen Leben zu entkommen? Ohne weiter darüber nachzudenken, ergriff ich die Gelegenheit beim Schopf. Ich machte mich den beiden bemerkbar und rief: »Bitte, nehmt mich mit!«

Erschrocken sprangen die Mönche auf und starrten mich an. Ihr streng gehütetes Geheimnis war entdeckt.

»Wovon redest du?« sagten sie harsch und taten, als sei ich nicht ganz bei Trost.

»Keine Angst, ich verrate nichts, niemand wird etwas von mir erfahren«, sagte ich und hoffte, sie damit zu beruhigen.

Die beiden tauschten besorgte Blicke aus und schauten ängstlich, ob sich hinter mir nicht vielleicht ein Geheimpolizist versteckte. Woher sollten sie wissen, dass ich kein Spion war, dem sie in die Falle gegangen waren?

Ich beeilte mich, ihnen ein wenig von meiner Geschichte zu erzählen – wie ich in der Familie eines Polizeibeamten als Sklavin gehalten wurde, den ganzen Tag schwer arbeiten musste, ohne Freizeit, Bezahlung und Aussicht auf bessere Zeiten. Ich sei bereit, alles zu riskieren, wenn ich damit nur meine Situation verbessern konnte, sagte ich.

Ich sprach hastig und sehr schnell, voller Angst, dass sie einfach gehen und mich allein zurücklassen könnten, und erklärte ihnen die Hoffnungslosigkeit meiner Situation: dass ich keine Arbeitserlaubnis hatte, weder für die Stadt noch für das Land, und dass es darum keine Möglichkeit gab, mir auf legale Weise als freier Mensch meinen Lebensunterhalt zu verdienen. Ich erzählte ihnen, dass meine Mutter vor kurzem gestorben war, dass wir ihren Leichnam den Geiern übereignet hatten und dass mich jetzt nichts mehr in Tibet hielt.

Sie hatten mir unruhig zugehört, und vielleicht waren es die Dringlichkeit und der Ernst, mit denen ich sie beschwor, mich anzuhören, und mit denen ich mein Herzensanliegen vortrug, dass ihre Gesichter sich etwas entspannten. Sie zögerten erst ein wenig, schienen dann aber zu beschließen, dass sie mir trauen konnten.

Mit verhaltener Stimme erzählten sie mir von ihren Plänen. Sie hatten die Flucht schon seit Monaten vorbereitet.

»Alles ist bereit. Wir haben einen Lastwagen, der uns bis an die Grenze bringt, und dann gehen wir über den Himalaja nach Nepal und Indien.«

Und dann kamen die magischen Worte: »Wenn du willst, komm mit uns.«

Ich müsste allerdings warme Kleidung besorgen und Geld für den Führer, der uns über die Berge bringen sollte, sagten sie.

Ich war wie versteinert. Sollte meine einzige Möglichkeit zur Flucht ungenutzt verstreichen?

»Nein«, antwortete ich, »ich kann jetzt gleich mit euch kommen, so wie ich bin.«

Die beiden lächelten und versicherten mir, dass sie nicht sofort aufbrechen würden. Ich sollte mich um Geld und warme Kleidung kümmern. Wir wollten uns dann in zwei Tagen morgens um drei Uhr an der Hauptkathedrale von Lhasa treffen.

Wie in Trance ging ich nach Hause. Ich hatte spontan gehandelt, und jetzt holte mich die Wirklichkeit ein. Wollte ich wirklich mein Heimatland und alles, was ich kannte, hinter mir zurücklassen? Ich war erst sechzehn Jahre alt und schrecklich naiv. Zehn Jahre lang hatte ich in der Familie eines Polizeibeamten ein von der Außenwelt abgeschottetes Leben geführt. Ich war ungebildet und hatte keine Ahnung, wo Indien und Nepal lagen oder was es dort gab. Ich stellte mir vor, es handle sich dabei um tibetische Provinzen – alles würde so ähnlich sein wie hier, nur ein bisschen weiter weg. Außerhalb von Tibet kannte ich niemanden. Es gab nur einen Großonkel, der in Katmandu lebte; er hieß Ngawang Tomden, und meine Großmutter hatte mir mal ein Foto von ihm gezeigt. Ich hatte keinen Pass und keine Visa, es könnte also gefährlich werden, wenn man mich anhielt.

Meine Phantasie spielte verrückt in den beiden Tagen bis zu meiner Flucht. Überall gab es Spitzel, besonders auch in den Klöstern, den Widerstandsnestern gegen die Herrschaft der Chinesen, und ich fürchtete, die Polizei könnte vom Plan der Mönche Wind bekommen haben. Man würde uns alle einsperren.

Ich hatte Angst, aber die Sehnsucht nach der Freiheit war stärker. Also ging ich die nächsten achtundvierzig Stunden meinen täglichen Verrichtungen nach, als wäre nichts geschehen, und zeigte keinerlei Gefühle, wie ich es in den letzten Jahren gelernt hatte. Heimlich holte ich die bestickte Ziegenledertasche hervor, die mir mein Vater geschenkt hatte, als ich von zu Hause wegging. Sie hatte Fransen aus Yakhaar, die in den Farben des Regenbogens gefärbt waren. Ich tat warme Kleidung in die Tasche. Meine Freundin aus der Nachbarschaft, der ich als einziger von meinem Plan erzählte, gab mir ein wenig Geld und kaufte mir auf dem Markt ein paar billige chinesische Socken und Turnschuhe. Sie unterstützte mich und redete mir gut zu. Ohne sie hätte mich wahrscheinlich der Mut verlassen, und ich hätte es nicht geschafft.

In meiner letzten Nacht in Lhasa war ich so aufgeregt, dass ich lange dachte, ich würde nicht schlafen können. Dann schlief ich aber doch ein und hatte einen eigenartigen Traum. Es war einer dieser Träume, die einen die ganze Zeit begleiten. Im Traum war ich in einem Tempel und betete vor einer über fünfzig Meter hohen goldenen Buddhastatue. Der Buddha saß in einer Lotusblüte. Ehrfurchtsvoll berührte ich den Fuß des Buddha und erhob dann den Blick. In diesem Moment erwachte die Statue zum Leben. Buddha sah mich mit einem unbeschreiblich freundlichen und liebevollen Blick an und lächelte mir zu.

Buddha hat mir seinen Segen gegeben, dachte ich. Das ist ein Zeichen, dass auf der Reise alles gutgehen wird.

Es war halb drei Uhr morgens, und trotz dieses Traums weinte ich vor Angst ein wenig.

In Tibet gibt es den Brauch, dem Menschen, der geht, einen weißen Schal, einen Katag, um den Hals zu legen, ihm dann alles Gute für seine Reise zu wünschen und ihm zum Abschied eine Tasse Tee einzuschenken. Da niemand da war, um mich zu verabschieden, legte ich mir selbst den Katag um den Hals und goss mir eine winzige Tasse Tee ein.

Langsam und vorsichtig sperrte ich die Tür auf und legte den Hausschlüssel zurück auf den Tisch. Nichts rührte sich. Dann schloss ich die Tür hinter meinem bisherigen Leben und rannte im Dunkeln die gewundenen Gassen zum Jokhang-Tempel, der etwa zwanzig Minuten weit weg war. Zu meiner großen Erleichterung waren die beiden Mönche da und warteten auf mich. Gemeinsam gingen wir durch den uralten heiligen Tempel, unter hohen Decken, vorbei an herrlich verzierten Wänden aus Holz. Die Luft war dick vom

Weihrauch, und überall roch es nach Butter. Jahrhundertelang hatten hier die Butterlampen gebrannt. Wir gingen auf die am meisten verehrte Statue in ganz Tibet zu, den mit Edelsteinen verzierten Jowo Buddha. Hier in Tibet glauben wir, dass dies die einzig wahre Darstellung von Buddha ist. Vor Jowo knieten wir dreimal nieder und beteten um eine Rückkehr in ein besseres Tibet.

Wir waren bereit zu gehen. Der Lastwagenfahrer wartete in einer Seitenstraße des Barkor, des Marktplatzes, der den Tempel umgibt. Er war ein dürrer Mann mittleren Alters mit gelocktem Haar, der eine Ladung Kerosin in die fünfhundert Kilometer entfernte Grenzstadt Nyelam bringen sollte. Schnell versteckte er uns zwischen den Eisenfässern auf der Ladefläche und deckte uns mit einer schmutzig öligen Plane zu. So verließen wir die Hauptstadt und machten uns auf den Weg zu unserer ersten Station Shigatse, dreihundertvierundfünfzig Kilometer westlich von Lhasa.

Auf der Fahrt dorthin mussten wir die höchsten Pässe Tibets überqueren. Es muss ein phantastischer Anblick gewesen sein, aber unter unserer Decke konnten wir nichts sehen.

Die Reise war ein Albtraum. Stundenlang rumpelten wir über die Schlaglöcher der von den Chinesen gebauten ungeteerten »Freiheitsautobahn«. Bei jeder Unebenheit schlug mein Kopf gegen die Benzinfässer. Jeder Knochen tat mir weh. Durch die Bretter der Ladefläche drang der Staub und überzog uns mit einem feinen weißen Film, so dass wir aussahen wie Gespenster. Der Staub war überall und drang uns in Augen und Nase. Obendrein atmeten wir die ganze Zeit die Abgase des Lastwagens und die Dämpfe des

Kerosins ein. Mir war vollkommen schwindlig. Trotzdem wagten wir nicht, die Köpfe unter der Plane hervorzustecken, um frische Luft zu atmen. Wir fürchteten, man könnte uns sehen.

Auf dieser Fahrt lernten wir uns näher kennen. Ich erfuhr, dass die beiden Mönche ungefähr dreißig bis fünfunddreißig Jahre alt waren und dass sie sich in den beiden letzten Jahren auf dem Land versteckt hatten, da sie an den anhaltenden Aufständen gegen die Chinesen im Oktober 1987 beteiligt gewesen waren. Die Rache der Chinesen war fürchterlich gewesen. Hunderte von Mönchen waren eingesperrt, geschlagen, gefoltert und getötet worden.

Die Polizei kannte die beiden und war hinter ihnen her. Mönche waren das Ziel Nummer eins der Polizei. Es war die reinste Nächstenliebe, die sie bewogen hatte, mich mitzunehmen. Hätte man uns erwischt, wären sie zusätzlich noch wegen »Entführung einer jungen Frau« angeklagt worden.

Ich habe nie ihre Namen erfahren, für mich waren die beiden nur »kushu«, das heißt soviel wie Mönch. Mich nannten sie »poma«, das heißt Mädchen. Ich sehe noch heute ihre Gesichter vor mir. Einer der beiden war kräftig und intelligent. Er schien der Führer zu sein. Der andere war schmaler und schien eher einfach gestrickt zu sein. Beide versuchten sich mit Scherzen und Witzen bei Laune zu halten.

Als wir Shigatse erreichten, hielt der Lastwagen an. Es war der übliche Rastplatz des Fahrers, und hier sollten wir die Nacht verbringen. Die Mönche begannen sofort zu flüstern und überlegten, was nun zu tun sei. Nach langen Diskussionen beschlossen sie, das Risiko einzugehen und den Lastwagen zu verlassen. Shigatse ist die zweitgrößte Stadt Tibets, und man konnte in der Menge der Menschen leicht untertauchen. Zudem waren noch Einkäufe für die Fahrt zu machen – und alle hatten wir das dringende Bedürfnis, Luft zu schnappen und nach der schrecklichen Fahrt unsere Glieder auszustrecken. Die Mönche gingen zusammen los und sagten, ich solle in der Nähe bleiben, um sie bei Einbruch der Dämmerung wieder hier am Lastwagen zu treffen. Der Fahrer wollte uns dann für die Nacht in ein sicheres Gästehaus bringen.

Neugierig sah ich mich in Shingatse um. Was ich sah, gefiel mir nicht sonderlich. Es herrschte eine irgendwie verrückte Stimmung hier. Shigatse war ein Ort der Politik. Über die Jahrhunderte hatten die Panchen Lamas hier gelebt. Der letzte Panchen Lama war gerade gestorben, als die Mönche und ich in Shigatse ankamen – man munkelte, er sei ermordet worden.

Vielleicht lag es am Panchen Lama und seiner Brandrede gegen die verheerenden Folgen der chinesischen Herrschaft in Tibet, vielleicht lag es an den Verbindungen zu Peking, die ihm nachgesagt wurden – in jedem Fall war Shigatse zur Garnisonsstadt geworden, und die Stadt war stärker davon geprägt als Lhasa. Überall stolzierten chinesische und tibetische Soldaten und Polizisten herum, das Gewehr im Anschlag, und an jeder Straßenecke ertönte Militärmusik. Es war schrecklich. Aber ich war ein dummes junges Mädchen, das keine Ahnung hatte, wie es in der Welt zugeht, und so beschloss ich, mir das berühmte Kloster Tashi Lhunpo anzuschauen, wo der Panchen Lama seine Residenz hat. Ich wollte die sechsundzwanzig Meter hohe Statue des Künftigen Buddha sehen, des Maitreya, die man in ganz Tibet kennt.

Ich war auf dem Weg dorthin und lief mit vor Staunen offenem Mund wie ein Tourist durch die Straßen, als mich ein Soldat anhielt.

»Was machst du hier?« bellte er. »Wo wohnst du? Du bist nicht von hier. Wenn du davongelaufen bist, bist du eine Kriminelle, und ich werde dich ins Gefängnis bringen.«

Ich erstarrte. Sobald ich den Mund aufmachte, wäre sofort klar, dass ich aus Lhasa kam. Ohne Reisedokumente hätte ich gar nicht hier sein dürfen. In diesem Augenblick kam ein großer Khampa vorbei. Er hatte die traditionellen roten Fäden in sein schwarzes Haar eingewoben, trug ein Schwert an der Seite und hatte seine Jacke lässig über den Arm gelegt.

»Keine Sorge, sie ist meine Schwester, sie ist mit mir unterwegs«, sagte er, nahm mich fest beim Arm und zog mich weg.

Die Khampas, ein Stamm furchtloser Krieger, die einen erbitterten Guerillakrieg gegen die Invasoren geführt hatten, leben im Osten Tibets.

Er klopfte mir auf die Schulter und sagte: »Alles in Ordnung, mach dir keine Sorge. Ich weiß, wo du hinwillst. Ich bringe Leute hier raus.«

Das war gerade noch einmal gutgegangen! Plötzlich wurde mir klar, wie dumm ich mich angestellt hatte. Ich glaube, der große Buddha aus meinem Traum war mein Schutzengel.

Müde und ermattet kam ich zum Lastwagen zurück, um auf die beiden Mönche zu warten. Der eine kam zurück, der andere – der Führer – kam nicht. Sie hatten sich getrennt, nachdem wir losgegangen waren. Ich erfuhr nie, warum sie sich trennten.

Wir warteten einen Tag lang auf den anderen Mönch, aber er kam nicht zurück. Offensichtlich war er gefangengenommen worden. Ich mochte mir gar nicht vorstellen, was jetzt mit ihm geschah, und empfand eine unendliche Trauer und Mitleid mit dem Mann, der seine Sicherheit aufs Spiel gesetzt hatte, um mir zu helfen.

Der Fahrer musste weiter, und so kauerten wir uns wieder auf die Ladefläche des Lastwagens und machten uns auf den Weg. Wir waren nur noch zu zweit, und wir waren voller Angst.

Jetzt fürchtete ich mich wirklich. Hatte der Mönch unter der Folter vielleicht verraten, dass er mit zwei weiteren Flüchtlingen unterwegs war? Die Worte des Soldaten hallten in meinem Kopf nach: »Du bist eine Kriminelle, du kommst ins Gefängnis.«

Ich musste an mein Bett in Lhasa denken. Es war nur eine Matratze auf dem Küchenboden, aber es war ein sicherer Platz. Ich dachte an meine Freundin von nebenan. Vielleicht hatte ich einen riesengroßen Fehler gemacht. Aber jetzt gab es kein Zurück mehr.

Nachdem wir Shigatse verlassen hatten, wurde die Straße noch steiler. Jetzt ging es über die höchsten Pässe auf das tibetische Hochplateau. Jedesmal, wenn der Fahrer schaltete, wurden wir auf der Ladefläche des Lastwagens hin und her geschleudert. Quälend langsam kletterte der Wagen auf fünftausendsechshundert Meter. Plötzlich blieben wir stehen. Der Fahrer hob die Plane hoch, unter der wir lagen.

»Schnell, kommt raus. Seht euch um und betet!«

Der Anblick war atemberaubend. Vor uns lagen die schneebedeckten Gipfel des Himalaja, die höchsten Berge der Erde: das Dach der Welt. Die Sonne schien über einem indigoblauen Himmel, und die Luft war kristallklar und perlend. Wir atmeten tief und dankbar ein. Überall sah man bunte Gebetsfahnen im Wind flattern, die ihre Gebete in alle Richtungen des Universums schickten. »Mögen die Götter siegen!« riefen wir alle – das war das traditionelle Gebet der Tibeter, wenn sie auf Reisen solche Pässe überquerten.

Dann mussten wir zurück in unser stinkendes Versteck. In dieser Höhe litten wir jetzt zusätzlich unter der extremen Kälte. Nachts sanken die Temperaturen unter den Gefrierpunkt, und ich saß zitternd auf dem Lastwagen, meine Hände und Füße waren taub vor Kälte. Alles, was ich hatte, war eine leicht wattierte chinesische Jacke und ein dünner schwarzer Mantel. Hier oben aber hätte man einen Daunenmantel, dicke Wollhandschuhe und eine Mütze gebraucht. Mir wurde klar, dass ich hier mit meinem Leben spielte.

Wann immer sich die Möglichkeit bot, holte uns der Fahrer nach vorne in die Fahrerkabine, damit wir uns ein wenig aufwärmen konnten. Er war ein wunderbarer Mensch. Er nahm kein Geld von uns für die Fahrt, und wenn er an den Rastplätzen anhielt, brachte er uns oft etwas zu essen mit.

Zu mir sagte er: »Ich verstehe, dass die Mönche hier weg wollen, aber warum du? Du bist jung. Du hast keinen Ärger. Ich war in Nepal. Das Essen ist schlecht, und es riecht dort komisch. Aber wenn du es so willst, dann ist es meine Pflicht, dir zu helfen.« Dann fuhr er weiter.

Von nun an war die Straße voller Kontrollstellen. Rechtzeitig vor einem Kontrollpunkt hielt der Fahrer jedesmal an, und wir stiegen aus und gingen zu Fuß in großem Bogen an der Sperre vorbei. Er wartete auf uns, nachdem er die Kontrollen passiert hatte und außer Sichtweite der Soldaten war. Dann fuhr er den Lastwagen an den Straßenrand, hielt an und tat so, als hätte er eine Panne. Diese Umwege dauerten manchmal zwei bis drei Stunden, und in dieser Zeit kamen der Mönch und ich uns näher. Wir kletterten zusammen die Berge hinauf und wateten durch Bäche. Er trug meine Schuhe, wenn wir durchs Wasser wateten, und nahm mich bei der Hand, wenn es gefährlich wurde. Mir war kalt, alles war durchnässt, und ich fühlte mich ausgelaugt.

Endlich erreichten wir Nyelam, die letzte Stadt in Tibet vor der Grenze nach Nepal, eine brodelnde Grenzstadt, die sich in dreieinhalbtausend Metern Höhe an den Berg schmiegt. Hier leben viele Händler, und man sieht jede Menge Lastenträger und Reisende. Die Stadt liegt in der Nähe der Freundschaftsbrücke, die Tibet mit Nepal verbindet. Die Freiheit war in greifbarer Nähe, aber die Brücke war voller Soldaten und Polizisten und damit für uns unpassierbar. Wir diskutierten mit dem Fahrer, was wir tun sollten.

»Die einzige Möglichkeit, wie ihr nach Nepal kommt, besteht darin, dass ihr die Brücke weiträumig umgeht und zu Fuß über die Berge geht.« So würden wir fast in Katmandu herauskommen.

Hier endete also unsere Fahrt mit dem Lastwagen, und der Fahrer erwies uns zum Abschied noch einen sehr guten Dienst, als er uns einer Frau vorstellte, die ein Gästehaus betrieb und Flüchtlinge aufnahm. Er sagte uns, sie sei vertrauenswürdig.

»Es ist äußerst gefährlich, wenn ihr nur zu zweit geht. Es

gibt jede Menge Räuber und andere Schurken in den Bergen, die den tibetischen Flüchtlingen auflauern. Ihr seid eine leichte Beute für sie. Man wird euch alles abnehmen, das Mädchen vergewaltigen und euch eurem Schicksal überlassen. Wartet und tut euch mit anderen zusammen. Die Besitzerin des Gästehauses wird euch einen erfahrenen Führer besorgen, der sich auskennt und nicht mit den Banditen unter einer Decke steckt.«

Also warteten wir, um andere Flüchtlinge zu finden, mit denen wir uns zusammentun konnten. Unsere Vermieterin war eine rundliche fröhliche Frau, die ein grobes Gesicht und große, von vieler Arbeit rauh gewordene Hände hatte. Die meisten ihrer Gäste waren Lastwagenfahrer, und wir schliefen alle in einem Zimmer auf dem Boden. Es war sehr familiär. Ich verwendete meine Tasche als Kopfkissen; es war zwar nicht viel drin, aber das wenige, das ich hatte, wollte ich nicht verlieren. Es ging zu wie im Hühnerstall, ein ewiges Kommen und Gehen.

Nachdem wir etwa eine Woche gewartet hatten, ging der Mönch, der wirklich nicht gerade der Hellste war und von der Welt genausowenig verstand wie ich, gegen elf Uhr los, um Proviant für unsere Reise zu kaufen, da er gehört hatte, dass eine Gruppe von Flüchtlingen ankommen sollte. Er kam nie wieder zurück. Es gab nur eine Erklärung dafür: Man hatte ihn gefangengenommen.

Ich war am Boden zerstört. Jetzt waren alle beiden Mönche, die sich um mich gekümmert und mich aus Lhasa mitgenommen hatten, verschwunden, und ich fürchtete, es ging ihnen nicht besonders gut. Ich wollte mir gar nicht vorstellen, was ihnen alles widerfahren konnte: die Schläge, die Elektroschocks oder – eine der beliebtesten Foltermethoden der Chinesen in Tibet – die Arme, die man ihnen auf dem Rücken fesselte, um sie dann hochzureißen, bis das Schultergelenk brach.

Ich hatte mich auf unserer Reise mit dem zweiten Mönch angefreundet, wir waren wie Geschwister. Soviel hatten wir auf unserer Reise in die Freiheit zusammen durchgemacht: die Flucht aus Lhasa, das Abenteuer in Shingatse, die langen Umwege an den Kontrollstellen – ich wusste nicht, an wen ich mich jetzt wenden sollte.

Es wurde mir alles zuviel, und ich wagte nicht, das Haus zu verlassen. Die Tashis hatten wahrscheinlich jede Polizeistation von hier bis Lhasa informiert und ihnen eine Personenbeschreibung von mir gegeben. Man würde mich verhaften, sobald ich das Haus verließ.

Nepal und Indien schienen weiter entfernt als jemals zuvor – Traumwelten, für immer unerreichbar.

Ich behielt meine Ängste für mich. Bei den Tashis hatte ich gelernt, wie man sie unterdrückt, und so verhielt ich mich meiner Vermieterin gegenüber zurückhaltend und vorsichtig – schließlich lag mein Schicksal in ihrer Hand. Ich half ihr bei der Hausarbeit, und allmählich erfuhr ich von ihr einiges über die Fluchtrouten.

Zwei Wochen später jedoch waren immer noch keine weiteren Flüchtlinge aufgetaucht, und meine Vermieterin meinte, es wäre besser, wenn ich nach Lhasa zurückginge.

Eher bringe ich mich um, dachte ich. Wohin sollte ich denn zurück? Ich hatte keine Wahl, ich musste weitergehen.

In tiefer Verzweiflung entstand in meinem Kopf ein Plan. Eines Tages, als wir am Fluss die Wäsche wuschen, hatte meine Vermieterin mir einen Berg gezeigt, über den, wie sie sagte, der geheime Weg nach Nepal führte. Der Berg war mir nicht besonders hoch erschienen. Ich beschloss also, das Risiko einzugehen und mich alleine auf den Weg zu machen. Du hast schon höhere Berge bestiegen, dachte ich mir.

Einige Tage später verließ ich das Haus, ohne vorher jemanden darüber zu informieren. Meine Tasche und alles, was ich besaß, ließ ich zurück, um keinen Verdacht zu erregen. Ich hatte nur meine Kleider am Leib und zwei Päckchen Kekse. Abends gegen halb acht erreichte ich den Fluss und versteckte mich in einem Gebüsch. Ich wartete auf die Dunkelheit. Die Grillen machten einen Höllenlärm, aber ich hielt mich mucksmäuschenstill. Um halb neun ging der Mond auf. Ich nahm meinen ganzen Mut zusammen und sagte mir: Ich werde jetzt allein über den Berg gehen. Ich werde jetzt gehen.

Gerade als ich mich auf den Weg machte, traf mich plötzlich der Schein einer Taschenlampe mitten ins Gesicht, und eine Stimme fragte: »Bist du auf der Flucht?«

Ich blieb wie angewurzelt stehen. Vor mir stand ein Mann mit einer Wollmütze und Handschuhen, wie sie typischerweise Undercoveragenten der Polizei tragen. Äußerlich starr, jagten die Gedanken durch meinen Kopf. Ich musste mir schnell etwas einfallen lassen – sollte ich die Wahrheit sagen oder nicht?

Irgend etwas in mir drängte mich zur Wahrheit. »Ja«, antwortete ich.

»Wo ist deine Gruppe?« wollte der Mann wissen.

Ich sagte ihm, dass mein Begleiter erwischt worden war und dass ich mich allein auf den Weg gemacht hätte.

Der Mann mit der Taschenlampe zögerte ein wenig. »Das

könnte stimmen. Vor ein paar Tagen sah ich, wie die chinesischen Wachen über einen Mann herfielen. Ich sah, wie sie ihn verprügelten, ihn mit Stöcken auf Kopf und Rücken schlugen. Dann nahmen sie ihn mit.«

Jetzt wusste ich, dass mein Gegenüber kein Geheimpolizist war. Versuchsweise fragte ich ihn, ob er auch auf der Flucht sei.

»Ja«, sagte er. »Meine Gruppe ist bereits höher den Berg hinauf. Sie haben sich versteckt, als sie deine Schritte gehört haben.«

»Darf ich mich euch anschließen?« fragte ich vorsichtig.

»Natürlich«, erwiderte der Mann mit der Taschenlampe.

Wieder war mir das Schicksal wohlgesonnen und hatte mir Begleiter für meine Flucht zugeführt. Es war eine Gruppe von sieben Personen – eine weitere Frau, etwa achtundzwanzig Jahre alt, und sechs Männer zwischen fünfundzwanzig und vierzig. Wir stellten einander nicht viele Fragen. Es war besser, wenn man nicht zuviel von den anderen wusste, auch war es nicht unsere Art als Tibeter, andere auszufragen, denen wir unterwegs begegneten. Die persönlichen Geschichten anderer Leute spielen für uns keine Rolle.

Trotzdem erfuhr ich, dass einige der Männer Mönche waren, auch wenn keiner von ihnen eine Kutte trug. Der Mann mit der Taschenlampe hieß Ngawang Panchen und kam aus dem Nechung-Kloster in Lhasa. Er hatte sich an einer Demonstration beteiligt und war nun auf der Flucht, um sein Leben zu retten. Die Frau wollte einen Lama heiraten, der nach Katmandu geflüchtet war und sein Mönchsgewand abgelegt hatte. Sie hatten einen Sherpa angeheuert, der die geheimen Wege aus Tibet heraus kannte, und hatten ihm jeder dreitausend nepalische Rupien gezahlt.

Ich gab ihm alles Geld, das ich hatte, aber es reichte nicht. Die anderen zahlten den Rest für mich. Soviel unbeschreibliche Freundlichkeit begegnete mir hier – mein Herz war voller Dankbarkeit.

Kapitel 6

Die Flucht

Im Mondlicht begannen wir den Anstieg. Wir gingen den Berg hinauf, und Ngawang Panchen und ein zweiter Mann leuchteten uns mit ihren Taschenlampen den Weg. Ich merkte bald, dass es mir leichter fiel, wenn ich im Mondlicht ging, da die Taschenlampen immer nur einen kleinen Fleck erhellten und ich dann über die Wurzeln und Steine stolperte, die im Dunkel lagen.

Die Welt lag still im silbernen Mondlicht, das Büsche und Bäume in ein ätherisches und mystisches Licht tauchte. Wir liefen schweigend durch die Nacht und versuchten so schnell wie möglich von der Polizei in Nyelam wegzukommen. Ich hatte keine Ahnung, wohin der Weg uns führte, ich merkte nur, dass es steil bergauf ging.

Bei Sonnenaufgang waren wir plötzlich in einer völlig anderen Welt. Es war wunderschön. Wir waren im tiefsten Dschungel. Mein ganzes Leben lang kannte ich bisher nur eine karge Landschaft, die an eine Art Mondlandschaft erinnerte. Alles war nackt, braun, trocken und staubig, es gab kaum Bäume, selten mal ein Grasbüschel. Aber auf diesen Bergen hier an der Grenze zu Nepal wucherte ein üppiger Dschungel. Alles war grün! Es war zauberhaft.

Ich sah mich staunend um. Die Bäume waren riesig, und ihre Äste wuchsen über uns wie ein Baldachin zusammen. Ich sah nach oben, aber man konnte die Sonne nicht sehen.

Hier im Dschungel war man in einer düsteren, halbdunklen Welt, durch die Nebelschwaden von den niedrig hängenden Wolken zogen, die die Berge einhüllten. Die Atmosphäre war feucht und neblig. Dicke Tropfen fielen auf uns herab und durchnässten uns völlig. Wir gingen auf einem dicken feuchten Teppich aus verrottenden Blättern und Wurzeln. Es war ein komisches Gefühl, so als liefe man über ein Sofa. Auch roch es eigenartig. In der Luft hing der Geruch verwesender Pflanzen.

Das Zirpen der Grillen war überwältigend. Diese Geräuschkulisse kannte ich nicht. In Tibet ist alles luftig und frei, und daher hört man das kleinste Geräusch noch in der Ferne. Hier aber, in diesem Wald mit den eng stehenden Bäumen, hatte ich das Gefühl, wie in einem großen Kessel zu laufen, auf den jemand einen Deckel gesetzt hatte. Im Halbdunkel erkannte ich Bambushaine mit riesigen Pflanzen. Die Stämme waren so dick wie die Taille eines Menschen. Die Schulkinder schrieben immer mit Bambusstiften. Jetzt wusste ich, wo das Material herkam. Auch wunderte ich mich über das viele Holz, das hier herumlag. In Tibet ist Holz wertvoll. Ich erinnerte mich an die Kinder in unserem Dorf, die oft den ganzen Tag unterwegs waren, um Brennholz für den Ofen zu sammeln. Wenn die das sehen könnten! dachte ich.

Ich schritt zügig und guter Dinge voran. Die Wunder des Dschungels beeindruckten mich, und ich war überglücklich, dass es mir trotz aller Widrigkeiten gelungen war, bis hierher zu kommen. Zum ersten Mal konnte ich die Freiheit riechen. Meine Gedanken kreisten um die Möglichkeiten, die sich mir in Indien bieten würden – eine Ausbildung, ein neues Leben. Ich war sechzehn Jahre alt, ich war stark und voller Hoffnung.

Wir gingen den ganzen ersten Tag ohne Pause weiter, um uns möglichst weit von Nyelam zu entfernen. Es gab keinen erkennbaren Weg, jeder Schritt ging ins Unbekannte. Wir bewegten uns durch das Unterholz und folgten unserem Führer. Auf der Höhe des Berges angelangt, schlitterten wir auf der anderen Seite wieder hinunter. Der Abstieg war schwieriger als der Aufstieg. Ich fiel oft hin, was sehr ärgerlich war. Aber es war auch ein bisschen wie ein Spiel, den Berg wie ein Kind hinunterzustolpern.

Am Fuß des Berges fanden wir einen Bach, der Gott sei Dank nicht sehr tief war. In dem Bach lagen Steine, über die wir gehen konnten. Wir hielten kurz an und tranken das klare Wasser. Es schmeckte bitter. Ich glaube, das kam von all den Blättern und Wurzeln, die in den Bach gefallen waren. Als wir den Bach sicher überquert hatten, sah ich vor mir den nächsten Berg, der sich bis in den Himmel erhob.

Jetzt merkte ich meinen Fehler. In meiner Naivität hatte ich angenommen, dass die Freiheit hinter dem Berg lag, auf den meine Vermieterin gezeigt hatte. Ich fragte die anderen nach unserer weiteren Route, und man sagte mir, dass wir in Richtung Westen gingen, um dort die hohen Berge in Nepal zu überqueren. Dabei mussten wir alle Straßen und Ortschaften vermeiden, bis wir Katmandu erreichten. Ich wusste es damals noch nicht, aber es sollte eine unglaublich lange Reise werden.

Mir dämmerte – und es war wie ein Schlag in den Magen – dass ich inzwischen wahrscheinlich tot wäre, hätte ich mich wie geplant allein auf den Weg gemacht. Für einen einzelnen und erst recht für ein ahnungsloses Mädchen wie mich wären die Strapazen dieser Flucht über die Berge unmöglich zu überstehen gewesen. Ohne Proviant, ohne Kenntnisse der Geographie ist eine solche Reise nicht zu überleben.

Ich atmete tief durch, als ich den großen Berg vor mir sah, und begann mit unserer Gruppe den Anstieg auf dem fast senkrecht nach oben führenden Weg. Noch hatte ich genügend Kräfte. Tibeter haben eine fast natürliche Neigung zum Klettern, es ist uns angeboren, und unser Blut ist voller roter Blutkörperchen, weil wir gewohnt sind, in dünner Luft zu leben. Daher macht es uns wenig aus, wenn wir einen Berg besteigen. Aber hier kamen wir nur langsam voran.

Der Dschungel war nach wie vor fast undurchdringlich, und das Licht war düster. Nebelschwaden erschwerten die Sicht. Manchmal musste unser Führer zwischen all den Ästen und Lianen mit der Machete den Weg freischlagen. Das war ein hartes Stück Arbeit, aber dafür rissen die Äste und die Büsche nicht mehr an uns, und wir kamen leichter voran. Wir hatten keine Ahnung, wo wir uns befanden, aber der Führer schien genau zu wissen, wo es langging.

Es wurde zum zweiten Mal Nacht, und wieder hielten wir nicht an, sondern gingen im Licht des Mondes und der Taschenlampen zwischen feuchten Bäumen und triefenden Büschen weiter. Ich war ziemlich müde, aber die Aufregung und das Adrenalin hielten mich wach.

Im Morgengrauen sahen wir weitere Berge und noch mehr Dschungel, Feuchtigkeit, Nebel, Büsche und Dornen. Wir liefen ohne Pause immer weiter, bergauf, bergab, wir überquerten einen Bach, tranken wieder – und dann endlich hielten wir auf einer kleinen Lichtung im Dschungel an. Unser Führer meinte, jetzt seien wir sicher und könnten eine Pause machen. Die anderen holten Kekse und Tsampa hervor, rührten es mit Wasser an, da es keinen Tee gab, und gaben mir von ihren Vorräten zu essen. Ich war nicht sehr hungrig und aß nur wenig – mein Magen war immer noch zu angespannt. Zudem war es mir peinlich, denn ich hatte nur zwei Päckchen Kekse, die ich als Gegenleistung anbieten konnte.

Endlich durften wir schlafen. Natürlich hatte keiner von uns eine Campingausrüstung oder einen Schlafsack dabei. Der Boden war viel zu feucht, um sich hinzulegen. Die anderen, die ihre Habseligkeiten in einer Tasche mit sich trugen, setzten sich auf ihr Gepäck und versuchten sich auszuruhen. Aber ich hatte gar nichts dabei und musste mich auf meine Fersen kauern, die Augen schließen und wie ein Huhn schlafen. Es war keine wirkliche Erholung. Keiner aus der Gruppe kam während der ganzen Flucht richtig zum Schlafen.

Von jetzt an rasteten wir tagsüber und wanderten des Nachts. Zwar war es unglaublich schwierig, sich im Dunkeln durch den Dschungel zu bewegen und die gefährlichen Steilhänge zu bewältigen, aber es ging nicht anders. Es wäre einfach zu gefährlich gewesen, wenn wir tagsüber marschiert wären. Zwar konnten wir in dem dichten Dschungel keine Menschen sehen, aber oft hörten wir Stimmen. Wir wussten, dass wir immer in der Nähe menschlicher Behausungen waren, und das erhöhte unsere Nervosität erheblich.

Nach ein paar Stunden Rast waren wir wieder unterwegs. Es war noch Tag, als wir an einem Hain voller Affen vorbeikamen. Es waren phantastische Tiere. Sie waren groß und grau und hatten schöne Gesichter mit Bärten. Ihr Fell glänzte, und ihre Augen leuchteten. Sie saßen stumm in den Bäumen und beobachteten uns. Wir blieben stehen und starrten sie ebenfalls an. Ich hatte so etwas noch nie gesehen und stand völlig verzaubert mittendrin. Das war eine willkommene Unterbrechung unserer endlosen Kletterei, und ich konnte mich ein wenig erholen.

Ein Vorteil unserer Flucht war das Wetter. Der November in Tibet ist trocken und kalt, aber hier im Dschungel war es feucht und warm, so dass ich mit meiner dünnen gefütterten Jacke bestens ausgestattet war. Mir wurde klar, dass die beiden Mönche, mit denen ich ursprünglich aufgebrochen war, genau wussten, was sie taten, als sie diese Jahreszeit für ihre Flucht ausgewählt hatten. Wären wir früher aufgebrochen, hätte uns der Monsun erwischt. Viele Reisende kommen in dieser Zeit unter Schlammlawinen zu Tode. Später im Jahr dagegen hätten wir vom Schnee überrascht werden und erfrieren können.

Allmählich ließ meine Euphorie nach. Der Dschungel erschien mir endlos, wir kämpften uns Stück für Stück durch das Dickicht. Alle wurden jetzt zusehends müder, und ich wünschte mir, ich wäre in den ersten Tagen nicht so forsch losgelaufen. Unter dem dichten Dach der hohen Bäume war nach wie vor alles modrig, feucht und finster. Die Zweige waren oft ineinander verhakt, und die Dornen rissen uns die Kleider kaputt. Wir nutzten Äste als Kletterseile und zogen uns an den herunterhängenden Lianen und Ästen langsam nach oben. Manchmal glitt mir ein Ast aus der Hand, und ich rutschte bergab, bis ich an einem Baum oder Busch hängenblieb. Dann ging das Ganze wieder von vorne los.

Die Abstiege wurden mit zunehmender Müdigkeit immer

gefährlicher. Der schlammige Boden gab wenig Halt, und es half nichts, wenn man sich beim Abstieg an Ästen und Lianen festhielt. Am einfachsten war es, sich den Berg hinunterrollen zu lassen oder hinabzurutschen. Doch das war jetzt alles kein Spiel mehr. Unsere Kleider und unsere Körper verdreckten zusehends, und auch unsere Schuhe erstarrten vor Dreck. Wir waren ständig durchnässt wegen des ewigen Nebels und des Wassers, das von den Blättern tropfte. Keiner fühlte sich mehr wohl, und die Stimmung war ziemlich schlecht.

Ich sehnte mich nach einer Höhle, wo wir hätten Unterschlupf finden können, um unsere Sachen zu trocknen und einen langen, trockenen Schlaf zu genießen. Unglücklicherweise gab es auf dieser Route jedoch keine Höhlen. Ich versuchte es mit positivem Denken: Wenigstens mussten wir nicht über wacklige Hängebrücken oder rutschige Baumstämme balancieren, die in Tibet oft tiefe Abgründe überbrücken.

Und weiter ging es, wieder ein grauenhafter Aufstieg durch den dichten Dschungel.

Wir waren eine Gruppe von Fremden, aber wir kamen gut miteinander aus. Trotz der angespannten und schwierigen Situation, in der wir uns befanden, gab es keine Streitereien, keine Konflikte. Aber warum auch? In Tibet denkt man nicht schlecht über die Menschen. Gedanken wie »Ich mag ihn nicht«, »Ich kann sie nicht ertragen« sind uns fremd. Wir sind offen und flexibel.

Interessanterweise gibt es im Tibetischen kein Wort für das Bedürfnis, beachtet zu werden. Neurosen kennen wir nicht. Es gab jede Menge böse und schlechte Menschen, aber keine Neurotiker. Ich glaube, das liegt daran, dass wir keine Zeit haben, neurotisch zu werden. Es dauert schließlich alleine zwei Stunden, bis wir eine Tasse Tee zubereitet haben. Wir sind von morgens bis abends mit unserem physischen Überleben beschäftigt, und der närrische Geist hat gar keine Zeit für seine Spielchen.

Unsere Gruppe von Flüchtlingen erinnerte also weniger an *Big Brother* oder andere westliche Fernsehshows, bei denen einer auf den anderen losgeht, weil er ihn nicht leiden kann. Wir waren eher wie eine Gruppe von Pilgern, die sich gemeinsam auf die Suche nach Freiheit gemacht hatte. Also halfen wir uns gegenseitig. Wir redeten nicht viel, aber alle summten das Mantra des Mitgefühls vor sich hin, das typische Mantra der Tibeter: Om Mani Padme Hum – Heil dem Juwel im Lotus. Das verband uns und gab uns Kraft.

Spannungen gab es trotzdem zur Genüge. Der Optimismus der ersten Tage war verschwunden, und ich lebte in ständiger Sorge: Werde ich jemals aus diesem Dschungel und aus diesen Bergen herauskommen? Wie geht es danach weiter? Gibt es tatsächlich irgendwo in Indien eine tibetische Regierung? Lebt der Dalai Lama wirklich dort? Weiß meine Familie, wo ich bin? Machen sie sich Sorgen?

Alle wurden wir von ähnlichen Sorgen und Bedenken bewegt, und diese Fragen beherrschten unsere Gespräche, wenn wir Rast machten. Es war, als wäre ich gestorben und wäre in den Zustand des Bardo eingetreten – gefangen zwischen zwei Welten. Vor mir lag eine unbekannte Zukunft. Hinter mir eine traumatische Vergangenheit.

Selbst hier im Dschungel holte mich meine Vergangenheit ein. Wenn es mir wirklich einmal gelang, auf den Fersen hockend einzuschlafen, wurde ich von einem immer wiederkehrenden Albtraum heimgesucht, der mich zurückführte zu den Tashis. In diesem Traum gaben sie mir immerzu Befehle oder schimpften mit mir, weil ich irgend etwas nicht getan hatte. Dann erwachte ich, fürchterlich verängstigt und bereit aufzuspringen und zu tun, was man von mir verlangte. Es dauerte einen Moment, bevor ich merkte, dass ich weit weg von Lhasa im feuchten, modrigen Dschungel war, unter dunklen Bäumen, müde und durchnässt. Was war wohl schlimmer? Du spielst mit deinem Leben, dachte ich.

Die physischen Gefahren waren mindestens so real wie die mentalen und emotionalen Bedrohungen. Zwar hatten wir seit Beginn unserer Flucht keine Menschenseele gesehen, aber das hieß nicht, dass es hier keine Menschen gegeben hätte. Oft hörten wir von fern jemanden rufen und wussten, es waren Arbeiter, Schäfer, Dorfbewohner oder gar Polizeipatrouillen in der Nähe. Voller Angst, dass man uns entdecken könnte, standen wir still und warteten, dass ein Trupp Männer auftauchte. Uns war klar, dass wir ausgeraubt, vergewaltigt oder den Chinesen übergeben werden würden, wenn man uns entdeckte – vielleicht widerfuhren uns sogar alle drei Übel. Die Bewohner der Gegend hier waren arm, und das Einfangen entlaufener Tibeter war ein willkommenes Zubrot. Die Belohnung, die man für uns kassieren konnte, betrug ein Vielfaches des sonstigen Einkommens, das die Menschen hier hatten.

Wenn alles ruhig blieb, liefen wir weiter, jedesmal mit weniger Vertrauen, jedesmal ein wenig angespannter. Je länger wir unterwegs waren, desto mehr verließ mich das Gefühl, dass unser Glück von Dauer sein könnte.

Aber nicht nur Menschen stellten eine Gefahr dar. Es gab auch Tiere, die uns bedrohten. Eines Tages, als wir gerade rasteten, sah ich eine lange schwarz-gelbe Schlange an einem Baum herabgleiten und auf mich zukriechen. Ich sprang schnell auf. In Tibet haben wir keine Schlangen. Sie glitt dicht an mir vorbei und verschwand im Unterholz. Freundlicherweise wies mich unserer Führer darauf hin, dass sie giftig war. Danach sah ich überall Schlangen. Jetzt muss ich auch noch Angst haben, von wilden Tieren gefressen zu werden, dachte ich.

In diesem Dschungel lebten verschiedene Wildkatzen – Berglöwen, Tiger und Luchse. Des Nachts konnten wir sie hören, aber wir wussten nicht, ob sie weit weg von uns oder ganz in der Nähe waren. Eines Tages, als wir in einer Reihe hintereinander einen Hang hinaufkletterten, kreuzte plötzlich ein Tiger unseren Weg. Es war so ein wunderbares Tier, mächtig und stark, dass ich ganz vergaß, Angst zu haben. Später, als mir bewusst wurde, was geschehen war, fing ich nachträglich zu zittern an. Danach achtete ich darauf, mich immer in der Mitte der Gruppe zu halten. Ich wollte nicht die letzte sein und zur leichten Beute von Hunden oder wilden Tieren werden.

Der größte Albtraum aber waren für mich die ekelhaften Blutegel, die allgegenwärtig waren. Ich begegnete ihnen zum ersten Mal in diesem modrigen feuchten Dschungel, in dem sie die unumschränkten Herrscher waren. Ich sah an mir hinunter, und da war dieser dünne rote Wurm, der an mir herabhing. Mit dem einen Ende hatte er sich an meiner Haut festgesaugt und labte sich an meinem Blut, das andere Ende drehte sich vor meinen Augen immer im Kreis. Ein anderer saß auf meiner Wange, und noch einer und noch einer – mein ganzes Gesicht war voll davon! Ich schrie vor Entsetzen.

Es war sehr gefährlich, einen solchen Krach zu machen,

aber ich konnte nicht anders. Ich hatte das Gefühl, ich würde von Außerirdischen angegriffen. Normalerweise fressen andere Lebewesen einen Körper nur dann, wenn er tot ist, aber diese »Würmer« fraßen mich bei lebendigem Leibe. Sie drangen überallhin vor: in meine Hose, unter mein Hemd und vor allen Dingen in meine Schuhe. Sie liebten meine saftigen Füße und Zehen – hier war genügend Feuchtigkeit von dem nassen Dschungelboden und vom Schweiß, der sich während des Aufstiegs in den Schuhen sammelte. Diese Blutegel waren eklige Tiere, und das Allerabscheulichste war, dass ihre Köpfe in meiner Haut steckenblieben, wenn ich sie zu entfernen versuchte. Ich musste auf unseren Führer warten, der die Tiere mit seinen brennenden Zigaretten von meiner Haut entfernen konnte. Blutegel sind die einzigen Lebewesen, die ich trotz meiner buddhistischen Erziehung nie lieben konnte.

Wir beeilten uns weiterzukommen und überquerten endlose Berge im vollen Vertrauen darauf, dass unser Führer schon wissen würde, wohin er uns leitete. Seit zwei Wochen waren wir unterwegs, als er uns mitten im Dschungel plötzlich allein zurückließ. Er sagte, er kenne einen Schäfer ganz in der Nähe und wolle sehen, ob er für uns etwas zu essen besorgen könne.

Wir warteten stundenlang und malten uns die schlimmsten Dinge aus. Vielleicht hatte er uns hier im Dschungel einfach sitzengelassen oder aber er kam demnächst mit einer Bande von Mördern zurück, um uns abzuschlachten. Wir führten endlose Diskussionen, wie wir uns am besten verteidigen sollten, aber das war alles sinnlos, denn weder hatten wir irgendwelche Waffen noch wussten wir, wo wir hätten Zuflucht suchen können.

Endlich kehrte er zurück und brachte uns Reis und Dhal, das sind Linsen, eingewickelt in Blätter. Es war nicht viel, aber wir schlangen es gierig hinunter. Ich dankte Buddha, dass meine Gruppe einen ehrlichen Führer hatte.

Mit der Zeit wurden unsere Vorräte knapp, und wir begannen zu hungern. Wir ernährten uns jetzt nur mehr von Keksen, alle anderen Lebensmittel waren aufgebraucht. Ich hatte immer noch keinen allzu großen Hunger, und der Mangel an Nahrung machte mir nicht viel aus. Auch waren wir müde von dem ewigen Klettern, wir waren durchnässt, aufgekratzt von Dornen, und alle naselang rutschten wir aus und fielen hin.

Nach zehn Tagen auf der Flucht beschlossen die anderen, ihre Taschen liegenzulassen. Sie waren zu schwach, um sie noch länger zu tragen. Ich war ohne Gepäck aufgebrochen, so dass ich mich mit diesem Problem nicht herumschlagen musste.

Eines Tages blieb ich ein bisschen zurück, weil ich meine Notdurft verrichten musste. Ich war sechzehn Jahre alt und noch etwas scheu in solchen Sachen. Zu meinem großen Schrecken waren die anderen plötzlich verschwunden. Sie suchten mich stundenlang, riefen meinen Namen und waren sehr verärgert, als sie mich endlich fanden.

Wir waren etwa zwei Wochen unterwegs, als meine billigen chinesischen Turnschuhe sich aufzulösen begannen. Bald waren sie vollkommen unbrauchbar geworden. Ich sagte zu Ngawang Panchen: »Schau dir meine Schuhe an, sie lösen sich auf. Was soll ich denn jetzt machen?«

Er antwortete: »Trag meine, ich habe ein zweites Paar dabei.«

Was für eine außergewöhnliche Freundlichkeit! Allerdings waren mir die Schuhe des Mönchs zu groß, ich rutschte darin herum, und bald taten mir die Füße sehr weh. Es half nichts, dass meine Füße und die Schuhe nass waren. Beim Aufstieg rieb ich mir die Fersen auf, beim Abstieg die Zehen. Bald waren meine Füße wund und aufgescheuert, blutig und voller Blasen.

Ich war ziemlich schlecht beieinander, als wir einen außergewöhnlich hohen Berg erreichten, der nicht ganz von Dschungel bedeckt war, sondern dessen Gipfel sich oberhalb der Baumgrenze erhob und eine Schneekappe trug. Ich blickte zu dem schwindelerregend hohen Gipfel hinauf und fragte mich, ob ich den Aufstieg jemals schaffen würde. Meine Füße waren am Ende.

Ich atmete tief durch und zwang mich zum Aufstieg. Jeder Schritt kostete mich all meine Kraft, und es erforderte eine unglaubliche Willensanstrengung, den fast senkrecht aufragenden Hang hinaufzusteigen. Meine Beine taten unbeschreiblich weh, die Waden waren auf das Doppelte ihres normalen Umfangs angeschwollen, und meine Füße fühlten sich an, als würde ich über Glassplitter laufen. Mein ganzer Körper war dem Ende nahe. Neben dem Schmerz fühlte ich Panik in mir aufsteigen. Ich hätte nie gedacht, dass ich soviel Leid und Schmerz ertragen könnte.

Ich zwang mich weiterzugehen. Den Blick nach oben zu richten wagte ich nicht, ich konzentrierte mich immer nur auf den nächsten Schritt, einen nach dem anderen. Ich weinte nicht, ich beschwerte mich nicht, so bin ich eben.

Irgendwie, ich weiß nicht wie, erreichte ich den Gipfel. Vor mir breitete sich ein wunderschöner See bis zum Horizont aus, wo man die schneebedeckten Gipfel des Himalaja sehen konnte. Einer dieser Gipfel gehörte dem höchsten Berg der Erde, den man im Westen Mount Everest nennt. Wir in Tibet nennen ihn Chomolungma, »Gottesmutter der Erde«. Ich war mir sicher, dass ich im Zwischenreich des Bardo gewesen war, und jetzt war ich im Reich der Reinheit angekommen. Hier war ich nun auf dem Dach der Welt, wie in einem Flugzeug, und plötzlich erfüllte meinen Geist ein Gefühl für die Unendlichkeit des Raumes. Über meinem Kopf flog ein Adler, und ich beobachtete ein Reh, das an das Ufer des Sees kam, um zu trinken. Ich setzte mich auf einen Felsen und beschloss, keinen Schritt mehr zu tun. Hier war das Paradies.

Ich bleibe hier, dachte ich. Ich gehe nirgendwo mehr hin. Ich will nicht mehr nach Indien, ich brauche auch keine Ausbildung mehr. Vielleicht verhungere ich hier, oder die wilden Tiere fressen mich auf. Alles war mir egal. Ich hatte aufgegeben und sah dem Tod entgegen. Ich hatte keine Angst. Ich war taub und leer. Kein Gedanke mehr an Freiheit, keine Hoffnung.

Ngawang Panchen drehte sich um und sagte: »Los, komm. Geh weiter!«

»Geht allein weiter, ich kann nicht mehr«, antwortete ich.

»Versuch nur einen Schritt zu machen.«

»Ich kann nicht mehr, wirklich.«

Er kam zurück, hob mich auf und trug mich den Berg hinab. Beim Abstieg kamen wir aus der kahlen Höhe wieder in den Dschungel, und der Mönch setzte mich an einem Bach ab.

Hier wagten wir es zum ersten Mal, ein Feuer anzuzünden, um Tee zu bereiten. Es war kein echter tibetischer Tee, sondern ganz normaler schwarzer Tee mit ein wenig Butter, aber es schmeckte herrlich, und es schien uns das Risiko wert, dass andere durch das Feuer auf uns aufmerksam werden könnten. Wir aßen das letzte Tsampa, und ich merkte, wie meine Kräfte zurückkamen. Ich bin sicher, dass Tsampa heilende Wirkung hat.

Drei Tage und zwei Nächte blieben wir an dem Bach, bis ich mich soweit erholt hatte, dass ich wieder laufen konnte. Es war die längste Pause, die wir auf dieser Reise machten, und alles nur wegen mir.

Eine weitere Woche lang kletterten wir über dschungelbedeckte Berge. Es war die schiere Willenskraft, die mich in Bewegung hielt. Ich wollte oft aufgeben, aber der Mönch trieb mich immer wieder an: »Wenn du noch über diesen Berg kommst, wartet dahinter der Dalai Lama auf uns. Er hat Tee für uns zubereitet.«

Immer wieder ermunterte er mich, und ich wurde ganz aufgeregt. Aber dann war da nichts und niemand, nur der nächste Berg, den wir besteigen mussten. Der Mönch aber machte weiter: »Aber jetzt, hinter diesem Berg ist er wirklich, der Dalai Lama wird uns dort begrüßen.«

Auf diese Art lief ich immer weiter.

Inzwischen waren wir bereits weit nach Nepal vorgedrungen, und immer häufiger kamen wir an kleinen Bergdörfern vorbei. Das brachte neue Gefahren mit sich. Manchmal mussten wir unsere Deckung verlassen und direkt an den Häusern vorbeigehen. Wir gingen schnell und in kleinen Gruppen, zu zweit oder zu dritt, aber trotz aller Vorsichtsmaßnahmen waren wir von unserem Aussehen und von unserer Kleidung her leicht als Tibeter zu erkennen, als Tibeter auf der Flucht. Aber wir kamen durch. Es gab so vieles, um das wir uns Sorgen machten, aber nichts war so schlimm wie die endlose Kletterei.

Eines Tages sahen wir eine verkehrsreiche Straße und wussten, dass wir ganz in der Nähe von Katmandu sein mussten. Unser Führer drehte sich um. »Wir sind fast da«, sagte er.

Als wir uns der Stadt näherten, nahm er vier von uns und brachte sie zum Bus, um sie bei einem tibetischen Flüchtlingslager abzuliefern. Wir anderen sollten uns unterdessen verstecken und warten. Er kam zurück und sagte, die erste Gruppe sei sicher angekommen. Jetzt waren wir an der Reihe. Auffälligere Gestalten als uns konnte man sich schwerlich vorstellen, als wir den Bus bestiegen. Zum ersten Mal seit Beginn meiner Flucht wandte sich das Glück von mir ab.

Wir kamen an vielen Kontrollstellen vorbei. Bei einer dieser Kontrollen kamen nepalesische Polizisten in den Bus und gingen den Gang entlang.

»Die Pässe, Reisepapiere!« riefen sie und schnippten mit den Fingern.

Natürlich hatte keiner von uns irgendwelche Papiere oder Dokumente. Wir konnten kein Wort der Landessprache – nicht einmal »Danke« oder »Tut mir leid«.

Ein Polizist sah uns an und rief: »China, China!«

Wir waren entdeckt worden.

Man holte uns aus dem Bus und brachte uns auf die Polizeistation, wo wir nach unseren Namen gefragt wurden. Wir gaben dumme Phantasienamen an: »Huhn«, »Pferd« oder »Esel«. Wir wurden gefilzt, man suchte nach Geld oder Wertsachen. Ich hatte ein zwar hartes, aber auch sehr behütetes Leben geführt, war streng erzogen worden und war sehr zurückhaltend. Es war eine tiefe Erniedrigung für mich, so durchsucht zu werden. Man untersuchte die Sohlen meiner Schuhe, den Saum meines Gewandes – alles wurde gefilzt. Eine der Wachen suchte in meinem langen schwarzen Haar und berührte meine Brüste. Ich verfluchte ihn.

»Mach das nicht noch mal, sonst trete ich dir in die Eier!« schrie ich.

Ich weiß nicht, ob er verstand, was ich sagte, aber er bekam mit, was ich ihm mitteilen wollte.

Er fand den Ring meiner Mutter in meinem Gürtel und nahm ihn mir ab. Dann wurden wir eingesperrt, und die ganze Nacht über fragten wir uns, was wohl mit uns geschehen würde. Entweder würde man uns hier einsperren, oder wir würden nach Tibet – oder China, wie sie hier sagten – zurücktransportiert.

Morgens ums sechs wurden wir zu einem kleinen roten Polizeiauto gebracht, das mit uns davonfuhr. Wir dachten, es ginge zur Grenze zurück, aber die Polizisten sagten: »Katmandu, nicht China.«

Erstaunlicherweise stimmte das sogar. Sie hatten uns alle Wertsachen und alles Geld abgenommen, und dafür bekamen wir jetzt freie Fahrt nach Katmandu. Sie hielten das vermutlich für einen fairen Tausch und machten es mit allen Flüchtlingen aus Tibet so. An allen Kontrollpunkten wurden wir durchgewunken, und mitten in Katmandu ließ man uns aussteigen. Es war unglaublich laut, schmutzig und staubig hier. Wir hatten keine Ahnung, wo wir gelandet waren.

Die ganze Reise hatte sieben Wochen gedauert: eine Woche bis nach Nyelam, dann drei Wochen Aufenthalt dort und drei Wochen Flucht über die Berge. Im Rückblick muss ich mich über meinen Mut wundern: Wie konnte man in dem Alter einfach ins Blaue davonlaufen, ohne irgend etwas mitzunehmen oder vorzubereiten?

Wahrscheinlich half mir bei meiner Flucht, dass ich im allgemeinen ein positiver Mensch bin. Vermutlich haben mich die Jahre meines Leidens abgehärtet. Mit sechs wurde ich von meiner Familie getrennt, meine Mutter starb, als ich zwölf war, und das Leben und die Arbeit bei Fremden, die mir keinerlei Zuneigung entgegenbrachten, haben mich stark gemacht. Während ich die Berge hinaufkletterte, betete ich die ganze Zeit zu Buddha: »Ich danke dir, dass du mich befreit hast, dass du mir den Weg gezeigt hast.«

In meinem Herzen bewahrte ich das Bild des lächelnden Buddha aus meinem Traum in der Nacht, bevor ich Lhasa verließ. Jetzt, wo ich es geschafft hatte, war ich ein Held für meine Familie. Ich glaube, mein Karma war gereift. Alles im Leben hängt mit dem Karma zusammen – wer wir sind, was uns widerfährt. Daher müssen wir darauf achten, was wir sagen, denken und tun, denn alles hat einen Einfluss auf unsere Zukunft.

Im Jahr 1989 war mein Karma gereift. Alles kam zusammen, um meine Flucht zu ermöglichen: Ich hörte zufällig die Mönche im Tempel, die den Lastwagen organisiert hatten. Der Mann mit der Taschenlampe fand mich, und ich kam sicher an. Es war meine Bestimmung freizukommen. Mein Geist war offen, und mein Weg war klar.

Aber jetzt, an diesem Morgen in Katmandu, hatte ich nichts außer den Kleidern am Leib. Und meine Freiheit? – Ich wusste es damals noch nicht, aber es lagen noch viele Berge vor mir, die ich überwinden musste.

Kapitel 7

Ein erster Hauch von Freiheit

Wir gingen in Richtung Bodnath, das ist eine Vorstadt von Katmandu, wo es ein tibetisches Flüchtlingszentrum geben sollte. Ich war völlig erschöpft von der Flucht, meine Füße waren wie Blei, und ich war immer noch benommen von den Ereignissen auf der Polizeistation, aber der Anblick und die ganze Geräuschkulisse hier in Katmandu brachten meine Sinne wieder in Schwung. So etwas hatte ich noch nie gesehen! Ich hatte das Gefühl, auf einem fremden Planeten gelandet zu sein. Es war das reinste Höllenspektakel. Lastwagen in Regenbogenfarben rumpelten durch die Straßen, nagelneue Autos, uralte Busse, Fahrräder und Moped-Rikschas fuhren durcheinander, alle hupten, und aus jedem Auspuff kam ätzender schwarzer Rauch. Der Lärm und dieser Aufruhr waren nach der Einsamkeit des Dschungels einfach unglaublich. Dazwischen liefen Katzen, Hunde und Kinder, die das alles gelassen hinnahmen und sich nicht um ihre Sicherheit zu kümmern schienen. Und überall diese Menschenmassen!

Ich konnte mir nicht vorstellen, dass so viele Menschen an einem Ort leben sollten. Tausende von Menschen saßen in kleinen Läden, gingen ihren Geschäften nach oder hingen einfach herum. Die Luft war voller Staub, schlimmer als in Tibet. Auch hing überall ein eigenartiger Geruch in der Luft. Es war schrecklich! Ich schaute mich um und sah, dass der Geruch von Räucherstäbchen herrührte, die in fast allen Türeingängen angebracht waren. Es roch morbid süßlich, ganz anders als die aromatischen Holz- und Wacholderstäbchen, die wir zu Hause abbrannten. Ich hatte bald schreckliche Kopfschmerzen.

Und dann, ich traute meinen Augen nicht, lief da ein nackter Mann mitten auf der Straße! Er war dünn wie ein Skelett, von oben bis unten mit Asche bedeckt, und das Haar hing ihm in langen Strähnen vom Kopf. Es war ein Saddhu, ein in Indien als heilig verehrter Asket, der den materiellen Dingen des Lebens abgeschworen hatte und nicht einmal Kleider besaß. Offensichtlich waren sie alle verrückt hier in Nepal. Ich begann mich zu fragen, worauf ich mich da eingelassen hatte.

Wir wussten nicht, wohin wir eigentlich gingen. Die Straßen waren ein einziges Gewirr, keine führte geradeaus wie in Tibet, sie wanden sich zwischen den Häusern hindurch, die sich in einer unendlichen Fläche ausdehnten. Wir liefen und liefen, fragten immer wieder »Bodnath? Bodnath?« und folgten der Richtung, in die die Menschen auf unsere Frage mit den Fingern wiesen. Schließlich sahen wir über all den Satellitenschüsseln über den Dächern den berühmten großen Stupa von Bodnath aufragen, ein großes, weiß getünchtes Gewölbe, das rundherum mit strahlend blauen Augenpaaren des Buddhas bemalt ist, als ob er damit das ganze Tal von Katmandu überblicken wollte. Das hier war der größte buddhistische Stupa außerhalb Tibets.

Das war das Orientierungszeichen, nach dem wir Ausschau gehalten hatten. Sofort stieg unsere Laune, und wir schritten schneller voran. Man sah jetzt immer mehr tibetische Gebetsfahnen, und wir wussten, dass wir mit jedem

Ngawang Panchen, der Mönch mit der Taschenlampe, mit dem ich über die Berge nach Nepal und Indien geflohen bin (1989 in Dharamsala).

Schritt unserem Ziel näher kamen. Wir waren erleichtert. Bodnath war eine tibetische Kolonie, es gab Läden, die tibetische Waren verkauften, jede Menge Tibeter, die um den Stupa herumgingen, dabei ihre Gebetsmühlen bewegten, Gebetsketten durch die Finger gleiten ließen und sich in den Staub warfen. Alle wirkten so frei und ungehemmt, es war ganz anders als in Tibet – aber es gab hier auch keine chinesischen Polizisten, die das Ganze beobachteten.

Im Flüchtlingszentrum traf ich Ngawang Panchen wieder, den Mönch mit der Taschenlampe, der den ersten Bus nach Katmandu genommen hatte. Ich war so froh, ihn zu sehen, dass ich beinahe zu weinen begann. Während der ganzen Reise hatte ich mir keinen solchen Gefühlsausbruch erlaubt. Ich hatte mein Heimatland verlassen, ich wusste nicht, wo ich jetzt war, ich war unvorstellbar erschöpft, teils erleichtert, teils traurig, halb kalt, halb warm.

Man fotografierte mich, nahm meine Personalien auf, und ich musste angeben, aus welchem Teil Tibets ich stammte.

»Lhasa«, antwortete ich.

Ich wusste nicht, was ich sonst hätte sagen sollen. Wo gehörte ich eigentlich hin?

Man gab mir Kleider zum Anziehen und etwas zu essen, aber ich brachte nichts herunter. Auch gab man mir ausreichend Geld, um nach Swayambhunath im Nordwesten von Katmandu zu fahren, wo mein Großonkel Ngawang Tomden lebte. Er wusste gar nicht, dass es mich gab, geschweige denn, dass ich drauf und dran war, ihn zu besuchen, aber er gehörte zur Familie, und daher machte ich mich im festen Vertrauen darauf, dass er mich aufnehmen würde, auf den Weg.

Ich fand ihn in einem kleinen Haus am Fuße des großen Tempels von Swayambhunath, der auf einem Hügel liegt, der von Hunderten von Affen bewohnt ist. Wie alles in Katmandu war auch diese Tempelanlage sehr alt – sie sah aus, als könnte sie jeden Moment zu Staub zerfallen.

Mein Onkel war natürlich völlig überrascht, als ich so einfach vor ihm stand, aber er freute sich, mich zu sehen. Er war groß und sah trotz seines Alters immer noch sehr gut aus. Seinerzeit war er als hochrangiger Mönch mit dem Dalai Lama aus Tibet geflohen. Er trug jetzt nicht mehr das Mönchsgewand, sondern war normal gekleidet, obwohl er der Lehrer eines der wichtigsten Lamas war, eines Vierjährigen, der als Reinkarnation von Serkong Dorje galt und der mit ihm zusammen lebte.

Nach den üblichen Begrüßungsfloskeln und dem Austausch von Neuigkeiten über die Familie brach ich zusammen. Ich war vor Erschöpfung fast am Ende und jetzt, da ich wusste, dass ich in Sicherheit war, ließ ich innerlich los. Mein Onkel brachte mich zu Bett und kümmerte sich um mich. Ich schlief fünfzehn Tage lang und war die meiste Zeit wie in einem Delirium, verlor immer wieder das Bewusstsein und wusste nicht, wo ich war. Ich hatte das Gefühl, in einer Art Zwischenwelt zu sein, und sah alles wie durch einen Nebelschleier.

Ich war sehr krank. Füße und Beine waren in einem schlimmen Zustand, geschwollen, rot und aufgerieben von den zu großen Turnschuhen. Tagelang konnte ich keine Schuhe anziehen. Als ich eines Tages das Gefühl hatte, dass es mir wieder besser ginge, stieg ich auf das Dach des Hauses und wurde dort ohnmächtig. Eine Nachbarin, die auf ihrem Dach gerade die Wäsche aufhängte, sah, wie ich umfiel, und eilte herbei, um meinen Onkel zu informieren. Er versuchte mir Buttertee einzuflößen, aber ich konnte nichts trinken. Es schmeckte fürchterlich nach Eisen. Das lag an dem Wasser in Katmandu. Auch konnte ich nichts essen, weil mein Magen durch das lange Hungern geschrumpft war. Ich hatte gefährlich viel Gewicht verloren und war schrecklich mager. Eigentlich fand ich das sogar toll, denn ich war ziemlich pummelig gewesen, als ich Lhasa verließ. Auch meine Brüste waren geschrumpft, aber die hatte ich sowieso zusammengebunden, um sie flacher erscheinen zu lassen, weil ich sie immer so peinlich fand.

Schließlich gelang es meinem Onkel, ein ganz besonderes Tsampa zuzubereiten, und da begann ich wieder zu essen. Langsam erholte ich mich.

Einen Monat lang blieb ich bei meinem Onkel und versuchte mich zu erholen. Ich tat nichts, spielte mit dem kleinen Lama, nachdem er den Unterricht mit meinem Onkel absolviert und alle seine Gebete aufgesagt hatte. Er war sehr fleißig, obwohl er noch so jung war, und die unnachsichtige Disziplin und der strenge Lehrplan, denen er unterworfen war, schienen ihm nichts auszumachen. Vermutlich war er das aus seinen früheren Leben gewöhnt. Serkong Dorje Chang war ein sehr berühmter Lama, dessen Reinkarnationen in einer langen ununterbrochenen Ahnenreihe der Weisheit bis ins elfte Jahrhundert zurückverfolgt werden konnten.

Bewusste Reinkarnationen sind eine Besonderheit in Tibet. Außenstehende mögen das eigenartig finden, uns erscheint es völlig normal. Wir glauben, dass spirituelle Meister den Ort und die Zeit ihrer Reinkarnation bewusst auswählen können, um so ihre Arbeit fortzusetzen und allen lebenden Wesen zu dienen. Manchmal geben sie vor ihrem Tod genaue Hinweise auf ihre Wiedergeburt. Jetzt, wo es in Tibet keine religiöse Freiheit gab, entschieden sich diese spirituellen Meister für eine Wiedergeburt in anderen Ländern, in denen ihre spirituelle Bedeutung anerkannt und gefördert wurde.

Die Aufgabe meines Onkels war es, Serkong Dorje auf die spätere Übernahme seiner spirituellen Rolle vorzubereiten. Er war ein pummeliges, fröhliches kleines Kind, das über enorme Energie verfügte und sich unglaubliche Mühe gab, die heiligen Schriften zu lernen. Aber er war auch sehr verspielt, und ich hatte mit ihm viel Spaß. Er hatte Spielzeug, das ich noch nie vorher gesehen hatte. Aber schließlich hatte ich selbst nicht besonders viel von meiner eigenen Kindheit gehabt; ein wenig davon holte ich jetzt nach.

Mein Onkel war freundlich, er war ein geachteter Mann, und er war sehr konventionell. Wie mein Vater war er in der klassischen klösterlichen Tradition des alten Tibet erzogen worden, in der strenge Disziplin an der Tagesordnung war. Sein Leben lang war er von männlichen Mönchen umgeben gewesen, und die Gegenwart eines jungen Mädchens in seinem Haus empfand er irgendwie als Störung.

Für ihn war es eine große Verantwortung, mich bei sich zu haben. Als ich mich erholt hatte und ausgehen wollte, bestand er darauf, dass ich traditionelle tibetische Kleider anzog und mein Haar zu einem Zopf flocht, damit ich ordentlich aussähe. Ich aber wollte Hosen oder einen Rock tragen, und die Haare sollten offen sein.

Er war um mein Ansehen besorgt und fürchtete, ich könnte mich mit einem Jungen einlassen. Dabei brauchte er sich diesbezüglich gar keine Sorgen zu machen. Ich hatte nie einen Freund gehabt – ich hatte nicht einmal im Traum daran gedacht. In Tibet ist man bis zum Alter von einundzwanzig Jahren noch ein Kind. Von Sexualität hatte ich keine Ahnung. Meine Eltern hatte ich nie zusammen im Bett gesehen, und auch küssende Paare kannte ich nicht. Ich stand all diesen Dingen mit einer großen Scheu gegenüber. Offene Sexualität auf Plakaten, im Fernsehen oder in Zeitschriften gab es in Tibet nicht, und mein eigenes Leben war bis dahin äußerst abgeschirmt gewesen. Alles, was ich wusste, war, dass man heiratete, und dann kamen irgendwann Babys auf die Welt.

Mein Onkel wollte mich auf eine Privatschule in Katmandu schicken, aber obwohl ich unbedingt eine Ausbildung haben wollte, konnte ich all die Einschränkungen, die er mir auferlegte, nicht ertragen. Ich war nicht einem Leben in Sklaverei entkommen, nur um wieder in einem Netz von Regeln und Vorschriften gefangen zu sein. Das wollte ich definitiv nicht. Ich wollte Freiheit! Ich wollte die Möglichkeit, mich entscheiden zu können! Ich wollte mich selbst verwirklichen!

In freundlichem Ton sagte ich meinem Onkel, dass ich lieber nach Dharamsala im Norden Indiens gehen würde, um dort den Dalai Lama zu sehen, und dass ich mich dort in einer Schule einschreiben würde. Ich glaube, insgeheim war er erleichtert, mich gehen zu sehen, denn er leistete meinem Vorschlag kaum Widerstand. Er beauftragte einen respektablen Tibeter mittleren Alters, mich nach Dharamsala zu begleiten, und ehe ich michs versah, war ich wieder unterwegs und hatte mein Schicksal dem Wind anvertraut und mich in die Hand Buddhas begeben.

Ich war froh, wieder selbständig zu sein, und reiste meinen Träumen entgegen. Wieder ließ ich mich auf ein Spiel mit ungewissem Ausgang ein, aber ich hatte das sichere Gefühl, dass es richtig war, was ich tat.

Wir fuhren mit dem Bus über das hohe grüne Gebirge, das Indien von Nepal trennt. Ich sprach weder Hindi noch Nepali und beschränkte mich darauf, stumm zu beobachten. Die Landschaft, die ich vom Bus aus sah, war atemberaubend schön, überall erstreckten sich die terrassierten grünen Felder mit blühenden Büschen. Kleine Kinder spielten unbeaufsichtigt an den steilen Abhängen, wo sie sich jeden Moment zu Tode stürzen konnten. Aber offensichtlich waren sie sicher; vermutlich waren sie es von klein auf gewohnt, in dieser Höhe zu leben. In Tibet lebt man nicht hoch oben in den Bergen, mit Ausnahme der Einsiedler wohnen wir dort alle in den Tälern.

Der Bus hatte immer wieder eine Panne, und während der Fahrer sich an die Reparatur machte, mussten alle aussteigen. Wir saßen herum und tranken Chai-Tee, gesüßten und mit Gewürzen versetzten indischen Milchtee. Der Teeverkäufer machte einen armseligen Eindruck – er sah ärmer aus als die Menschen in Tibet. Wir passierten mehrere Kontrollstellen, an denen man Maut für die Straßenbenutzung entrichten musste. Jeder Fahrgast musste extra zahlen, und man nahm uns ziemlich aus, weil man uns das Gepäck auf dem Dach berechnete, das uns gar nicht gehörte.

Wir fuhren in südlicher Richtung nach Delhi, unserem ersten Stop. Spätnachts kamen wir an, und als ich durch das Fenster des Busses schaute, sah ich etwas Außergewöhnliches: Der Mond schien durch die Bäume und war so nah, dass man meinte, ihn berühren zu können. Ich hatte den Mond noch nie so nah gesehen und dachte, das sei so etwas wie eine indische Besonderheit. Dabei handelte es sich nur um eine Straßenlaterne! Ich hatte noch nie zuvor eine Straßenbeleuchtung gesehen.

Wir hielten bei einem Hotel, und am nächsten Tag empfing uns das Gewirr der indischen Hauptstadt, das noch schlimmer war als das Chaos in Katmandu. Auf den Straßen waren so viele Autos unterwegs, dass ich nicht wagte, auf die andere Seite zu wechseln, und auf dem Gehsteig stehenblieb.

Nach ein paar Tagen in Delhi nahmen wir den Nachtbus nach Dharamsala, das in Himachal Pradesh liegt, dem indischen Bundesstaat mit den meisten Bergen. Die Reise dauerte zwölf Stunden, und wir machten nur eine kurze Teepause. Es war eine Marathonfahrt, und von vorne, wo der Fahrer saß, wehten Schwaden von Cannabis zu uns – ich glaube, er hielt sich auf diese Weise wach.

In der Morgendämmerung begann der Bus sich aus der Ebene in die Berge hinaufzuschrauben, in Richtung des alten britischen Stützpunkts in den Bergen, der jetzt für den Dalai Lama und Tausende andere Tibeter zur neuen Heimat geworden war. Auf den Bergen am Horizont war Schnee zu sehen, und allmählich sah man auch immer mehr Tibeter auf der Straße. Ich wurde richtig aufgeregt.

Ich komme dem Dalai Lama immer näher, dachte ich. Der Dalai Lama und der Großteil der tibetischen Gemeinde lebten in McLeod Ganji, einer Stadt oberhalb von Dharamsala. Obwohl ich ohne weitere Kenntnisse über den Dalai Lama groß geworden war, gehörte er irgendwie zu mir, war ein Teil meines Wesens. Jeder Mensch braucht ein Symbol der Hoffnung, einen spirituellen Bezugspunkt. Für mich, wie für alle anderen Tibeter, war das der Dalai Lama. Seine Existenz gemahnt zugleich an das Besondere von Tibet, an ein Land, das vor der chinesischen Invasion auf seine eigene Spiritualität konzentriert war. Und er ist ein Vorbild, ein

Wegweiser auf dem Pfad, den wir alle beschreiten können – friedfertig, freundlich, weise und liebend, selbst im Angesicht schlimmster Feindseligkeiten und großen Leids. Der Dalai Lama hatte uns immer gesagt, wir sollten unsere Feinde lieben, besonders die Chinesen, denn sie lehrten uns Geduld und Nachsicht.

In Dharamsala meldete ich mich beim Büro für Exilangelegenheiten und gab meinen Namen mit Soname an. Ich hielt es nicht mehr aus, mich Soname Yangchen zu nennen, denn jedesmal, wenn ich diesen Namen hörte, stiegen in mir Erinnerungen an meine Zeit als Sklavin der Tashis auf, ich hörte sie dann nach mir rufen, dass ich dies oder jenes tun sollte. Aber das hier war ein neues Leben, ein neuer Anfang, und ich wollte auch einen neuen Namen haben.

Man brachte mich zu einem Gästehaus, das einem der Klöster angeschlossen war. Es war sehr einfach und billig und verfügte über eine Kantine, die vom Kloster bezuschusst wurde. Mein Onkel hatte mir Geld mitgegeben, aber ich musste jede Rupie zweimal umdrehen. Schließlich wusste ich nicht, woher ich mein nächstes Geld bekommen würde.

Ich setzte mich hin und aß eine Portion Mo-Mos, tibetische Teigtaschen, und mit meinen rosigen Wangen fiel ich bald anderen Leuten auf, die hier aßen. Man sah mir an, dass ich gerade aus Tibet kam, und jeder wollte Neuigkeiten aus der Heimat hören und die Geschichte meiner Flucht. Nachdem ich erzählt hatte, was mir widerfahren war, wunderten sich alle, dass es so glattgegangen war. Viele andere hatten weniger Glück gehabt.

Ich musste mir traurige Geschichten anhören. Da war der bekannte Bildhauer, der früher berühmte Buddhastatuen geschaffen hatte und der von den Chinesen in eine Fabrik versetzt worden war, in der Besteck produziert wurde. Schließlich gelang ihm zusammen mit seinem Sohn die Flucht; sie kamen nur bis zur nepalesischen Grenze, wo sie geschnappt und all ihrer Habseligkeiten beraubt wurden, dann trennte man sie und warf sie ins Gefängnis. Nach langem Gefängnisaufenthalt wurde der Bildhauer entlassen und kam nach Dharamsala, wo er wieder begann, wunderbare Skulpturen herzustellen, aber er wusste nicht, was mit seinem Sohn geschehen war.

Viele Flüchtlinge waren bei ihrer Flucht über schmale Felspfade gegangen, auf denen sie sich mit dem Gesicht zum Berg und mit ausgestreckten Armen an den Felswänden hatten entlanghangeln müssen, manche waren dabei Hunderte Meter hinab in den Tod gestürzt. Unter anderen waren die Hängebrücken gerissen, sie stürzten kopfüber in den Abgrund, klammerten sich fest, solange es ging, dann verloren sie den Halt und kamen in den tosenden Fluten um. Die Überlebenden mussten hilflos mit ansehen, wie sie starben. Wieder andere waren von den Führern, die sie für ihre Flucht angeheuert hatten, mitten in der Nacht, während sie schliefen, bestohlen oder verlassen worden und waren dann monatelang in dem unbekannten Territorium herumgeirrt. Andere waren in Gletscherspalten gestürzt und darin umgekommen; manche waren einfach in der Kälte erfroren.

Ich erfuhr, dass jedes Jahr neue Routen für die Flucht aus Tibet genutzt wurden. Einige führten über den heiligen Berg Kailash im Westen, andere führten über die unglaublich steilen Berge, die Richtung Bhutan lagen. Bei diesen Erzählungen wurde mir klar, dass jeder der Flüchtlinge in dem verzweifelten Bemühen, aus Tibet zu fliehen, sein Leben aufs Spiel gesetzt hatte. Zum ersten Mal wurde mir bewusst, welch unglaubliches Glück ich gehabt hatte.

Nach dem Essen sah ich mich um. Ich war hier in Klein-Lhasa gelandet. Die Hauptstraße wurde durch eine lange Reihe von Gebetsmühlen in der Mitte geteilt, und Tibeter aller Altersklassen gingen daran vorbei und drehten sie. Überall gab es tibetische Restaurants, manche nur kleine Schuhschachteln, die einfache Kost, aber auch Schokoladenkuchen, Pizza und Müsli für die Besucher aus dem Westen verkauften, die den Ort überfluteten, seit sie den Buddhismus entdeckt hatten. Es gab Tempel, Klöster für Mönche und Nonnen und Hunderte von zuversichtlich und glücklich dreinsehenden Mönchen und Nonnen, die wie sauber geschrubbt wirkten. Was für ein Unterschied zu den Verhältnissen in meiner Heimat!

Während ich umherlief, entdeckte ich eine Schule für Malerei, Metallhandwerk und Holzbearbeitung, in der Meister ihres Fachs unterrichteten. Hier beschäftigte man sich nur mit sakralen Themen. Es gab auch eine Schule für Tanz und Theater. Ein Stück weiter den Hügel hinab lagen die eindrucksvolle tibetische Bibliothek mit ihrem Archiv, die Regierungsgebäude, das Krankenhaus und die medizinische Fakultät. Das Ganze barst vor tibetischer Energie und Kultur. Was man in Tibet vernichtet hatte, war hier wieder erstanden. Es war wie ein Wunder – und es war eine unglaubliche Leistung, ein Beleg für den Reichtum, die Kraft und Zielstrebigkeit meines Volkes. All diese Menschen waren vom Dalai Lama ermuntert worden, er hatte sie geführt. Dharamsala war die erfolgreichste Flüchtlingskolonie auf der ganzen Welt, wie ich später erfahren sollte.

Als ich nach oben blickte, sah ich eine Fahne mit zwei

Hirschen, zwischen denen das Rad des Dharma zu sehen war. Es war die Fahne Tibets, und sie wehte auf einem Gebäude in der Nähe. Zum ersten Mal in meinem Leben sah ich diese Fahne und dachte: Jetzt bist du wirklich frei.

Drei Wochen später kam der Tag, von dem ich so lange geträumt hatte. Ich erfuhr, dass Seine Heiligkeit der Dalai Lama die Neuankömmlinge aus Tibet begrüßen werde. Jeder neue Flüchtling wird von ihm persönlich begrüßt. Ich zog mein sauberstes Gewand an. Mir schwirrte der Kopf, und ich hatte Schmetterlinge im Bauch. So machte ich mich auf den Weg zum Audienzsaal. Wie der ganze »Palast«, der aus einem bescheidenen Haus mit Blick über die Berge besteht, war auch der Audienzsaal einfach eingerichtet, es gab einen Teppich, ein paar Thangkas, die berühmten tibetischen Stoffbilder an den Wänden und einen Lehnstuhl für den Dalai Lama.

Als er eintrat, konnte ich ihn nicht sehen. Mein Kopf war auf den Boden gerichtet, und in meinen Augen standen Tränen. Ich war völlig ergriffen. Alle anderen im Raum weinten ebenfalls. Die ganze Atmosphäre war emotional aufgeladen. Als ich schließlich aufblickte, war ich überwältigt. Er war ganz anders als alle Tibeter, die ich bisher gesehen hatte. Seine Haut war ungewöhnlich hell, und er hatte eine außergewöhnliche Stimme. Mein musikalisches Gehör war wie verzaubert. Die Stimme war äußerst melodisch, charmant, es war wunderschön, ihm zuzuhören. Ein Mann mit einer solchen Stimme kann sich Frauen gegenüber niemals schlecht benehmen, dachte ich. Das waren die dummen romantischen Gedanken eines jungen Mädchens, das nicht wusste, dass der Dalai Lama zölibatär lebte. Ich wusste wirklich wenig von ihm.

Er begann zu sprechen. Er sagte uns, dass wir jetzt unsere Freiheit hätten. Dann fing er an, uns Ratschläge zu geben. Dabei sprach er sanft und beinahe zart zu uns, eher wie ein Vater und nicht wie ein überragender spiritueller und politischer Führer.

»Indien ist sehr verschieden von Tibet«, sagte er. »Weil es hier sehr heiß ist, muss man sich häufig waschen, anders als in Tibet. Sonst riecht man, und das ist unangenehm. Auch solltet ihr nicht zuviel Buttertee trinken, da das Fett in diesem Klima schlecht für euren Körper ist!« Dann sagte er etwas sehr Rätselhaftes: »Vergesst nicht die chinesische Sprache, denn sie kann uns in Zukunft vielleicht einmal gute Dienste erweisen.«

Was sollte das bedeuten? Ob er voraussah, dass China und Tibet eines Tages bessere Beziehungen haben würden?

Der Dalai Lama war beeindruckender, als ich ihn mir je hätte vorstellen können. Ich war völlig in seinen Bann gezogen. Jede seiner Gesten wirkte irgendwie anmutig, selbst wenn er sich den Kopf kratzte. In Tibet nennen wir ihn »Kundun«, das bedeutet »Gegenwart, Präsenz«, und als ich bei ihm war, spürte ich wirklich die Präsenz dieser göttlichen Gegenwart. Für uns ist der Dalai Lama kein gewöhnlicher Mensch, sondern eine Emanation des Bodhisattva des Mitgefühls, Chenrezig. Ich weiß, dass das stimmt. Alle Anwesenden, einschließlich der Wachen an den Türen, empfanden die bedingungslose Liebe dieses Menschen.

Wir schrieben den Anfang des Jahres 1990, ich war ungefähr sechzehn Jahre alt, und ich schrieb mich in einer Schule für ältere tibetische Mädchen in Biri ein. Biri ist eine kleine Stadt in einem Tal, ein paar Stunden mit dem Bus von Dharamsala entfernt. Es war ein wunderschöner Flecken

Erde, umgeben von Bäumen und indischen Teebüschen, aber das Schulgebäude selbst war eher einfach. Es bestand aus vier Klasssenzimmern und hatte ein Blechdach, so dass es richtig heiß wurde, besonders um die Mittagszeit herum. Man gab mir Zahnpasta, Seife, einen Teller, eine Tasse und Besteck und zeigte mir meinen Platz im Schlafsaal, in dem fünfundzwanzig Mädchen lebten.

Obwohl ich mir nichts sehnlicher wünschte als eine Ausbildung, war ich vollkommen verloren. Ich hatte keine Ahnung, wie man lernt, das einzige, was mir geläufig war, war körperliche Arbeit. Der Lehrer sagte: »Wir öffnen das Buch auf Seite soundso«, aber ich scheiterte schon an diesem ersten Schritt. Ich kannte das Buch nicht, und ich konnte keine Zahlen lesen.

Ich bemühte mich, das tibetische Alphabet zu lernen, und schaffte es, ein paar Worte zu lesen. Es gelang mir auch, einige Worte auf englisch zu schreiben, »this is apple, this is airplane«, mehr aber auch nicht. Mathematik war eine völlige Katastrophe. Ich hatte keine Ahnung, worum es dabei ging. Bald wünschte ich mir, dass die Welt doch ohne Schreiben funktionieren würde und dass es genügen möge, wenn man Gebete aufsagen konnte.

Was ich allerdings gut konnte, war singen. Ich brachte den anderen Kindern die traditionellen Lieder bei, die ich aus Tibet kannte, und lehrte sie, wie sie ihre Stimmen einsetzen mussten und wie man den Ton moduliert. Eines Tages erfuhren wir, dass der Dalai Lama vorhatte, unsere Schule zu besuchen, und man beschloss, dass wir ihm etwas vorsingen sollten. Das war die größte Ehre meines Lebens.

Nachdem ich einige Monate in der Schule verbracht hatte, ging ich zusammen mit der gesamten Flüchtlingsgemeinde nach Dharamsala, um den Segen des Dalai Lama zu empfangen. Es war kurz nach dem tibetischen Neujahrsfest. In Dharamsala traf ich zufällig einen Mann namens Tenzin, den ich bei meiner Ankunft kennengelernt hatte. Er war großgewachsen, schlank, gebildet und trug eine Brille, war ungefähr achtundzwanzig Jahre alt und arbeitete im tibetischen Informationsbüro, wo er Dokumente aus dem Chinesischen ins Tibetische übersetzte. Er stammte aus einer guten Familie, war zur Ausbildung nach China geschickt worden und war geflüchtet, nachdem er nach Tibet zurückgekehrt war. Seine Kenntnisse über China und Tibet waren von unschätzbarem Wert. Als wir uns trafen, sagte er, dass er an diesem Abend eine kleine Party feiern würde, zu der viele Freunde kämen, und es gäbe Mo-Mos zum Essen. Ob ich Lust hätte, mitzukommen?

Ich kam mit, und ich hatte viel Spaß – es gab Musik, man tanzte und sang –, aber als ich nach Hause gehen wollte, regnete es stark. Es regnet nirgendwo so stark wie in Dharamsala! Es ist der feuchteste Ort des ganzen Subkontinents, deshalb überließ man die Gegend dem Dalai Lama, als er um Asyl in Indien ersuchte. Niemand sonst wollte in der verlassenen britischen Bergstation leben.

Unter diesen Umständen konnte ich nicht mehr in meine Schule zurückkehren, und Tenzin schlug vor, ich solle bei ihm übernachten. Er hatte zwei einzelne Betten.

Ich hatte keine andere Möglichkeit, und so willigte ich ein. In der Nacht kroch er zu mir ins Bett und sagte, ihm sei kalt. Dann fing er an, mich zu berühren und bedrängte mich. Ich wollte das nicht, fühlte mich aber machtlos und hatte keine Möglichkeit, irgendwohin zu flüchten. Ich hasste es. Tibetische Männer halten nicht viel von Romantik und

Flirten, wie man es im Westen kennt. Wenn ihnen eine Frau gefällt, springen sie einfach auf sie drauf.

Es war das erste Mal, dass ich Sex hatte, und es tat fürchterlich weh. Es war, als würden Chilischoten in mir brennen. Ich hatte keinen Spaß, nichts an meiner ersten sexuellen Erfahrung war schön. Deprimiert und verletzt ging ich am nächsten Morgen zurück in die Schule.

Ich dachte mir nichts, als meine Periode nicht kam, aber plötzlich hatte ich keinen Hunger mehr und wollte nicht mehr essen, was für mich sehr ungewöhnlich ist. Meine Brüste taten ein bisschen weh, und dann begann ich mich zu übergeben. Ich dachte, ich hätte mir eine Krankheit zugezogen, und ging ins Krankenhaus, um herauszufinden, was mit mir los war. Der Arzt sagte mir, dass ich schwanger sei. Mein Herz fiel fünf Meter tief.

In den folgenden Wochen fürchtete ich mich zu Tode. Jetzt wusste ich, wo die Babys herkommen, und ich erstarrte bei dem Gedanken, einen »Bastard« auf die Welt zu bringen, schließlich hatte man mich die ganze Kindheit über mit diesem Namen belegt.

Die Scham war unerträglich. Ich konnte mich nicht mehr auf meine schulischen Aufgaben konzentrieren, und ich wagte es nicht, mich irgend jemandem in der Schule zu offenbaren und über meine Ängste zu sprechen. Ich war sechzehn, allein in Indien, ohne Ausbildung, ohne Mann, Familie und Arbeit, und ich war drauf und dran, ein Kind in die Welt zu setzen. Das schien mir die brutalste Wende meines Karmas, die man sich denken konnte. Hatte ich die Flucht auf mich genommen und soviel für meine Freiheit gegeben, nur um jetzt in dieser schrecklich misslichen Lage zu enden?

Ich hatte Tenzin seit dem Abend der Party nicht mehr gesehen, aber in meiner Verzweiflung schrieb ich ihm, um ihn über den Stand der Dinge zu informieren, und zu meiner großen Überraschung tauchte er in der Schule auf.

»Kein Problem! Komm mit und lebe bei mir. Ich mag dich sehr gerne – ich mochte dich vom ersten Augenblick an«, sagte er säuselnd.

Es schien, dass ich wieder einmal gerettet war. In meinem Leben auf der Achterbahn schien irgendwer oder irgend etwas immer im letzten Moment einzugreifen, um mich aus der Katastrophe zu retten. Ich sagte meinen Freundinnen in der Schule, dass ich sie jetzt verlassen und bei Tenzin leben würde.

So nahm meine allzu kurze Ausbildung ein jähes Ende, und ich fand mich in der Rolle einer jungen Hausfrau und werdenden Mutter wieder. Wir haben nie offiziell geheiratet, aber im Geiste war Tenzin für mich mein Gatte, und ich war seine Ehefrau.

Tenzin lebte in einer von der Regierung bereitgestellten Unterkunft, die ziemlich einfach war. Unsere Flüchtlingsgemeinde wuchs und war aktiv, aber wir waren alle schrecklich arm. Wir lebten in seiner Einzimmerwohnung, in der unsere beiden Betten standen, es gab einen Kerosinkocher mit einer Flamme, einen winzigen Tisch und einen kleinen geliehenen Kassettenrecorder, der gelegentlich sogar funktionierte. Das war alles.

Tenzin war ein grundsätzlich freundlicher Mann, immer bereit, jedem zu helfen, der in Not war, und immer im Einsatz für die Sache Tibets. Er brachte mir Lesen und Schreiben bei und gab mir sein ganzes Gehalt, etwa fünfhundert Rupien im Monat. Das waren rund zehn Euro, aber ich schaffte es, damit so hauszuhalten, dass wir genug zu essen hatten – gerade genug. Ich versuchte, auf dem winzigen Ofen zu kochen, aber das einzige, was mir gelang, war, dass alles anbrannte, denn ich hatte nie kochen gelernt, also aßen wir die meiste Zeit in der Kantine. Das war billiger, als selbst Lebensmittel und Brennstoff für den Ofen zu kaufen.

Eigenartigerweise waren wir trotz all der widrigen Umstände und der großen Armut ein glückliches Paar. Wir lernten sogar, uns zu lieben. Und wir hatten jede Menge Spaß. Nach ein paar Wochen legte sich mein Brechreiz, und es ging mir besser, aber dafür fühlte sich jetzt Tenzin krank. Wir lachten und spielten wie die Kinder.

Obwohl ich schwanger war, wusste bis in die letzten Wochen der Schwangerschaft niemand etwas davon, denn ich zeigte es keinem. Aus irgendeinem Grund versteckte sich mein Baby in meinem Bauch und blieb ganz flach liegen. Ich bekam nicht einmal Schwangerschaftsstreifen. Aber ich war erst sechzehn Jahre alt, ein Kind, das ein Kind bekommt. Auch war ich sehr klein, und ich versuchte älter zu wirken, zog hochhackige Schuhe und lange Jacketts an.

Manchmal zahlten wir zwei Rupien Eintritt und schauten uns in einem Restaurant englische Videofilme an, wobei ich die ganze Zeit flüsterte: »Was sagen die jetzt?«

Unser größtes Vergnügen war das Cora an den heiligen Stätten Dharamsalas. Tenzin nahm mich bei der Hand, und wir gingen um die heiligen Objekte herum, sprachen Mantras und arbeiteten an unserem Karma.

Der Arzt hatte mir geraten, mich viel zu bewegen, denn das würde die Größe des Kindes in Grenzen halten und die Geburt erleichtern. Tibetische Babys sind immer ziemlich groß und haben besonders große Köpfe. Ich hatte keine Probleme, den Ratschlägen des Arztes zu folgen, denn Dharamsala liegt an einem steilen Bergrücken, und schon wenn ich zur Haustür hinausging, war für Bewegung gesorgt.

Ich hatte keinen blassen Schimmer vom Kinderkriegen. Tibetische Mütter sprechen mit ihren Töchtern nicht über solche Themen, es passiert einfach. Als Kind fragte ich meine Mutter einmal, woher die kleinen Kinder kämen, und als Antwort zeigte sie auf ihre Armbeuge.

Irgendwo hatte ich aufgeschnappt, dass Schwangerschaften ein Jahr dauern. Als ich das erste und einzige Mal ins Krankenhaus zu einer Untersuchung ging und mich die Schwester fragte, in welchem Monat ich sei, sagte ich, im elften. »Das ist unmöglich!« sagte die Schwester.

Daher wusste ich nicht, was geschehen würde, als das Baby auf die Welt kam. Es traf mich völlig unvorbereitet. Die Schmerzen fingen mitten in der Nacht an, und ich begann Blut zu verlieren. Die Fruchtblase wollte nicht platzen. Auch wollte ich Tenzin, der schlief, nicht stören, und so nahm ich einen grünen Korb und dachte, das Baby würde da hineinfallen. Ich stellte mir vor, dass ich es dann in ein paar Tücher wickeln würde, und das wäre es dann. Ich wusste nicht, dass es eine Nabelschnur gab, die man durchtrennen musste, und dass es so etwas wie eine Nachgeburt gab. Ins Krankenhaus wollte ich nicht, denn ich mochte den Geruch der Bleich- und Desinfektionsmittel nicht, die mir in den Augen brannten, außerdem hatte meine Mutter ihre Kinder auch immer zu Hause bekommen.

In Yarlung hatte ich als Kind viele Tiere gesehen, die Junge bekommen hatten, und soweit ich mich erinnerte, ging das immer ohne große Probleme vonstatten. Sie ließen ihren frisch geborenen Nachwuchs einfach auf den Boden fallen.

Allerdings kam mein Baby nicht, die Schmerzen wurden stärker, und ich dachte, dass ich Hilfe brauchen würde. Ich schüttelte meinen Mann, der neben mir lag.

»Wach auf, das Baby kommt!« sagte ich.

Er schoss wie der Blitz aus dem Bett und rannte zu seinem Freund und seiner Frau, die schon ein Kind hatten, und wir gingen alle gemeinsam ins Krankenhaus, das etwa fünfzehn Minuten entfernt lag. Ein Taxi konnten wir uns nicht leisten.

Der Schmerz war jetzt fast unerträglich. Jedesmal, wenn ich eine Wehe spürte, wurden meine Knie weich, und ich sank auf der Straße hin. Tenzin und seine Freunde halfen mir wieder auf, und wir gingen langsam weiter, bis die nächsten Wehen einsetzten.

Man nahm mich in der Klinik auf, doch die Wehen dauerten weitere zwei Tage an, und immer noch war kein Baby zu sehen. Ich war nicht gern dort, und so beschloss ich, mich wieder auf den Weg nach Hause hinauf auf den Berg zu machen. Obwohl ich so jung war und ganz auf mich gestellt, ohne meine Mutter oder meine Familie in der Nähe, hatte ich keine Angst. Mein ganzes Leben war ein riskantes Spiel gewesen. Was hatte ich schon zu verlieren? Wenn ich sterbe, dann sterbe ich eben, dachte ich mir. Ich hatte keine Angst vor dem Tod.

Die Schmerzen hielten weiter an, und sie waren fürchterlich. Ich machte mich auf den Weg zurück nach Hause, und die Schmerzen wurden stärker. Mein Rücken tat die ganze Zeit weh. Diese Rückenschmerzen waren schrecklich. Nur wenn ich mich über eine alte Blechkommode beugte, hatte ich etwas Erleichterung.

Es war eine sehr schwere Geburt. Ich hatte starke Blutungen und dachte, das Baby sei tot. Als ich nach einer Woche schwerster anstrengender Wehen ein weiteres Mal ins Krankenhaus ging, kam meine Tochter zur Welt. Sie flutschte ganz schnell aus mir heraus, wie ein heißer Fisch. Und sie war ziemlich lebendig. Tenzin war die ganze Zeit bei mir, hielt meine Hand und rauchte eine Zigarette nach der anderen, bis seine Zunge taub war.

Meine Tochter kam am 18. März 1990 zur Welt. Das ist das einzige Datum in meinem Leben, das ich genau benennen kann, weil der Arzt es aufgeschrieben hat. Sie war wunderschön, und ich liebte sie vom ersten Augenblick an. Bevor ich sie an meine Brust nahm, gab ich ihr nach alter Tradition ein Stückchen Butter, um ihren Magen anzufeuchten. Das erleichtert die Verdauung der Milch. Bei uns nimmt man an, dass reine Milch zuviel Säure im Magen produziert. Die Butter lindert das.

Am Anfang war es für mich sehr schmerzhaft, die Kleine zu füttern, denn sie zog wie wild an meiner Brust, aber ich schaffte es und gab ihr die Brust, bis sie elf Monate alt war. Wir hätten uns auch gar kein Milchpulver leisten können. Sie erhielt ihren Namen vom Dalai Lama: Deckyi, was soviel wie Freude bedeutet. Jedes Jahr zu Neujahr schreibt der Dalai Lama für die Kinder, die neu geboren werden, Namen auf kleine Zettel, und wir gingen zur Verwaltung, um uns einen dieser Namen auszusuchen.

Die folgenden Monate waren eine erstaunlich glückliche Zeit. Deckyi war das reizendste Baby, das man sich vorstellen kann. Sie war sehr schön, und alle liebten sie. Es machte mir viel Freude, mit ihr zu spielen. Ich war nicht sehr ernst und förmlich im Umgang mit ihr, schließlich war ich selbst fast noch ein Kind. Mit Tenzin verstand ich mich bestens. Wir stupsten das Baby immer und beobachteten mit großem Interesse alles, was sie tat.

Eine freundliche Nachbarin kam vorbei und brachte mir bei, wie man mit so kleinen Kindern umgehen muss. Trotzdem entglitt sie mir eines Tages, als ich sie badete, weil ich sie so stark eingeseift hatte. Sie schluckte jede Menge Wasser. Ich geriet in Panik und rannte in die Klinik.

»Mein Kind ist ertrunken!« rief ich der Schwester zu.

Sie sah Deckyi einmal an und sagte: »Dem Kind geht es gut, geh nach Hause.«

Als ich Tenzin abends die Geschichte erzählte, sagte er nur: »Oh Gott!«

Er war ein guter Vater, und wir liebten uns beide sehr.

Ich stellte mir vor, dass das Leben für immer so weitergehen würde: Wir würden in Dharamsala leben, und Deckyi würde dort groß werden. Ich fühlte mich zu Hause und war glücklich, aber Tenzin hatte andere Pläne. Mir war nicht klar, wie sehr er unter unserer Armut litt.

Eines Tages, als ich gerade frisch gewaschene Windeln zum Trocknen aufhängte, kam er zu mir und sagte wie beiläufig: »Setz dich hin, ich muss dir etwas sagen. Es besteht die Möglichkeit, dass ich ein Stipendium für ein Studium in New York bekomme.«

Mein Herz blieb stehen. Er sagte, die Ausbildung würde etwa zwei Jahre dauern, und er könnte in der Zeit Geld sparen, mit dem wir uns danach, wenn er zurückkäme, hier einrichten könnten.

In den folgenden Wochen sprach er immer häufiger über New York, und das Ganze erschien immer sicherer. Schließlich sagte er, er würde definitiv gehen. »Die Dinge hier werden nicht besser. Von meinem Gehalt können wir zusammen nicht leben, und wenn Deckyi älter wird, wird es nicht mehr für uns reichen.«

Ich sah ein, dass es für ihn eine wunderbare Möglichkeit war, und in gewisser Weise machte das Ganze auch Sinn. Wenn er nicht nur Chinesisch und Tibetisch, sondern auch Englisch könnte, wären seine Chancen wesentlich besser. Ich wollte eine gute Frau sein und ihn unterstützen, obwohl es mich sehr traurig machte. Wir waren keinen Tag voneinander getrennt gewesen, seit ich bei ihm eingezogen war, und er war für mich jetzt der Mensch, der mir auf der ganzen Welt am nächsten stand, außer meiner Tochter. Ich hatte das Gefühl, als würde ich nicht nur einen Ehemann, sondern auch einen Freund sowie Vater und Mutter verlieren, wenn er ginge.

»Wenn es dir die Möglichkeit gibt, dich noch mehr für die Sache Tibets einzusetzen, solltest du gehen. Es wird für uns alle das Beste sein«, sagte ich tapfer zu ihm.

Ich hatte gehört, dass die Frauen im Westen sexuell sehr freizügig seien und dass Ehen dort nur ein paar Monate hielten, dann trennten sich die Paare und schliefen mit anderen Partnern. Ich glaubte nicht, dass Tenzin dem lange würde widerstehen können, und irgend etwas in mir sagte, dass ich ihn nie wiedersehen würde, wenn er jetzt zur Tür hinausginge.

Er nahm einen geliehenen Koffer mit, in dem er Wäsche zum Wechseln hatte. Alles Geld, das er auftreiben konnte, gab er mir, etwa dreitausend Rupien, für sich selbst hatte er praktisch nichts mehr.

Als er dann wirklich zur Tür hinausging, war ich am Boden zerstört. Wieder ein Schlag, ein weiterer Abschied, ein neues

Durcheinander. Aber was immer man sich wünscht, wenn es das Karma nicht vorsieht, wird es nicht geschehen, egal ob man reich oder arm ist. Es gab irgendeinen tieferen Grund dafür, dass unsere Beziehung so kurz war, dass wir uns trennen mussten, auch wenn ich nicht wusste, was dieser Grund war. So stellen sich die Dinge dem spirituellen Denken dar, und so machte ich mir die Situation selbst klar, aber gleichzeitig flüsterte mir eine Stimme ins andere Ohr: »Du und deine Tochter, ihr seid jetzt verlassen worden.«

Deckyi war elf Monate alt. Und ich stand allein und einsam auf der Welt.

Kapitel 8

Der Abgrund

Die dreitausend Rupien, die Tenzin mir gegeben hatte, gingen schnell dahin. Ich musste eine Arbeit finden. Nach einem langen Tag des Herumfragens in Dharamsala fand ich schließlich Arbeit als Packerin für Räucherstäbchen. Alles ging gut, solange Deckyi noch ein Baby war; ich konnte sie auf dem Rücken tragen und zum Schlafen auf den Boden legen. Nach sechs Monaten aber begann sie herumzukrabbeln, dann fing sie an zu laufen und steckte alles in den Mund, was ihr in die Finger kam, einschließlich toter Spinnen. Meine Arbeitskollegen fingen an, sich zu beschweren: »Du kümmerst dich nur um das Kind, und die Arbeit bleibt liegen.«

Man legte mir nahe zu gehen. Jetzt hatte ich überhaupt kein Einkommen mehr.

Aber ein Unglück kommt selten allein. Die Dinge entwickelten sich nicht zum Besten. Um das Maß vollzumachen, traf ich eines Tages auf der Straße einen von Tenzins Freunden. »Dein Mann hat mir geschrieben. New York sei paradiesisch, und er tut dort viel für die Sache Tibets. Er bittet mich, ein Auge auf dich und die Tochter zu halten, da er nicht zurückkommen wird«, sagte er mir unverblümt.

Da stand ich nun mit offenem Mund mitten auf der Straße und brachte kein Wort heraus. Ich war wie vom Donner gerührt. Zwar hatte ich schon damit gerechnet, dass Tenzin nicht mehr zurückkommen würde, aber das minderte keineswegs die Wucht des Schlags. Und was noch schlimmer war: Ich musste es von jemand anderem hören. Tenzin hatte nicht einmal den Mut, es mir selbst zu sagen.

Mein Leben geriet aus den Fugen. Ich fühlte mich verlassen, und so begann ich eine neue Beziehung mit einem Mann aus Amdo, einer Provinz in Tibet, der eine hohe Position in der tibetischen Exilregierung bekleidete. Er sah gut aus, hatte helle Haut und war stolz und extrem ehrgeizig.

Es begann als Freundschaft. Ich ging mit Deckyi abends zu ihm, wir unterhielten uns, lachten zusammen und flirteten ein wenig. Ich hatte in Lhasa ein paar Brocken Chine-

Meine Tochter Deckyi im Alter von zweieinhalb Jahren (1992); wenig später musste ich sie weggeben.

sisch aufgeschnappt, und es machte uns Spaß, gemeinsam unsere Chinesischkenntnisse zu vertiefen, wie es der Dalai Lama empfohlen hatte, und uns über das frühere Leben in Tibet zu unterhalten. Er war sehr nett zu Deckyi, er hob sie auf, wenn sie weinte, und kümmerte sich sehr um sie, wie ich mit großer Freude beobachtete. Ich machte mir Sorgen, dass es in ihrem Leben keinen Mann gab, niemanden, zu dem sie »Papa« sagen konnte.

Bald verliebte ich mich über beide Ohren in den Mann, und wir hatten ein Verhältnis. Ehrlich gesagt, weiß ich nicht, wie sehr ich ihn wirklich liebte, aber ich brauchte körperliche und emotionale Zuneigung, nachdem Tenzin mich verlassen hatte, und dieser Mann war attraktiv und ansehnlich. Mein Liebhaber half mir über den Schmerz hinweg, doch bald stellte sich heraus, dass seine Gefühle weniger stark waren. Er fand mich sicherlich attraktiv, aber er sagte nie, dass er mich brauche oder liebe.

Das Problem war sein Ehrgeiz. Er wollte eine Frau, die fließend Englisch sprach und die ihm bei seiner Karriere behilflich sein konnte. Ich passte da nicht ins Bild. Auch sorgte er sich sehr um seine Reputation und erlaubte mir nicht, bei ihm einzuziehen. Er sagte, wir müssten unser Verhältnis geheimhalten. In den Augen der konservativen Tibeter in Dharamsala war ich immer noch die Ehefrau von Tenzin, auch wenn er mich verlassen hatte. Also musste ich ihm treu sein, zumindest in der Öffentlichkeit. Dharamsala galt als heiliger Ort, weil hier der Dalai Lama wohnte, und man musste den Anstand wahren. Persönlich hielt ich diese Einstellung für lächerlich und hasste die Heuchelei.

Natürlich bekamen die Leute allmählich mit, dass wir ein Verhältnis hatten, schließlich ging ich in seinem Haus ein und aus, und so entwickelte sich ein großer Skandal. Das Gerede verbreitete sich wie ein Lauffeuer in Dharamsala, und mein Ansehen war in Gefahr. Die Leute grinsten und flüsterten hinter meinem Rücken. Zu Hause in Tibet wäre das nicht passiert, da hätte sich meine Familie für mich eingesetzt und meinen Ruf verteidigt. Aber ich war jung, alleinstehend und ein Flüchtling, niemand wusste, dass ich aus einer der vornehmsten Familien des Landes stammte.

Als mein Name immer mehr in den Schmutz gezogen wurde und der Skandal immer offensichtlicher wurde, hielt mein Liebhaber nicht zu mir. Er war viel zu sehr damit beschäftigt, seinen eigenen Ruf zu retten, und erschrak bei der Vorstellung, Tenzin könne zurückkommen und Ärger machen. Mit ziemlicher Geschwindigkeit ließ er mich fallen.

Kurz darauf erhielt ich einen Brief von Tenzin, in dem er fünfhundert Dollar schickte und mir mitteilte, dass es ihm in New York gutginge. Ich war wütend! Es war abscheulich, dass er nicht zurückkehren wollte, um seine schöne Tochter und mich wiederzusehen. Also tat ich das Geld in einen Umschlag und schickte es ihm postwendend zurück.

»Wenn du mich nicht willst, will ich auch dein Geld nicht. Kauf dir Zigaretten davon!« schrieb ich ihm voller Verachtung.

Ich bin sehr stolz. Auch war ich der Meinung, es sei besser für uns beide, wenn wir uns endgültig trennten und jeder allein seiner Wege ging. Es war offensichtlich, dass Tenzin nicht zurückkehren würde. Warum sollten wir dem Ganzen also weiter nachhängen? Wozu sich an falsche Hoffnungen und Sentimentalitäten hängen? Es war besser, alle Verbindungen zu kappen und ein neues Leben zu beginnen. Ich bin immer für klare Verhältnisse. Auch gab es mir eine gewisse Befriedigung, dass ich es war, die der Beziehung ein Ende setzte.

Zwar war ich sehr arm, aber ich merkte, dass es auch seine Vorteile hat, wenn man ohne Ehemann lebt. Ich konnte mir meine Freunde aussuchen, konnte selbst entscheiden, konnte kommen und gehen, wann ich wollte, und ein offeneres und freieres Leben führen. Das fand ich gut. Ich kann mich der Welt ohne Ehemann stellen, dachte ich mir. Ich werde überleben, und meine Tochter wird auch überleben. Was sollte uns Schlimmes zustoßen? – Die Antwort ließ nicht lange auf sich warten.

Bald musste ich feststellen, dass Stolz seinen Preis hat. Ich erhielt eine Nachricht, dass ich aus dem Zimmer, das ich mit Tenzin bewohnt hatte, ausziehen musste, weil es für Regierungsangestellte reserviert war. Da mein Mann nicht zurückkommen würde und es einen anderen Anwärter auf das Zimmer gab, musste ich mir etwas anderes suchen. Jetzt stand ich wirklich mit dem Rücken zur Wand. Ich wusste nicht, wohin ich gehen sollte, hatte niemanden, an den ich mich wenden konnte, und keiner gab mir Geld oder Arbeit. Die Abwärtsspirale hatte begonnen.

Mit dem Kind war ich hilflos. Ich fragte mich, was ich tun sollte, wenn Tenzins Eltern aus Tibet hier ankamen. Sie waren mit einem offiziellen Visum auf einer Pilgerreise zu den heiligen Stätten des Buddhismus und hatten erfahren, dass ihr Sohn ein Kind hat. Ich traf sie zusammen mit einem Freund von Tenzin auf der Straße. Es war eine extrem kühle Begegnung – keine freundliche Begrüßung, keine nette Unterhaltung, keine Fragen nach meinem Befinden. Sie hatten vermutlich all die Gerüchte über mich gehört und sahen in mir nicht die passende Mutter für ihr Enkelkind. Sicherlich wussten sie auch von meiner prekären finanziellen Situation.

Nach zwei oder drei Tagen kamen sie zu mir und unterbreiteten mir ihren Plan. »Warum gibst du Deckyi nicht zu uns? Wir nehmen sie mit nach Tibet. Nach ein paar Jahren bringen wir sie dir wieder zurück. Bis dahin kannst du dein Leben in Ordnung bringen.«

Es war ein schrecklicher Gedanke. Sollte ich mich von meiner Tochter trennen? Aber ich war verzweifelt. Ich hatte nur noch ein paar Rupien in der Tasche und wusste nicht, wie ich in den kommenden Tagen für Deckyi sorgen sollte. Wenn ich arbeiten ging, was sollte ich dann mit ihr machen? Geld für den Kindergarten hatte ich nicht. Ich hatte die Wahl zwischen Pest und Cholera.

Schließlich waren das wenigstens Verwandte des Kindes, überlegte ich, und sie würden sich um Deckyis Wohlergehen sorgen. Das war mehr, als ich tun konnte. Zwar sagte ich Deckyis Großeltern, ich würde in Ruhe über ihren Vorschlag nachdenken, aber letztendlich hatte ich keine Wahl. Sicher wäre es für Deckyi besser, sie zu ihren Großeltern zu geben. Trotzdem fühlte ich mich verzweifelt und schämte mich.

Sie fuhren über Delhi zurück nach Tibet, und ich lieh mir tausend Rupien, eine große Summe Geldes für mich, um möglichst lange mit ihnen und Deckyi zusammensein zu können. Sie stiegen für eine Woche in einem kleinen Hotel ab. Ich konnte mir nur eine Übernachtung leisten, weil ich Deckyi etwas Geld mitgeben wollte, wenn sie mich verließ, und so schlich ich mich auf das Dach des Hotels, nachdem alle anderen zu Bett gegangen waren. Dort schlief ich mit Deckyi auf dem Schoß. Es war schrecklich laut, die ganze

Nacht fuhren Autos auf der Straße, und über uns flogen Flugzeuge. Moskitos stachen mich andauernd, aber Deckyi verschonten sie, weil ich sie zugedeckt hielt.

Wir Tibeter achten sehr auf unser Ansehen und unseren Ruf, und ich wollte nicht, dass Deckyis Großeltern erfuhren, wie arm ich wirklich war. Morgens schlich ich mich hinunter ins Restaurant, wir wuschen uns Hände und Gesicht in der Toilette und setzten uns dann auf eine Tasse Tee hin, so als hätten wir eine bequeme Nacht im Hotelbett verbracht. Ich schämte mich meiner Armut und wollte mich nicht noch weiter erniedrigen; ich fühlte mich ohnehin schon elend genug.

Diese letzten Tage waren die reinste Qual, denn ich wusste, dass ich meine Tochter würde gehen lassen müssen. Ich schaute sie die ganze Zeit an und prägte mir jeden Gesichtsausdruck von ihr ein. Ich machte eine Unzahl von Fotos in meinem Gedächtnis und versiegelte die Bilder in meinem Kopf, um mir ihre Gegenwart zu erhalten. Jede Sekunde mit ihr war für mich wertvoll, und ich versuchte, jeden Moment zu genießen.

Der Tag der Abreise kam viel zu schnell. Ich küsste sie, drückte sie an mich und gab ihren Großeltern meine letzten fünfhundert Rupien. »Wenn sie Milch oder etwas zu essen braucht, kauft es ihr bitte«, sagte ich flehentlich.

Dann nahmen sie mir das Kind weg. Der Bus verschwand in der Ferne. Ich wäre ihm nachgelaufen, wenn ich gekonnt hätte, aber ich hatte keine einzige Rupie mehr übrig. Das war im Februar 1993, und meine Tochter war zwei Jahre und elf Monate alt.

Ich fühlte mich, als wäre ich in einen tiefen Abgrund gestürzt. Ziellos wanderte ich durch Delhi und weinte die ganze Zeit. Ohne eine einzige Rupie schlief ich auf den Straßen wie ein Bettler, eine Obdachlose, was ich jetzt tatsächlich auch war. Auf der Straße war es kalt, aber das kümmerte mich nicht. Ich war taub, voller Schuldgefühle, und mein Herz war zerrissen. Was hatte ich nur getan? Ich hätte sie nie gehen lassen dürfen, sagte ich mir immer wieder.

Irgendwann, ich weiß nicht mehr genau, wann es war, fand ich mich in Majnu Katilla, der tibetischen Kolonie in Delhi, in einem Restaurant wieder, das von einem tibetischen Mönch betrieben wurde. Er hatte Mitleid mit mir und gab mir eine Tasse Tee.

»Weine nicht und mach dir keine Sorgen«, sagte er. »Alles wird gut. Deine Tochter ist in sicheren Händen. Du musst dich jetzt um eine Arbeit kümmern oder deine Ausbildung wiederaufnehmen. Geh zurück zu unseren Leuten nach Dharamsala, dort wirst du dich eher zu Hause fühlen.«

Er gab mir zweihundert Rupien für ein Ticket dritter Klasse, damit ich nach Dharamsala zurückkehren konnte. In dem Bus waren nur Inder, die vom Land kamen, und er hielt überall an. Mir wurde eiskalt ums Herz, und mein Kopf war vollkommen durcheinander. Ich konnte die Tränen nicht zurückhalten. Eine freundliche Inderin, die neben mir saß, fragte, was mir widerfahren sei. Sie dachte, meine Mutter sei gestorben. Ich konnte es ihr nicht sagen. Ich konnte meinen Schmerz und meine Trauer nicht in Worte fassen.

Ich kehrte in das Zimmer zurück, das ich gemietet hatte, öffnete die Tür, und das erste, was ich sah, waren die Kleider und Schuhe meiner Tochter, die auf dem Boden verstreut lagen. Alles roch noch nach ihr. Das war zuviel. Ich brach zusammen. Ich lag auf meinem Bett und hatte schreckliche Weinkrämpfe. Mein Körper, mein ganzes Wesen fühlte einen unsagbaren Schmerz. Eine ganze Woche lang blieb ich im Bett, ich konnte nicht nach draußen gehen, ich konnte nichts essen, ich konnte nicht schlafen.

Die innere Stärke, die ich hatte, als ich mit sechs Jahren von zu Hause fortging, und die mich das Leben in der Sklaverei und die Anstrengungen meiner Flucht aus Tibet überstehen ließ, war verschwunden. Meine Tochter war meine Achillesferse, mein wunder Punkt. Ich hatte das Gefühl, das Wichtigste, was ich im Leben hatte, verlassen zu haben. Wie konnte ich weiterleben, jetzt, wo ich dieses unglaublich verletzliche und hilflose Wesen hatte gehen lassen, das zu mir gehörte, das ein Teil von mir war, das der Sinn meines Lebens war? Jetzt, wo sie weg war und wo alle meine Träume zerstört waren, was machte es da noch für einen Unterschied, ob ich lebte oder nicht?

Ich war völlig verzweifelt und dachte darüber nach, mich umzubringen. Ich sah keinen Sinn mehr im Leben. Selbstmord verstößt gegen die Regeln des Buddhismus, denn das Leben ist wertvoll, und man muss sein Karma leben, aber mir war das alles egal. Die Schuld, die ich empfand, die Schmach und Schande türmten sich zu einem riesigen Berg auf. Ich hatte meiner Tochter angetan, was man mir angetan hatte, nur in viel jüngeren Jahren. Ich hatte sie gezwungen, mich, ihre Mutter, zu verlassen, und sie in die Welt hinausgeworfen, in die Fremde, wo sie auf sich selbst gestellt war. Ich war ein Monster, eine abnormale Person. Ich verdiente es nicht, zu leben.

Ein Nachbar fand mich in diesem Zustand und versuchte mich wieder aufzurichten. »Was machst du da? Es ist, als ob du deine Tochter verfluchst, wenn du so weinst. Hör auf damit.«

1993: Zwei Kolleginnen und ich (links) *im Hotel Nataras in Dharamsala, wo ich Arbeit gefunden hatte.*

Er sprach fest und freundlich zu mir: »Deiner Tochter geht es gut. Natürlich fehlst du ihr jetzt ein bisschen, aber es geht ihr gut. Du hast getan, was du tun musstest, du hattest keine andere Wahl.«

Jeden Tag sprach er so mit mir. Er brachte mir Tsampa zum Essen und süßen Tee, und damit rettete er mir praktisch das Leben. Langsam, über mehrere Tage hinweg, kam ich wieder zu mir und beschloss weiterzuleben, und zwar für Deckyi, nicht für mich. Ich musste da sein, wenn sie nach Dharamsala zurückkehrte, wie es ihre Großeltern versprochen hatten.

Ich musste Arbeit finden. Ich schuldete der Vermieterin Geld, ich musste essen, und ich brauchte etwas, um mich abzulenken. Ich klapperte die Hotels in Dharamsala ab, um eine Stelle als Hausmädchen zu finden, denn das war das einzige, was ich wirklich konnte. Nach einem langen Tag fand ich endlich einen Job in einem indischen Hotel. Man zahlte mir fünfhundert Rupien im Monat, außerdem bekam ich Frühstück, Mittag- und Abendessen. Die Arbeit war einfach, verglichen mit meinem Sklavendasein in Lhasa. Ich musste nur die Betten machen, das benutzte Geschirr aus den Zimmern herausholen und Staub wischen. Das Putzen und die Reinigung der Badezimmer war die Aufgabe der Hindus aus den niederen Kasten.

Ich verstand das System der Kasten und die strikte Arbeitsteilung zunächst nicht, als ich in dem Hotel zu arbeiten anfing. Ich hielt es für ziemlich verrückt. Warum konnte nicht einfach jeder mitmachen, und man teilte sich die Arbeit, so wie wir es in Tibet machten? Wenn niemand zusah, half ich Ramesh beim Putzen, und wenn keiner in der Küche war, sagte ich ihm, er solle sich vor mir bedienen. Er wurde zu einem guten Freund.

Die Arbeit war um ein Uhr mittags erledigt, da aber ich und die anderen Zimmermädchen bis halb sieben dableiben mussten, suchten wir uns ein leeres Zimmer und schauten Satelliten-TV und unterhielten uns. Das war die schönste Zeit. Manchmal nahmen wir heimlich auch eine heiße Dusche. Das war ein großer Luxus für uns tibetische Flüchtlinge, da es so etwas in unseren Häusern nicht gab. Dabei passten wir immer auf, dass der Manager des Hotels uns nicht erwischte.

Da meine Miete fünfhundert Rupien betrug, blieb mir kein Geld für weitere Ausgaben. Aber ich hatte eine sichere Arbeitsstelle, hatte zu essen, und die Arbeit lenkte mich von den Gedanken an Deckyi ab, die ich nach wie vor schrecklich vermisste. Immer noch brannte ein schreckliches Schuldgefühl in mir, und ich stellte mir die immer wieder gleichen Fragen: Wo meine Tochter jetzt wohl war? Ob sie ohne mich in diesem seltsamen Land zurechtkommen würde? Ob ihre Großeltern und Verwandten in Tibet sie freundlich behandelten?

Seit sie fort war, hatte ich nichts von ihr gehört. Ich hatte keine Ahnung, wohin sie gegangen waren. Alles, was mir blieb, war ein kleiner Altar, den ich in meinem Zimmer errichtete und auf dem ein Foto von Deckyi neben dem Bild des Buddha stand. Jeden Tag, bevor ich zur Arbeit ging und wenn ich zurückkam, betete ich zu Buddha, dass er sich ihrer annehmen möge. An ihrem Geburtstag zündete ich Kerzen an und opferte ihr Süßigkeiten auf dem Altar.

Immer wenn ich wieder in den Abgrund zu fallen drohte, riss ich mich zusammen und ging ins lokale Krankenhaus. Dort begegnete ich Menschen, denen es noch schlechter ging als mir. Das ist eine alte buddhistische Art, sich Erleichterung zu verschaffen: Man hört auf, Selbstmitleid zu haben, und bringt sein Leben wieder aufs Gleis.

Ich arbeitete – in Maßen. Ich war alles andere als glücklich, aber wenigstens funktionierte ich.

Nach und nach begann mein Job mir Spaß zu machen, aber ich hasste meine Lebensumstände. Meine Vermieterin war sehr streng. Ich musste meinen Wassertopf verstecken, denn sie sagte, der verbrauche Elektrizität, also konnte ich mir zur Entspannung nicht mal eine Tasse Tee zubereiten. Das Wasser musste ich von weit her holen, da sie an dem Wasserhahn vor meiner Tür ein Schloss angebracht hatte. Auch die Toilette war immer abgesperrt, und ich musste, wie damals in Tibet, die öffentliche Toilette benutzen. Das war lästig, besonders wenn man unter einem der in Indien häufigen Darmprobleme litt. Im Winter, wenn es in Dharamsala bitterkalt war und hoher Schnee lag, war der Gang zur Toilette jedesmal eine Qual.

Ein Jahr lang ertrug ich das alles, doch dann wollte die Vermieterin meine Miete erhöhen. Da hatte ich genug, und so zog ich 1994 in das Haus eines Mannes namens Tenzin Tsering, der Zimmer vermietete. Er verlangte nur zweihundert Rupien Miete, so dass mir im Monat dreihundert Rupien übrigblieben. Mit diesem zusätzlichen Geld fühlte ich mich extrem reich.

Mein Vermieter war ein älterer Tibeter, der bei der indischen Armee gearbeitet hatte und jetzt im Ruhestand war. Wir kamen gut miteinander aus. Natürlich begann man in dem kleinen Ort sofort wieder zu tuscheln, schließlich war mein Ruf bereits ruiniert. Es ging das Gerücht um, dass wir eine Affäre hätten. Das war natürlich Unsinn. Ich hasste die Engstirnigkeit, die hier herrschte. Ich mochte den Mann, er war nett und freundlich und um mein Wohlergehen besorgt. Er brachte mir Tee, und wir sprachen über Religion. Ich nannte ihn »Vater«, das tat mir gut, denn ich war noch nie einem älteren Mann nähergekommen. Ich glaube, er mochte es auch. Wo mein eigener Vater war, wusste ich nicht. Seit meiner Ankunft in Indien hatte ich weder von ihm noch von einem anderen Mitglied meiner Familie etwas gehört.

Man kann nicht in Dharamsala leben, den Dalai Lama als Nachbarn haben und Tausende junge Mönche um sich, die ihre heiligen Schriften lernen, angeregt über Philosophie diskutieren und ihre Gebete aufsagen, ohne selbst ein paar Stufen auf dem Weg der eigenen spirituellen Entwicklung voranzuschreiten. In den Bergen hinter dem Hauptort gab es sogar ein paar versteckt lebende Yogis, die auf stille Weise den Dalai Lama bei seiner Mission unterstützten, und ihre Meditationen strahlten wie Leuchttürme in die Dunkelheit der Welt hinaus. Zu dieser Zeit, als ich emotional wirklich am Boden war, traf ich einen alten Yogi mit abgerissenen Kleidern und langem verfilzten Haar, der die meiste Zeit seines Lebens in den Bergen verbracht hatte. Er schien sich in seinem Leben nicht oft gewaschen zu haben, denn er roch sehr streng, aber das machte mir nichts aus.

Ich war immer der Meinung, dass man Menschen nicht nach ihrem Erscheinungsbild beurteilen sollte, da man nie wirklich weiß, wen man vor sich hat. Der einfachste Mensch, der auf der Straße lebt, könnte ein Buddha sein.

Jedenfalls besuchte ich den Yogi. Er lebte in einer heruntergekommenen Hütte mit einem Blechdach, die ziemlich wacklig war und auf einem Berg lag. Der Boden bestand aus Erde. Das Bett war eine Holzpalette, und in einer Ecke standen ein paar Konservendosen. Er war alt und runzlig und ein ganz besonderer Mensch. Er sprach nicht viel, aber er schien in mein Herz zu schauen.

Ich saß vor ihm auf dem nackten Boden, und er betete für mich und meine Tochter. Wenn ich ging, fühlte ich mich immer gestärkt und erhöht, als wäre ich nicht die schlechteste Frau auf der ganzen Welt.

Eines Tages gab er mir ein gesegnetes rotes Band, das ich mir um den Hals hängte und niemals abnahm. In meinen dunkelsten Momenten, wenn ich wieder unter der Trennung von meiner Tochter litt und das Gefühl hatte, am Abgrund zu stehen, hielt ich es fest in der Hand und richtete meine Gedanken und Gebete an den Yogi. Und ich fühlte, wie er sie über das Band aufnahm wie über ein Telefonkabel und meine Bitten erhörte. Ich stellte mir dann vor, dass sich eine schützende Glocke über mich und meine Tochter herabsenkte.

Mein freundlicher Vermieter Tenzin Tsering ermunterte mich ebenfalls in meiner spirituellen Entwicklung. 1994

Mit meinem Vermieter, der so großzügig meine Reise zur Kalachakra finanziert hat, feierte ich (3. v. li.) *1994 den Geburtstag des Dalai Lama.*

zelebrierte der Dalai Lama eine hohe Initiation, die Kalachakra, in Spiti, einer abgelegenen Bergregion im indischen Teil des Himalaja an der Grenze zu Tibet. Mein Vermieter sagte, ich sollte hingehen.

»Das ist eine einmalige Gelegenheit für dich. Die Kalachakra ist eine extrem seltene Initiation, die den inneren Frieden fördert und damit auch den Frieden in der Welt. Es heißt, dass die Kalachakra irgendwann Shambala einläutet, das Goldene Zeitalter für den ganzen Planeten, dann wird überall Frieden herrschen, und Liebe und Freundlichkeit werden die Regel sein. Und du nimmst daran teil! Nur dieser Dalai Lama hat diese Initiation für die Öffentlichkeit gemacht. Ich gebe dir das Geld für die Reise und die Unterkunft«, sagte er und überreichte mir großzügig dreitausend Rupien.

»Zweitausend Rupien sind genug«, sagte ich und gab ihm tausend zurück. Er war gerührt.

Als ich den Hotelmanager um Urlaub bat, sagte er jedoch, ich könnte in dieser Zeit nicht fortbleiben.

»Du musst dich entscheiden zwischen deiner Arbeit und der Reise«, sagte mein Chef.

»Das ist eine Gelegenheit, die es nur einmal im Leben gibt, also entscheide ich mich für die Kalachakra«, antwortete ich. Mein Chef war schockiert, aber so war ich nun mal!

In meiner prekären Situation ging ich damit ein ziemliches Risiko ein. Offensichtlich war mein Mut zu mir zurückgekehrt.

Ich fuhr mit meiner Freundin Dolma zu der Kalachakra. Wir reisten in einem klapprigen alten Bus, der vollgestopft war mit tibetischen Pilgern. Diese regional verkehrenden Busse fahren Hunderte von Kilometern über die Bergstraßen mit ihren Haarnadelkurven, die Reifen sind oft nur Zentimeter vom Abgrund entfernt. Es war für uns alle ein großes Abenteuer, und wir sangen aus voller Kehle. Selbst der Fahrer, ein Hindu, stimmte in unseren Gesang ein.

Nach einer ebenso glücklichen wie holprigen Tagesfahrt erreichten wir Manali, die Stadt, die am Fuße jenes Passes liegt, der den Weg nach Spiti bewacht. Die Strecke ist nur während der paar Sommermonate begehbar – die übrige Zeit ist Spiti vom Rest der Welt durch riesige undurchdringliche Eis- und Schneebarrieren abgeschnitten. Diese Gegend ist seit Jahrhunderten vom Buddhismus durchdrungen, seit der Zeit, als sich Tausende von buddhistischen Mönchen auf der Flucht vor den Mongolen hierher zurückzogen.

Der Anblick von Tausenden goldener und rotbrauner Roben, die vor dem Dalai Lama Aufstellung nahmen, und dazu die spektakuläre Kulisse der schneebedeckten hohen Berge war überwältigend. Die Initiation selbst war sehr esoterisch, komplex und lang, und ich habe eigentlich nichts verstanden. Aber ich habe etwas empfunden. Was immer der Dalai Lama während all dieser Tage tat, es füllte die Luft mit einer machtvollen, gutartigen Kraft, die mich tief berührte. Ich hatte das Gefühl, seinen Segen empfangen zu haben.

Am Ende legte ich das Gelübde für die Laien ab – ich versprach, nicht zu stehlen, kein Leben zu vernichten und keine sexuellen Übertretungen zu begehen, was soviel heißt, wie sich nicht zwischen ein Paar zu stellen und Zwietracht zu säen. Mein spirituelles Engagement war erheblich gewachsen. Es waren wunderbare fünfzehn Tage.

Danach ging es wieder zurück nach Dharamsala. Es gelang mir nicht, eine neue Stelle zu finden, und so beschloss ich, mich Dolma anzuschließen, die nach dem Kalachakra in Manali geblieben war und dort in einem der vielen Hotels eine Stelle als Zimmermädchen gefunden hatte. Sie sagte, es gäbe dort auch eine freie Stelle für mich.

Manali ist eine wunderschöne, lebendige Stadt am Ende des Kulutals. Mitten durch die Stadt fließt der reißende Fluss Beas. Die Stadt ist berühmt für ihre Gärten und ihre handgefertigten Schals. Touristen aus der ganzen Welt kommen wegen der Naturschönheiten hierher und reisen dann weiter zum Rhotang Pass, um nach Ladakh zu gelangen. Es gibt in der Stadt eine ziemlich lebendige Szene, Hunderte von Cafés und Nachtclubs, die von den jungen Reisenden aus dem Westen frequentiert werden, unter denen besonders viele Israelis sind. Ganze Horden von ihnen kommen nach Indien, um das Meditieren zu lernen oder um hier Dampf abzulassen nach dem Militärdienst, den sie im Kampf gegen die Araber ableisten. Sie sahen alle sehr mitgenommen aus. Ich wollte mir gar nicht vorstellen, was sie alles gesehen und erlebt hatten.

Jedenfalls bekam ich die Stelle, zog zu Dolma ins Hotel und fing zum ersten Mal in meinen zweiundzwanzig Jahren an, mich zu amüsieren. Jetzt bekam ich einen Eindruck davon, was es heißt, frei zu sein, frei von Hunger, Armut, Obdachlosigkeit und selbst frei von Beziehungen. Es fühlte sich gut an, eine junge Frau zu sein und den Geschmack von Freiheit zu kosten.

Nach der Arbeit zogen wir uns um und tanzten im westlichen Stil zur Musik von Michael Jackson, den ich bewunderte, und Bob Marley auf unserem Zimmer. Wir konnten es uns nicht leisten, in einen Nachtclub zu gehen. Beim Tanzen aber konnte ich loslassen, und meine tiefe Sorge und die Schuldgefühle wegen meiner Tochter fielen von mir ab.

Ich musste immerzu an sie denken. Deckyi war das erste Bild, das ich sah, wenn ich morgens erwachte, ihr galt mein letzter Gedanke vor dem Einschlafen. Ich fragte mich ständig, wie es ihr wohl gehen mochte, ob sie gewachsen war, was sie tat, ob es ihr gutging, ob sie zur Schule ging ... ob sie sich an mich erinnerte.

Ich verdiente im Monat fünfhundert Rupien, aber manchmal gaben uns die Hotelgäste ein Trinkgeld von fünfzehn oder zwanzig Rupien, und das besserte unser Gehalt auf und verschaffte uns ein wenig zusätzliches Geld, das wir ausgeben konnten. Aber ich war die leere Kasse gewohnt, und wir machten uns nicht nur mit extrem wenig Geld eine gute Zeit, sondern wir schafften es mit unseren mickrigen Gehältern auch noch, einer Freundin zu helfen, deren Leben sich noch schwieriger gestaltete als unseres. Sie hatte drei Kinder und einen Mann, einen Taxifahrer, der sie schlug und vergewaltigte. Er nahm ihr den Lohn ab und versoff das Geld und ließ ihr kaum genügend zurück, um die Kinder zu ernähren. Dolma und ich gaben ihr jeweils hundert Rupien, um sie zu unterstützen. Ich wusste mehr als alle anderen, was es heißt, richtig arm zu sein.

Ich genoss die Sommermonate in Manali, aber als der Winter hereinbrach, wurde das Leben hart. Die Temperaturen sanken in den Keller, der Schnee fiel hüfthoch, und das Hotel hatte keine Heizung. Dolma und ich kuschelten uns unter der Bettdecke zusammen, um nicht zu erfrieren. Als die Touristen immer weniger wurden, schloss das Hotel. Ich war wieder ohne Arbeit.

Es war so schön gewesen, dem kleingeistigen Geschwätz in Dharamsala einen Sommer lang zu entgehen, dass ich mir nicht vorstellen konnte, wieder dorthin zurückzukehren. Aber wohin sollte ich gehen? Was sollte ich tun?

Ich versuchte mein Glück in der Großstadt. Dort gab es jede Menge Hotels, die jemanden als Hausmädchen gebrauchen konnten. Es gab nur einen Ort, der dafür in Frage kam, und das war Delhi.

Wieder einmal bestieg ich einen Bus und fuhr ins Nichts im Vertrauen auf Buddha, der sich um mich kümmern würde.

Kapitel 9

Die Zeiten ändern sich

Ich stieg in der Nähe des Stadtzentrums von Delhi aus dem Bus, der mich von Dharamsala hergebracht hatte. Es war später Nachmittag, und ich hatte kein besonderes Ziel, deshalb ging ich in einen nahe gelegenen Park und setzte mich auf eine Bank. Aus irgendeinem Grund war ich völlig entspannt und machte mir über die Zukunft, die wie ein weißes Blatt vor mir lag, keine Sorgen. Nach allem, was ich erlebt hatte, wusste ich, dass ich immer überleben würde. Und wovor sollte man sich in Delhi fürchten? Mittlerweile war es wieder Frühling geworden, es gab keine Geheimpolizei, keine unberechenbaren Berge, die man in der Dunkelheit erklimmen musste, keine wilden Tiere und kein hungriges kleines Kind, für das man Nahrung besorgen musste und nicht wusste, woher nehmen.

Ich saß also da, beobachtete fröhlich die Menschen beim Eisessen und hörte dem Plätschern eines Brunnens zu, als eine Frau im roten Sari sich neben mich setzte. Sie sprach mich an.

»Sind Sie Japanerin?«

»Nein, ich komme aus Tibet«, erwiderte ich. »Ich bin gerade hier angekommen und suche eine Arbeit.«

Wir unterhielten uns eine Weile, und ich erzählte ihr ein bisschen aus meinem Leben, nur ein paar Abenteuer. Die ganze Geschichte wäre vermutlich zuviel gewesen für sie. Ich sprach offen und von Herzen, wie ich es immer tue.

Sie hörte mir gespannt zu und sagte dann: »Meine Schwester sucht neue Mitarbeiter für ihren Sariladen. Ich arbeite dort, aber sie sucht noch jemanden. Ich bin sicher, Sie sind die richtige Person. Wenn Sie wollen, können Sie bei mir wohnen, bis Sie etwas gefunden haben.«

Meine Märchenfee war angekommen.

Ihr Name war Lavina, sie war etwa siebenundzwanzig Jahre alt und hatte vor kurzem ihren Ehemann, der ein Trinker war, im südindischen Bundesstaat Kerala verlassen. Sie hatte alles zurückgelassen, Schmuck und Juwelen und auch ihr Geschäft, einen Schönheitssalon. Das war tapfer, ein radikaler Schritt für eine Inderin, denn in ihrem Alter ohne Mann zu sein war eine schwierige Situation.

Lavina war quirlig, extrovertiert, gut aussehend und – zumindest in meinen Augen – stark westlich orientiert. Nun wob sie ihr magisches Netz, das mein Leben auf unvorstellbare Weise verändern sollte. Sie mochte eine Fremde sein, die mir zufällig im Park begegnet war, aber ich traute ihr, wie ich jedem Menschen Vertrauen entgegenbringe. Ich bin im allgemeinen ein offener Mensch, mache mir keine Urteile über andere und nehme meine Mitmenschen so, wie sie sind. Es interessiert mich nicht, welche gesellschaftliche Position sie haben oder was sie mit ihrem Leben angefangen haben.

Dankbar akzeptierte ich Lavinas Einladung, bei ihr zu wohnen. Was hatte ich schon zu verlieren? Ich zog zu ihr in ein kleines Appartement im dritten Stock, das in der Nähe des Stadtzentrums lag. So begann meine indische Phase.

Das erste, was mir auffiel, war der Geruch nach Essen, der

den Appartementblock vierundzwanzig Stunden am Tag umwehte. Diese Gerüche waren unglaublich intensiv. Ich dachte, ich könnte es nicht aushalten, aber nach ein paar Tagen gewöhnte ich mich daran, und bald bemerkte ich sie gar nicht mehr. Meine indischen Nachbarn waren freundliche Menschen und baten mich oft auf eine Tasse Tee zu sich. Es war ein angenehmes soziales Umfeld und eine willkommene Abwechslung zu den Erinnerungen an Dharamsala.

Ich begann in dem Sariladen zu arbeiten. Meine Arbeitstage waren ziemlich lang. Ich fing morgens um zehn Uhr an und hörte abends um zehn, wenn nicht noch später, auf, je nachdem ob noch Kunden im Laden waren. Als Sariverkäuferin verdiente ich zweitausend Rupien im Monat und zahlte tausend Rupien Miete, was mir extrem teuer vorkam. Aber es blieb immer noch genug für Essen und sonstige Ausgaben.

Lavinas Schwester Shiri war eine phantastische Person. Sie war eine zielstrebige, weitgereiste Frau, die angefangen hatte, aus ihrer Wohnung heraus Saris zu verkaufen. So baute sie sich ihr Geschäft auf, und jetzt besaß sie diesen Laden in einer wohlhabenden Gegend von Delhi. Sie hatte die Energie und den Ehrgeiz, die man braucht, um ein solches Geschäft zum Erfolg zu machen. Ihr Mann hingegen war in dieser Hinsicht wenig hilfreich, aber er war ein netter Mensch.

Beide behandelten mich wie ein Familienmitglied und nahmen mich mit nach Hause, um mit ihnen und ihren Kindern zu essen. Ich konnte mein Glück gar nicht fassen. Es war eine wunderbare Erfahrung, von meiner Arbeitgeberin umsorgt und in ihre Familie aufgenommen zu werden. Es war das völlige Kontrastprogramm zu meinen Erlebnissen in Lhasa.

Allmählich lernte ich die Feinheiten des Sariverkaufens. Shiri war sehr geduldig und brachte mir viel über die Qualität der Stoffe und die verschiedenen Orte der Herstellung bei. Ich lernte auch, wie man Schaufenster dekorierte, aber sosehr ich mich mühte, es gelang mir nie, die richtige Länge für die phantastischen Stoffe zu berechnen, wenn die Kunden sie kaufen wollten.

In Neu-Delhi mit Shiri (links), *der Besitzerin des Sariladens, in dem ich arbeitete (1995).*

»Lächle einfach«, sagte Shiri, »und hol Lavina, die soll das machen.«

Es war ein ziemliches Risiko, wenn man mich mit solchen Aufgaben allein ließ, da manche der Saris mit den goldgewirkten Stoffen bis zu sechzigtausend Rupien kosteten. Die Kundinnen waren bereit, viel Geld dafür auszugeben, besonders wenn es sich um Stücke für die Aussteuer handelte.

Ich war freundlich und arbeitete hart, das hatte ich gelernt, und es gefiel mir. Mit den beiden Schwestern kam ich bestens zurecht. Ich durfte sie jetzt auch zu ihren Verabredungen mit anderen begleiten.

Ein paar Monate nach meiner Ankunft in Delhi nahmen sie mich zu einer Party mit, zu der all ihre reichen und schicken Freunde kamen. Ich kam mir vor wie Aschenputtel, die auf einen Ball eingeladen wird. Ich hatte nichts zum Anziehen und war sehr aufgeregt. Die Schwestern kramten in ihrer unglaublichen Sammlung von Saris und gaben mir ein wunderbares Exemplar aus grauem Stoff mit eingestickten blauen Blumen. Ich hatte mein Leben lang nie etwas dermaßen Schönes besessen und verliebte mich sofort in das Stück.

Durch ein großes eisernes Torgitter, hinter dem eine lange Auffahrt war, kamen wir zu dem Haus, wo die Party stattfinden sollte. Es war beeindruckend: große Türen aus massivem Holz unter einer weißen Säulenhalle, wunderbar geflieste Fußböden, und überall standen weiß livrierte Diener, eine ganze Armee davon. Lavina, Shiri und ihr Mann geleiteten mich in einen riesigen Raum, wo ich plötzlich mitten in Glamour und erlesenem Luxus stand. Hier war die indische Oberschicht, makellos gekleidet, sanft und selbstsicher. Hier hörte man nicht den typischen indischen Singsang, jeder sprach englisch, und die Stimmen klangen wie die Sprecher der BBC.

Zu meinem Entsetzen sah ich viele Frauen, die rauchten und tranken. Das war etwas, das ich bei indischen Frauen vorher noch nie gesehen hatte.

Da stand ich nun, versuchte meinen Mund wieder zuzuklappen und war gehemmt und verunsichert. Ich hatte das

Gefühl, dass jeder hier mir sofort ansah, wie ungebildet und arm ich war, und dass ich vor wenigen Wochen noch als Zimmermädchen in einem einfachen ungeheizten Hotel in Manali mit meiner Freundin Dolma unter einer dünnen Decke lag, um mich gegen die Kälte zu schützen.

Plötzlich sah ich mich zu meiner Überraschung von einer Gruppe von Gästen umringt, die mit mir reden wollten. Sie fragten mich über die Situation in Tibet aus, wollten alles über meine Flucht und den Dalai Lama wissen und hörten aufmerksam zu, während ich erzählte, was mir widerfahren war und was ich über Tibet zu berichten wusste. Alle waren vom tibetischen Buddhismus und seiner schnellen weltweiten Verbreitung fasziniert, besonders im Westen. Jeder von ihnen hatte schon darüber gelesen, aber ich war die erste »echte« Tibeterin, die sie je getroffen hatten.

Einer der Männer, Raunaq Yarkhan, schenkte mir ganz besondere Aufmerksamkeit. Er war ohne Begleitung auf dem Fest, hatte braunes Haar, eine helle Haut und war etwa zweiunddreißig Jahre alt. Er war charmant, hatte gute Manieren und eine sanfte Stimme. Ich fand ihn auf Anhieb sympathisch. Ihm fehlte die Laszivität, die für indische Männer typisch ist, die einem auf der Straße an die Brüste fassten oder Frauen im Bus bedrängten. Das machte mich verrückt. In Raunaqs Gegenwart jedoch konnte ich mich entspannen, und der ganze Abend verging wie im Traum. Am Ende fragte Raunaq mich, ob ich auf sein Haus aufpassen könnte, da er jetzt geschäftlich verreisen müsste.

»Du hast das ganze Haus für dich, alles außer meinem Diener«, sagte er.

Da ich bei Lavina nur für eine begrenzte Zeit unterkommen konnte, stimmte ich zu. Erst später erfuhr ich von Shiri und Lavina, dass Raunaq der Urenkel des berühmten Nizam von Haiderabad war, der in der ersten Hälfte des zwanzigsten Jahrhunderts über einen großen Teil von Indien herrschte und der so reich war, dass man ihn als den reichsten Mann der Welt bezeichnet hatte. Ich war erschrocken. Meine Großmutter in Tibet hatte mir Geschichten über exotische Herrscher erzählt, Könige, Prinzen und Prinzessinnen aus fernen Ländern, aber ich hätte mir nie träumen lassen, jemals selbst einem gegenüberzustehen, geschweige denn ihn zum Freund zu haben, denn Raunaq wurde zu einem engen, guten Freund von mir.

Ich zog in Raunaqs Haus in der exklusivsten Gegend Delhis und war plötzlich umgeben von Ärzten, Rechtsanwälten und Diplomaten, von Mercedes und BMWs. Wow, dachte ich, als ich durch die Tür trat, alles hier ist geradezu unglaublich sauber!

Wenn man arm ist, ist es sehr schwer, sauber zu sein. Ohne Geld hat man keinen Zugang zu Waschmaschinen, Waschbecken, heißem Wasser, Duschen oder Toiletten mit Wasserspülung. Armut heißt Leben in der Hütte, Lehmboden, abgerissene Kleider, altes Bettzeug, ungepflegtes Haar. Es ist der Schmutz der Armut, der so demoralisierend wirkt.

Raunaqs Welt hingegen war glänzend. Zum ersten Mal in meinem Leben hatte ich ein eigenes Schlafzimmer, mit einem richtig hohen schönen Doppelbett. Am Fußende stand ein Fernsehapparat, auf dem alle Kanäle zu empfangen waren. Jetzt konnte ich im Bett liegen und soviel Fernsehen schauen, wie ich wollte, ohne Angst haben zu müssen, vom Hotelmanager ertappt zu werden. Ich hatte ein Telefon, ein Badezimmer mit allem Drum und Dran und – das Schönste in der Hitze Delhis – eine Klimaanlage!

Es war wirklich wie bei Aschenputtel: Ich hatte meine Lumpen gegen prächtige Kleider eingetauscht. In Lhasa hatte ich auf dem Küchenboden geschlafen, in Dharamsala hatte ich in einer Hütte mit einem Raum gelebt, und jetzt war ich von schierem Luxus umgeben. Die Wege des Karma sind unvorhersehbar, man weiß nie, in welche Richtung es führen wird. War ich zunächst in einem tiefen Abgrund, in der Dunkelheit und sah keinen Sinn im Leben, so stand ich jetzt plötzlich im hellen Sonnenschein auf der Spitze eines Berges und sah einen weiten klaren Horizont. Buddha sagt, dass alles davon abhängt, welches der vielen Samenkörner, die man in sich trägt, zu blühen beginnt. Irgendwann in einem meiner früheren Leben muss ich den Grundstein für diese bemerkenswerte Wende gelegt haben.

Um mein Glück vollkommen zu machen, gab es jetzt sogar jemanden, der für mich putzte, die Hausarbeit erledigte und die Wäsche wusch. Er kochte sogar für mich. Es war alles ziemlich unwirklich. Ehrlich gesagt machte mir dieser Teil der Vereinbarung mit Raunaq richtig Probleme. Ich mag es nicht, wenn jemand für mich putzt oder meine Wäsche wäscht. Wenn man selbst jahrzehntelang als Diener für andere gearbeitet hat, kommt einem das nicht richtig vor. Ich versuchte immer, dem Diener zur Hand zu gehen, aber er empfand das als Beleidigung.

»Nein, ich mache das selbst«, sagte er. »Wenn ich es nicht mache, wird mir langweilig, und vielleicht werde ich auch entlassen.«

Wenigstens gelang es mir, meine Unterwäsche selbst zu waschen. Die Pflichten, die ich als Bewacherin des Hauses hatte, waren minimal. Ich musste nur ein Auge auf das Haus haben und die Anrufe am Telefon entgegennehmen. Meine

Arbeit im Sariladen behielt ich. Dort verdiente ich Geld, und da ich weder Miete noch sonstige Rechnungen bezahlen musste, sparte ich zum ersten Mal in meinem Leben ein bisschen Geld zusammen.

Dass ich aufs Haus aufpasste, wuchs sich zu einer dauerhaften Tätigkeit aus. Wenn Raunaq da war, kamen wir sehr gut miteinander zurecht und lebten wie Geschwister. Er war ein stiller Mensch, der jeden Morgen seine Zeitung las. Im Haus selbst rührte er keinen Finger, er konnte sich nicht einmal einen Toast zubereiten oder eine Tasse Tee, für alles hatte er immer schon Diener gehabt. Aber er war sehr freundlich zu mir und fuhr mich morgens oft zur Arbeit, wenn ich spät dran war.

Als wir uns ein wenig besser kannten, erzählte er von sich. Er stammte aus einer wunderbar exotischen und großartigen Familie. Sein Urgroßvater, Mir Osman Ali Khan, der siebte und letzte Nizam von Haiderabad, herrschte über zweihundertzwölftausend Quadratkilometer, ein Staat, größer als ganz England. Er hatte sechzehn Millionen Untertanen und vierundvierzig Konkubinen. Sein Vermögen schätzte man damals auf fünfhundert Millionen englische Pfund. Es hieß, er habe soviel Geld gehabt, dass er zweiundzwanzig Millionen Pfund, die er in einem seiner Paläste versteckt hatte, vergaß, so dass die Geldscheine von den Ratten aufgefressen wurden. Auch hielt er immer einen Lastwagen mit Goldbarren bereit für den Fall, dass er wegen eines Aufstands seiner Untertanen flüchten musste. Als er starb, fand man den Lastwagen, die Luft war aus den Reifen entwichen, aber die Barren waren alle noch da.

Ein Großteil seines Reichtums bestand in einer berühmten Juwelensammlung, darunter der bekannte Jacob-Diamant, einer der größten ungeschliffenen Diamanten der Welt mit dem unglaublichen Gewicht von 184,75 Karat. Er besaß auch ein siebenreihiges Perlenhalsband mit hundertfünfzig großen und zweihundertdreißig kleinen Perlen und zwei Diamantanhängern sowie eine Menge anderer seltener Schätze. Angeblich benutzte er den Jacob-Diamanten als Briefbeschwerer.

Der Nizam war ein gebildeter, aufgeklärter Mensch, der sich um seine Untertanen kümmerte. Lange vor den Europäern schaffte er die Todesstrafe ab, baute Krankenhäuser, Schulen und die erste weltliche Universität in ganz Indien. Wie Raunaq mir erzählte, war er darüber hinaus sehr sparsam. Briten, die ihm an seinem Hof ihre Aufwartung machten, bekamen nur eine Tasse Tee, einen Keks und eine Zigarette serviert. Er feilschte um den Preis einer Packung Süßigkeiten, »lieh« sich eine Zigarette, ohne die Packung zurückzugeben, er ließ seine Kleider eher stopfen, bevor er neue kaufte, und so, mit geflickten Kleidern, ging er auch zu Nehru.

Als Indien endlich die Unabhängigkeit von Großbritannien erhielt, wurden die einzelnen von Prinzen regierten Staaten in die indische Union überführt, und die Herrschaft der Maharadschas war zu Ende. Die Paläste des Nizam gingen in das Eigentum des Staates über, und seine Juwelen wurden in einem Banksafe verwahrt. Ich wusste nie, wieviel Geld Raunaq tatsächlich besaß, aber zumindest lebte er sehr stilvoll.

Durch das Zusammenleben mit Raunaq wurde mein Leben zusehends anspruchsvoller, da ich jetzt mehr mit den gebildeten Schichten zu tun bekam. Man lud mich ein, eine Woche lang Raunaqs Familie in Haiderabad, südlich von

Delhi, zu besuchen, und ich verbrachte drei wunderbare Tage allein im Zug, fuhr durch die herrliche indische Landschaft und sah die wunderbarsten Bilder an meinem Abteilfenster vorbeigleiten. Ich glaube, Raunaqs Familie wollte einfach sehen, wer ich war, weil sie vermuteten, dass ich hinter ihm her sei, um ihn zu heiraten. Darüber hätten sie sich keine Sorgen machen müssen. Ich hatte von Ehemännern genug, und auch Raunaq machte keinerlei Anstalten in dieser Richtung. Inder aus der Oberschicht haben es schwer, eine passende Frau zu finden.

Am Bahnhof wurde ich von einem Diener abgeholt, der mich in eine Welt entführte, die noch glamouröser und eleganter war als das, was ich bisher gesehen hatte. Zwar lebte die Familie nicht mehr in einem Palast, aber in meinen Augen war das Haus immer noch riesig groß. Es lag auf einem wunderschönen Grundstück mit einem sehr gepflegten Rasen, Blumenbeeten und einem Obstgarten. Es gab mehrere Schlafzimmer, wunderbare Marmorböden, ein riesiges Wohnzimmer und ein großzügiges Speisezimmer voller antiker Gläser, Silberbesteck und feinstem Porzellan.

Raunaqs Vater war bereits tot, aber ich lernte seine Mutter kennen, eine große, charmante Frau, die mich herzlich empfing. Sie war sehr elegant gekleidet und hatte die gleiche helle Haut wie Raunaq. Als ich sie danach fragte, sagte sie, sie hätte russische Vorfahren. Raunaqs Schwester, eine Ärztin, die in New York lebte, war ebenfalls da. Die beiden zeigten mir das Familienalbum und Bilder ihrer Verwandten aus der Zeit des britischen Raj. Ich stellte fest, dass der letzte Nizam, der unermesslich Reiche, ein rundes Gesicht und schräg stehende Augen hatte und dass an seinen zartgliedrigen Fingern lauter Diamanten glitzerten. Der Palast der Familie musste riesig gewesen sein, wenn auch, wie ich feststellte, nicht so groß wie der Potala.

Raunaqs Familie war sehr nett und gastfreundlich. Sie führten mich durch Haiderabad und zeigten mir, was ihnen früher alles gehört hatte und heute in Regierungsbesitz war. Jeden Morgen, bevor ich zum Frühstück hinunterging, wurde mir ein Glas mit frischem Kokosnusssaft aufs Zimmer gebracht. Das Frühstück war eine Mischung aus indischen und westlichen Zutaten. Alles ging sehr förmlich zu, was für mich sehr ungewohnt war.

Als besonders seltsam empfand ich die Mahlzeiten, die jeden Tag zu exakt der gleichen Zeit serviert wurden, einschließlich des Morgenkaffees und des Tees am Nachmittag, zu dem es kleine Kuchen und Pfannkuchen gab. Tibeter fühlen sich nicht an die Zeit gebunden. Ganz im Gegenteil, wir tun die Dinge aus dem Moment heraus, wenn es uns gerade in den Sinn kommt, und fast nie zur vorgeschriebenen Zeit. Aber zwischen den vorgegebenen Zeiten eine simple Tasse Tee zu verlangen war ein Witz. Es dauerte zwei Stunden, bis man sie bekam.

»Was ist das Problem?« fragte ich Raunaq.

»Also, der erste Diener sagt es dem zweiten und so weiter, bis der Auftrag bei dem ankommt, der den Tee zubereitet«, erklärte er.

Offensichtlich machte Reichtum das Leben nicht automatisch einfacher. Ich persönlich legte keinen besonderen Wert darauf, den Lebensstil von Raunaq oder seiner Familie zu imitieren, Reichtümer anzuhäufen war nie meine Sache. Eigentum und Status sind mir nicht wichtig. Was ich allerdings genoss, war die Möglichkeit, der Oberschicht zuzusehen und ihr Leben zu studieren. Ich war immer schon wissbegierig und wollte meinen Horizont erweitern. Hier fand meine Ausbildung statt, sie kam nicht aus Büchern, aber sie hatte ebenso ihren Wert.

Raunaq stellte mich seinen Freunden aus der High Society vor. Es waren charmante, freundliche Leute, die mir nie das Gefühl gaben, sie würden auf mich herabsehen. Einer von ihnen, Arun Khanna, war ein Nachfahre des Maharadschas von Patiala, der von den Briten vergiftet worden war und über dreihundert Konkubinen hatte. Das faszinierte mich. Wie konnte ein Mann so viele Frauen auf einmal haben?

Arun war ein Spaßvogel mit einem langen Schnurrbart, dessen Enden gezwirbelt waren wie bei seinem Urgroßvater. Eines Tages lud er mich ein, in seinem Pool zu schwimmen.

»Kein Tibeter schwimmt. Ich weiß nicht, wie das geht«, sagte ich erschreckt.

»Kein Problem, ich werde es dir beibringen«, antwortete er.

Ich bin zu fast jeder Schandtat bereit, aber mich in ein so eigenartiges Kostüm wie einen Badeanzug zu zwängen und mich derart zu entblößen, machte mir Probleme. Ich versuchte es dennoch – und wäre beinahe ertrunken. Ich bin ein Mädchen aus den Bergen, das nicht für das Wasser geschaffen ist, dachte ich bei mir.

Nützlicher erschien es mir, dass ich von meinen Freunden lernte, wie man sich in besseren Kreisen benimmt. Sie zeigten mir, wie man mit Messer und Gabel isst, Werkzeuge, die ich bisher nur im Fernsehen gesehen hatte. Bis dato war ich so arm gewesen, dass ich bestenfalls mal eine Suppe aß oder Nudeln und Teigtaschen aus einer Schüssel, und dazu brauchte man einen Löffel und Stäbchen. Jetzt entdeckte ich Tischdecken und Servietten. Und ich lernte gute Umgangsformen.

»Wenn du jemandem vorgestellt wirst, musst du gerade und aufrecht stehen, dem anderen in die Augen schauen und ihm die Hand schütteln«, brachte man mir bei.

Das widersprach völlig den Umgangsformen der tibetischen Oberschicht, wo man erwartete, dass man den Kopf gebeugt hielt, die Hände gefaltet und den Blick gesenkt. Das galt als Zeichen von Freundlichkeit. In meinem Land galt die Regel, je bescheidener und zurückhaltender jemand auftrat, desto höher war sein sozialer Status.

»Du musst dich nicht grämen. Sei selbstbewusst und stolz auf dich«, sagten mir diese indischen Damen, die in Jeans herumliefen. Sie zeigten mir auch, dass es durchaus damenhaft sein kann, die Beine zu überkreuzen, was in Tibet unmöglich gewesen wäre.

Ich war begierig, das alles möglichst schnell zu lernen, aber einige dieser modernen Sitten erschienen mir völlig verrückt. Ein Mann beispielsweise glaubte, seine Nase sei zu groß, und zahlte eine enorme Summe dafür, um sie von einem plastischen Chirurgen korrigieren zu lassen. Ich hatte sie vorher schon völlig in Ordnung gefunden, und danach sah sie genauso aus. Ich verstand nicht, warum er sein Geld nicht zurückverlangte.

Wenn man Geld hat, kann man alles machen, selbst die unsinnigsten Dinge, dachte ich traurig. Hätte ich nur ein bisschen mehr Geld gehabt, hätte ich Deckyi unterstützen können, mit ein bisschen Geld hätte ich sie nie wegzugeben brauchen.

Oberflächlich gesehen führte ich jetzt ein gutes Leben.

Ich hatte nette, reiche und interessante Freunde. Ich hatte Arbeit. Ich lebte in einer luxuriösen Umgebung und verdiente Geld. Aber unter der glänzenden Oberfläche nagte der Schmerz. Deckyi fehlte mir. Ich hatte sie völlig aus den Augen verloren. Seit ich sie zum Abschied vor zwei Jahren in Delhi geküsst hatte, hatte ich nie wieder etwas von ihr gehört. Ich hatte keine Ahnung, wo sie jetzt war und was sie tat. Ihre Großeltern väterlicherseits hatten mir zum Abschied keine Adresse hinterlassen, und sie hatten auch nicht versucht, mit mir Kontakt aufzunehmen. Ich verstand ihr Schweigen so, dass sie von meinem schlechten Ruf gehört hatten und mich als schlechte Person betrachteten, als jemanden, den sie nicht als Mutter für ihr Enkelkind haben wollten. Ich stand gewissermaßen auf der schwarzen Liste, war gebrandmarkt.

Als sie damals sagten, dass sie mir das Kind in zwei Jahren wiederbringen würden, hatte ich ihnen vertraut. Diese Zeit war jetzt vorbei. Ich kehrte nach Dharamsala zurück, um nach Deckyi zu suchen, aber dort hatte niemand etwas von ihr gehört. Ich versuchte Deckyis Vater zu erreichen. Tenzin wusste bestimmt, wie es seiner Tochter erging. Aber er wohnte nicht mehr an seiner alten Adresse in New York. Verzweifelt ging ich zum Tibethaus in Delhi und bat dort, man möge Kontakt mit dem Tibethaus in New York aufnehmen, wo man über alle Tibeter in der Stadt informiert war. Ich musste diesen Mann, mit dem ich ein Kind hatte, unbedingt finden, erklärte ich, weil ich seine Hilfe brauchte.

Nach ein paar Wochen bekam ich einen Brief des Tibethauses in New York mit Tenzins neuer Adresse und Telefonnummer. Es kostete viel Geld, in Amerika anzurufen, aber das war mir egal. Zögernd wählte ich die Nummer. Ich hörte, wie in New York das Telefon klingelte, und dann kam die Stimme eines Mannes. Es war Tenzin.

»Ich bin's, Soname«, sagte ich. »Bitte, hör mir zu. Ich rufe nicht an, weil ich irgend etwas von dir will. Ich will kein Geld, ich will mich nicht in dein Leben einmischen, ich will nur wissen, was mit Deckyi ist. Ich habe seit zwei Jahren nichts von ihr gehört, und das ist sehr schwer für mich. Geht es ihr gut? Bekommt sie eine gute Erziehung? Wo ist sie?«

Am anderen Ende der Leitung herrschte völlige Stille. Er sagte kein Wort. Ich redete weiter, bat ihn um Auskunft, aber er sagte immer noch nichts. Ich war verzweifelt. Wie konnte er mir das antun? Wir waren arm gewesen und hatten eine schöne Zeit zusammen verbracht. Wir hatten ein Kind zusammen! Was war aus diesem Mann geworden?

»Du hast dich zu sehr verändert«, sagte ich mit tränenerstickter Stimme und legte auf.

Tenzin und seine Familie hatten Geld, und das hieß, sie hatten Macht. Ich hingegen hatte nichts.

Deckyi war für mich trotzdem nicht ganz verloren. Sie war zwar aus meinem Leben verschwunden, aber ich dachte jeden Tag an sie, und sie fehlte mir sehr. Hier saß ich mit meinen reichen Freunden und hatte schreckliche Gewissensbisse, dass ich meine Tochter hergegeben hatte. Ich sagte mir immer wieder, dass ich damals keine andere Wahl gehabt hatte, aber das änderte nichts. Selbst wenn ich gewusst hätte, wo sie jetzt war, hätte ich mich nicht um sie kümmern können. Es gab keinen Platz, wo sie hätte leben können, und meine zweitausend Rupien im Monat hätten für uns beide nicht gereicht, weder für Essen, geschweige denn für eine Wohnung. Es war eine böse Ironie. Endlich hatte ich die Freiheit und Unabhängigkeit, alles, wonach ich mich immer gesehnt hatte und wofür ich mein Leben aufs Spiel gesetzt hatte, und dennoch war ich alles andere als frei. Mein Herz hing an einem kleinen Mädchen, das mein ganzes Leben beherrschte. Ich hatte immer noch ihr Bild auf meinem kleinen Altar und opferte Süßigkeiten für sie.

Ich bin eine starke und anpassungsfähige Person, aber immer wenn ich vor meinen Freunden von Deckyi zu reden begann, war ich den Tränen nahe. Ich weinte viel, wenn ich mit Lavina und Shiri im Laden war und keine Kunden da waren. Was sollte ich tun, außer zu versuchen, guter Stimmung zu bleiben? Es gibt eine ewige Verbindung zwischen Mutter und Kind, die durch keine Trennung aufzulösen ist, und ich war der festen Überzeugung, dass ich nur stark bleiben musste, damit es meine Tochter auch wäre. Und ich lebte in der Hoffnung, dass ich Deckyi eines Tages finden würde und wieder mit ihr vereint wäre. Hoffnung zu haben war das einzige, was ich für meine Tochter jetzt tun konnte.

Das Mädchen vom Lande, das in den leeren, öden und kalten Weiten aufgewachsen war, musste sich jetzt an das Leben in der Betonwüste gewöhnen, zwischen Autos, Abgasen und den quirligen bunten Menschenmassen Indiens. Die Sommerhitze in Delhi war schrecklich, fast unerträglich. Glücklicherweise hatte ich eine Klimaanlage, aber mein Organismus hatte immer noch Schwierigkeiten, mit den großen Temperaturunterschieden fertig zu werden, und oft litt ich unter einer Art Grippe. Auch brach die Klimaanlage regelmäßig zusammen, wenn es einen Stromausfall gab. Wenn ich dann die Fenster öffnete, wurde ich von den Mücken fast aufgefressen. Ich hasste diese Tiere.

Für die Armen auf der Straße war die Hitze noch viel

schlimmer – für sie konnte sie tödlich sein, Tausende von ihnen starben jedes Jahr daran. Als ich in Delhi ankam, brach mir das sichtbare Leid der Armen fast das Herz. Aber nach einer Weile merkte ich, dass die Armen, die Krüppel und Straßenkinder niemals niedergeschlagen aussahen – sie wirkten bisweilen sogar richtig glücklich. Materiell waren sie arm, aber sie hatten sich ihre Selbstachtung bewahrt. Sie mussten sich keine Gedanken über ihren Status machen, über Sicherheiten oder über ihr Aussehen. Ihr Leben war am Boden angelangt. Im Vergleich dazu schienen die Leute um so größere Sorgen zu haben, je reicher sie wurden. Je mehr sie lernten, um so weniger verstanden sie.

In Delhi kam ich zum ersten Mal in Kontakt mit Menschen aus dem Westen. Ich redete gerne mit ihnen, um mein Englisch zu verbessern, eine Sprache, die ich unbedingt beherrschen wollte. Englisch war unabdingbar in der modernen Welt. Diese Sprache war der Schlüssel zu meiner Bildung. Ich konnte bereits Hindi, Chinesisch und Tibetisch, aber Englisch war das Juwel in der Krone. Wann immer ich die Möglichkeit hatte, setzte ich mich in die Cafés und sprach mit Leuten aus dem Westen.

Erstaunt stellte ich fest, dass diese Menschen, insbesondere auch die Männer, sehr sanft waren. Sie mochten große behaarte Körper haben, aber im Inneren waren sie sanft und weich. Vermutlich lag das daran, dass sie ein so luxuriöses Leben führten. Sie mussten nicht wie die meisten Asiaten um ihr Überleben kämpfen. Wenn man mit dem täglichen Kampf um Unterkunft und Essen beschäftigt ist, wenn man sich um das Essen für die eigenen Kinder sorgen muss und wie die Tibeter unter jahrelanger Verfolgung leidet, dann verhärtet man innerlich.

Eines Tages stellte mich ein Freund aus Kaschmir einem Franzosen namens Marc vor, der für die nächste Phase meines Lebens eine wichtige Rolle spielen sollte. Marc war jung, blond, hatte blaue Augen, sah sehr gut aus und litt nach einer gescheiterten Liebesbeziehung unter einem gebrochenen Herzen. Wir gingen zusammen aus, und ich versuchte, ihn etwas aufzuheitern, da er wirklich sehr niedergeschlagen war.

»Vergiss es, du wirst ein anderes Mädchen finden, das dich genauso liebt«, sagte ich zu ihm.

Aber er war nicht zu überzeugen und weinte immer wieder. Diese Menschen aus dem Westen sind sehr empfindsam, sie denken zuviel und sind in ihrem Kopf gefangen, dachte ich.

Bis dahin hatte ich mit den persönlichen Problemen des Westens noch keine Erfahrung gemacht. Auch wir Tibeter empfinden Trauer, so wie ich sie wegen Deckyi empfand, aber wir gehen pragmatischer damit um. Wir können leichter loslassen und uns wieder dem Leben zuwenden. So gesehen sind wir stärker als die aus dem Westen.

Marc kam oft zu mir nach Hause, und wir unterhielten uns. Eines Abends sagte er: »Warum kommst du nicht mit nach Frankreich?«

Ich bin eine wilde Frau aus den Bergen und habe immer spontan gehandelt.

»Warum nicht?! Danke für das Angebot!« antwortete ich. »Ich würde Europa sehr gerne kennenlernen und all die berühmten Orte sehen, Paris und London. Es wird gut sein für meine Bildung. Aber du musst mir helfen, ein Visum zu bekommen.«

Er willigte ein.

Damals dachte ich, dass ich höchstens für ein oder anderthalb Jahre weg wäre. Aber es gab nichts, was mich in Delhi hielt. Ich hatte keine Beziehung – nach meinen verheerenden Erfahrungen war ich viel zu verwirrt, um mich mit einem Mann einzulassen –, und ich hatte auch nicht die Aussicht, Karriere zu machen. Den Kontakt zu Deckyi hatte ich völlig verloren, und es war egal, ob ich in Indien oder in Frankreich war. Die Aussicht auf den Westen schien mir so verlockend wie der goldene Eingang des Potala. Aber ich hatte weder Papiere noch einen Pass. Mein Leben lang litt ich darunter, dass mir eine legale Identität fehlte.

Manche tibetischen Flüchtlinge beantragten die indische Staatsbürgerschaft, sobald sie im Land ankamen, aber andere verzichteten darauf in der Hoffnung, eines Tages in ihr Land zurückkehren zu können. Ich gehörte in die zweite Kategorie. Aber wenn ich Indien verlassen wollte, benötigte ich Dokumente.

Marc ging mit mir zu einer ganzen Reihe indischer Behörden, wo ich Hunderte von Formularen ausfüllen und diverse Gebühren entrichten musste, um an eine Geburtsurkunde zu kommen. Als ich sie endlich in den Händen hielt, hatte ich zum ersten Mal in meinem Leben das Gefühl, eine echte, wirkliche Person zu sein. Jetzt, mit dreiundzwanzig Jahren, hatte ich einen Ausweis, den ich vorzeigen konnte. Die indische Regierung ist tibetischen Flüchtlingen gegenüber sehr kooperativ. Nicht nur lässt sie uns ins Land, wir dürfen auch frei herumreisen, können Restaurants eröffnen und Eigentum erwerben. Ich hoffe, dass wir uns eines Tages für diese Großzügigkeit revanchieren können.

Als nächstes ging ich zur französischen Botschaft, die so schön wie ein Fünfsternehotel war, füllte weitere Formulare aus und widerstand einem indischen Angestellten, der sagte, er würde meinen Visumantrag gegen ein geringes Entgelt schneller bearbeiten.

»Die Leute, die mich in Frankreich unterstützen, werden sich um alle Probleme kümmern«, sagte ich ihm kühl. Allmählich begann ich die Welt zu verstehen.

Drei Tage später kam mein für ein Jahr gültiges Studentenvisum mit der Post. Nun musste ich mir ein gelbes Reisedokument von der tibetischen Regierung besorgen. Das war kein vollwertiger Pass – es war ein Dokument für Flüchtlinge, aber wenigstens konnte man damit legal reisen. Auch das war eine Premiere für mich. Es hieß, es würde sechs Monate dauern, bis ich dieses Dokument bekommen würde.

All diese Dokumente kosteten Geld, das Marc für mich bezahlte. Er war ein weiterer Engel, den der Himmel geschickt hatte, um mich zu unterstützen. Ich liebte ihn sehr, nicht auf romantische Weise, eher wie einen Bruder. Während ich auf mein Reisedokument wartete, war Marc nach Frankreich zurückgekehrt. Bevor er ging, zeigte er mir den Flughafen von Delhi, um mich mit den Feinheiten der Flugreise vertraut zu machen, die ich dann allein antreten musste. Er zeigte mir den Check-in-Schalter und die Abfluggates und schärfte mir ein, am Schalter genau nach meiner Flugnummer zu fragen, damit ich auch den richtigen Ausgang für den Abflug fand. Ich werde das schon schaffen, dachte ich mir.

Später schrieb ich ihm einen Brief: »Du hast mir eine große Möglichkeit in meinem Leben eröffnet, und dafür danke ich Dir. Ich verspreche Dir, ich werde meine Chance nutzen.«

Jetzt, wo mir Frankreich als reale Möglichkeit und nicht

mehr nur als abstrakte Idee vor Augen stand, wurde ich nervös. Jetzt ging es auf in den richtigen Westen. Den reichen Westen, wo man sein Leben ändern konnte, wenn man hart arbeitete. Den dekadenten Westen, wo die Frauen durchsichtige Kleider trugen, wo jeder betrunken war und Drogen nahm und nur ein paar Monate verheiratet blieb, bevor er sich mit dem nächsten Partner einließ. Den verrückten, überdrehten Westen, wo niemand Zeit hatte, sich mit einem anderen zu unterhalten, wenn er ihn auf der Straße traf, nicht einmal mit Freunden. Den klugen, intelligenten Westen, wo das ganze Leben von Computern gesteuert wurde.

Diese Vorstellung ließ mich erstarren. Ich hatte keine Ahnung, wie man einen Computer bedient. Würde ich jemals eine Arbeit finden? Was sollte ich dort machen?

Wenigstens konnte ich Französisch lernen, dachte ich mir. Ich liebte den Klang dieser Sprache und konnte es kaum erwarten, sie selbst zu sprechen. Daher schrieb ich mich an einer Sprachschule ein und ging sechs Monate lang jeden Morgen vor der Arbeit in den Französischunterricht, um meine Zunge an die schönen fremden Laute zu gewöhnen. Doch wie gewöhnlich endeten meine Versuche, mir etwas auf dem üblichen formalen Weg anzueignen, in einer Katastrophe. Ich war die einzige Tibeterin in einer Klasse von insgesamt sechzig Teilnehmern und verbrachte die meiste Zeit damit, mich auf Hindi zu unterhalten. Ich hatte viel Spaß, aber ich lernte wenig.

Als ich das Reisedokument in Händen hielt, zögerte ich den Kauf eines Flugtickets bis auf den letzten Moment hinaus. Ich war immer wild gewesen und hatte ein Zigeunerleben geführt, seit ich Tibet vor acht Jahren verlassen hatte. An keinem Ort war ich lange geblieben. Aber der Westen, das war ein großer Sprung ins Unbekannte, selbst für mich. Es war, als würde ich eine Reise auf den Mond antreten – und ich hatte Angst.

Indien war mir mittlerweile vertraut, ich wusste, wie die Dinge hier funktionierten. Nun aber würde ich in einer fremden Kultur noch einmal vollkommen von vorne anfangen müssen, würde eine neue Sprache, eine neue Art des Denkens lernen und mich in einem völlig neuen Alltag zurechtfinden müssen. Ich kannte niemanden in Europa außer Marc und einem Engländer namens Michael, den ich ebenfalls in Delhi kennengelernt hatte. Das machte mir angst.

Doch schließlich hatte ich immer den Absprung gewagt, und so war es auch diesmal. Im Oktober 1997, zwei Tage bevor mein französisches Visum verfiel, brachte mich Raunaqs Fahrer zum Flughafen. Niemand kam, um sich von mir zu verabschieden, aber das war früher nicht anders gewesen. Ich hatte Tibet allein verlassen, ebenso Nepal und Dharamsala. Warum sollte es anders sein, wenn ich Indien verließ?

Doch, etwas war anders: Raunaq hatte mir Geld mitgegeben, vierhundert Dollar, er hatte mir alles Gute gewünscht und gesagt, dass ich hier immer eine offene Türe fände, wenn es in Frankreich nicht klappen würde.

In einer türkisfarbenen Chuba und mit einem alten Koffer, der von einer Schnur zusammengehalten wurde, stieg ich in den Aeroflotflug – den billigsten, den ich finden konnte – nach Paris. Vor acht Jahren hatte ich Tibet verlassen, um meine Freiheit zu finden, aber dass alles einmal diese Wendung nehmen könnte, das hätte ich mir nie träumen lassen.

Kapitel 10

Im Westen

Als das Flugzeug in Delhi aufstieg und den dunklen blauen Himmel über den Wolken erreichte, war meine Angst auf wundersame Weise verschwunden, und ich spürte eine prickelnde Aufregung. Ich flog! Für ein armes Mädchen vom Lande aus Tibet war das eine Leistung: allein in einem Flugzeug und dann noch auf dem Weg nach Westen! Vermutlich hatte niemand aus Yarlung je ein Flugzeug von innen gesehen. Ja, selbst die Leute aus der Hauptstadt Lhasa kannten keine Fugzeuge, bis die Touristen ab Mitte der achtziger Jahre einflogen. Der Anblick der ersten riesigen Eisenvögel, die vom Himmel herabschwebten, musste auf sie wie der Besuch von einem anderen Planeten gewirkt haben. Der ganze Verkehr kam zum Erliegen, jeder ließ alles stehen und liegen, um das ungewöhnliche Schauspiel nicht zu verpassen.

Jetzt war ich selbst in so einem eisernen Vogel und flog durch den Himmel. Wenn mich doch nur meine Familie jetzt sehen könnte, dachte ich bei mir. Sie würden es nicht glauben!

Aber natürlich hatte meine Familie keine Ahnung, wo ich war, geschweige denn, was ich tat. Das Flugzeug drehte nach Norden ab, und ich sah von meinem Fenstersitz nicht weit unter mir die hochragenden schneebedeckten Gipfel des Himalaja, die wie eine riesige Mauer mein Land vom Rest der Welt trennten. Mir stockte der Atem. Es war ein spektakulärer Anblick, die Berge waren höher, als ich es mir jemals vorgestellt hatte. Erst jetzt, aus der Vogelperspektive, wurde mir klar, welche Höhen ich auf dem Weg in die Freiheit überwunden hatte. Kein Wunder, dass ich vor Erschöpfung beinahe aufgegeben hätte!

Ich lehnte mich zurück und genoss die Situation. Hier oben, ganz allein, flog ich in den Wolken, hier war ich in meinem Element – ungebunden, schwerelos, frei. Ich fühlte mich wie im Bardo, wieder mal war ich wie in der Zwischenwelt, in der die Toten vor der Reinkarnation leben. Ich hatte das bisherige Leben hinter mir gelassen und war in meinem neuen Leben noch nicht angekommen. Dieser Zustand gab mir ein wunderbares Gefühl der Grenzenlosigkeit.

Meine Mitreisenden waren Inder, Pakistani und russische Arbeiter. Es war eine lustige Truppe, und bald floss der Wodka, und sie begannen zu singen. Es war wie ein Fest. Alles auf dem Flug war irgendwie verzaubert. Das Essen wurde in kleinen Portionen auf einem Tablett serviert, wie das Essen für kleine Kinder, und es schmeckte wunderbar.

In der Aeroflot-Maschine auf dem Flug in die Freiheit.

In Moskau ging das Abenteuer weiter. Hier musste ich meinen Anschlussflug bekommen, und ich verstand kein Wort und konnte auch die komischen Schriftzeichen nicht entziffern. »Paris!« rief ich verschiedenen Leuten zu, »Paris!« und wedelte dabei mit meiner Boardingkarte. Wundersamerweise wurde ich zum richtigen Abflugschalter geleitet und erwischte den Anschlussflug.

Der Flug nach Frankreich war kurz, aber ich musste schrecklich lange bei der Einwanderungsbehörde warten. Ich hielt den Atem an, als ein extrem muffliger Beamter sich mit meinem gelben tibetischen Reisedokument beschäftigte. Nach vielen Fragen und telefonischen Rücksprachen mit seinen Vorgesetzten gab er mir letztlich einen Stempel, der mir einen Aufenthalt für neunzig Tage gestattete, und ließ mich nach Frankreich hinein.

Mein heruntergekommener alter Koffer erwartete mich schon, aber von Marc war nichts zu sehen. Ich setzte mich hin und wartete und beobachtete die anderen Passagiere, die alle abgeholt wurden. Schließlich waren alle weg, nur ich war noch übrig. Es war ein komisches Gefühl, ganz allein und verlassen in einem völlig unbekannten Land. Ich hatte keine Ahnung, wo Marc lebte. Ich lief ein bisschen im Flughafen herum, aber nach drei Stunden war immer noch nichts von ihm zu sehen. Ich überlegte schon, ob ich mich auf einer der Sitzbänke am Flughafen zum Schlafen niederlegen sollte. Sie sahen einigermaßen bequem aus. Sicher würde sich am nächsten Morgen alles aufklären. Da kam Marc hereingestürmt, er war völlig panisch. Er war aus Versehen zum Flughafen Orly statt zum Charles de Gaulle gefahren, wo ich angekommen war. Ich war überglücklich, meinen alten Freund wiederzusehen.

Wir stiegen in sein kleines Auto, und er fuhr nach Tours, wo er im Erdgeschoss eines sehr schönen Hauses lebte. Ich hatte nicht mehr aufgehört zu reden, seit wir uns getroffen hatten. Haarklein erzählte ich ihm von meiner Reise. Ich war furchtbar aufgeregt, dass ich jetzt wirklich hier war.

»Mein Gott, ich habe so oft über den Westen geredet, habe darüber nachgedacht – und jetzt bin ich hier!« sagte ich.

Am nächsten Morgen begann meine Erkundung des Westens. Es war für mich eine Welt voller unvorstellbarer Wunder. Marc setzte mich ins Auto, und wir fuhren herum. Zunächst hielten wir an einem Supermarkt. Es war das größte Geschäft, das ich je gesehen hatte – groß genug, um eine ganze Regierungsbehörde darin unterzubringen. In Delhi gab es nur winzige Supermärkte, kleine Läden an der Ecke, und in Tibet kannte man nur winzige Läden oder kleine Stände. Die Türen öffneten sich von selbst.

»Wo ist denn der Türsteher?« fragte ich.

»Es gibt keinen. Die Türen öffnen sich automatisch über einen Sensor«, antwortete Marc.

Ich war völlig fasziniert und ging mehrmals durch die Tür. Es war wie Zauberei. Marc gab mir einen Einkaufswagen und etwas Geld und sagte, ich könnte kaufen, was ich wollte.

»Vertrauen die einem hier nicht? Haben sie Angst, dass wir alles in unsere Handtaschen stopfen?« fragte ich.

»Nein, du stellst alles in den Wagen und zahlst dann am Ende«, erklärte er mir geduldig.

Ich sah mich um – die Ausmaße des Supermarkts waren einfach überwältigend.

»Wo möchtest du anfangen?« fragte Marc.

Ich zögerte nicht. »Wo gibt es Seifen und Shampoo?«

Seit ich zum ersten Mal den Geruch westlicher Touristen in Lhasa wahrgenommen hatte, liebte ich westliche Toilettenartikel. Ich wusste, dass diese Frauen wunderbare Mittel benutzten, die ich nicht hatte. Als Mädchen und später als junge Frau wollte ich immer etwas davon für mich selbst haben, wollte es auf meinen Haaren und auf meiner Haut. Manchmal nahm mir ich die fast leeren Haarfestiger und Shampooflaschen, die Touristinnen in den Hotelzimmern zurückließen, in denen ich als Zimmermädchen in Indien arbeitete. Auch wollte ich das Zeug haben, das den Schaum in der Badewanne machte. Als ich in der Abteilung mit Toilettenartikeln die riesige Auswahl an Produkten sah, wandte ich mich an Marc und sagte: »Lass mich einfach hier und komm in zwei Stunden wieder.«

Es war wunderbar, ich öffnete alle Flaschen und roch daran, um mir das Beste auszusuchen.

Dann ging ich weiter in die Lebensmittelabteilung und starrte ungläubig auf das, was es dort gab. Ganze Berge glänzender Früchte waren da aufgetürmt, makelloses Gemüse in großer Auswahl. Nirgendwo waren Flecken oder Reste von Erde zu sehen, alle Früchte waren glatt und einwandfrei geformt. Ich hätte nie gedacht, dass es auf der Welt überhaupt so viel perfekte Lebensmittel gab.

Staunend entdeckte ich ganze Regale voller Konserven, Flaschen und abgepackten Gerichten. In einem Regal zählte ich allein sechs verschiedene Sorten Erdbeermarmelade. Wozu brauchen die Menschen das alles? wunderte ich mich. Dann sah ich Lebensmittel, die man gar nicht mehr zubereiten musste, die bereits fertig zum Essen waren. Es war ein so unglaublicher Überfluss! Ich musste an die Zeit in Tibet zurückdenken. Eine Dose mit Mandarinenstückchen war ein wunderbarer Luxus gewesen, und alle Menschen auf dem Land, einschließlich meiner Eltern, arbeiteten bei jedem Wetter fünfzehn Stunden auf dem Feld, nur um ausreichend Getreide zu erwirtschaften, das dann aber immer noch nicht reichte, um uns zu ernähren. Wir lebten von Tsampa, Nudeln und gelegentlich einem Ei oder getrocknetem Fleisch. Es stimmt, der Westen ist reich. Es war wie im Paradies.

Dann sah ich Menschen Treppen hinaufgleiten, ohne die Stufen hinaufzusteigen. Fasziniert ging ich näher heran, um dieses Wunder genauer zu betrachten. Ich beschloss, es selbst zu versuchen. Es machte Spaß, aber ich hatte keine Ahnung, wie man wieder herunterkam. Als ich am oberen Ende der Treppe angelangt war, warf mich die Treppe auf den Boden. Ich landete voll auf dem Gesicht, das Haar war wie ein Teppich über meinem Kopf gebreitet, und der Inhalt des Einkaufskorbs war überall auf dem Boden verteilt. Aus allen Richtungen kamen Leute, um zu sehen, ob ich mir weh getan hatte. Ich hatte mir nichts getan, nur mein Stolz war verletzt.

Aber was jetzt? Wie kam ich wieder hinunter? Ich beobachtete lange Zeit die Menschen, wie sie die Treppe heraufkamen und dann, als sie fast am Ende waren, einen Fuß hoben, um von der Treppe abzusteigen. Schließlich hatte ich das Gefühl, das System verstanden zu haben, und wagte mich an die Treppe, die nach unten führte. Als ich fast am Ende war, machte ich einen großen Sprung. Es sah lächerlich aus, aber wenigstens fiel ich diesmal nicht hin.

Mein allgemeiner erster Eindruck vom Westen war, dass alles sehr bequem war und die Menschen sehr gepflegt wirkten. Das Leben im Westen war ziemlich komfortabel. Nie fiel der Strom aus, wie es im Osten ärgerlicherweise so häufig passierte. Wenn man den Hahn aufdrehte, kam immer warmes Wasser, Tag und Nacht. Ich verstand nicht, wie man das vierundzwanzig Stunden am Tag hinkriegen konnte. Die Post kam immer an – nichts wurde gestohlen. Und am allermeisten wunderte ich mich über die Straßen. Nie hatte ich derartig wunderbare Straßen gesehen. Nicht nur die Hauptstraßen, auch die kleinen Nebenstraßen waren schwarz, glatt und eben, es gab keine Schlaglöcher, und am Rand war ein ordentlicher Rinnstein mit Abflussmöglichkeiten für das Regenwasser. Irgend jemand hatte freundlicherweise kilometerlang Bäume am Straßenrand gepflanzt, so dass das Ganze sehr schön aussah. Auch verrichteten die Leute nicht immer ihre Notdurft am Straßenrand, wie sie es in Indien taten.

Die Sauberkeit des Westens war für mich ein ständiger Quell der Freude und Verwunderung. Das galt auch für die öffentlichen Parkanlagen. Man gab sich so viel Mühe, sie zur Freude der Leute schön und sauber zu halten, man hätte meinen können, es handle sich um Privatgärten und nicht um öffentliche Parkanlagen.

Eines Tages gingen wir in den Zoo. Ich mochte alle Tiere dort, aber besonders fasziniert war ich von einem Lama, das war ein Tier, das wie ein großes Schaf aussah. Auch hier konnte ich es gar nicht fassen, wie diese Tiere hier umsorgt wurden. Man hatte kleine Häuser für sie gebaut, sie hatten eigenes Spielzeug, und Büsche und Bäume waren angepflanzt worden, um ihnen Schatten zu spenden. In Tibet und Indien wurde kein einziges Tier dermaßen verwöhnt. Das Fleisch und der Fisch, die man den Tieren hier im Zoo fütterte, waren von besserer Qualität als das meiste, was die Menschen in Asien zu essen bekamen. Und wie alles andere war auch der Zoo unglaublich sauber. Es gab sogar eine kleine Eisenbahn, mit der man durch den Zoo fahren konnte, so dass man nicht laufen musste. Diese Westler denken wirklich an alles, dachte ich.

Ein paar Tage nach meiner Ankunft in Frankreich luden Marcs Eltern uns zum Abendessen ein. Marc brachte seiner Mutter Blumen mit, was mich zutiefst schockierte. In Tibet würde man nie Blumen pflücken, da sie ein eigenes Leben und eigene Empfindungen haben. Wenn man sie pflückt, sind sie nach drei Tagen verwelkt, lässt man sie stehen, blühen sie monatelang, und Hunderte von Menschen können sich an ihnen erfreuen. Wenn man in Tibet zum Essen eingeladen wird, bringt man Eier oder Kekse mit.

Marcs Mutter führte mich in ihrem schönen Haus herum. In der Küche gab es eine Maschine, die den Küchendunst vom Ofen verschwinden ließ. Hätten wir so etwas nur in unserer Küche in Tibet gehabt, wäre nicht alles so verdreckt und fettig geworden. Dann setzten wir uns an den elegant gedeckten Tisch, und Marcs Mutter servierte das Essen. Zwar sah es sehr schön aus, aber ich fand, dass es nicht sehr viel Geschmack hatte, und so streute ich Salz darüber, was alle anderen wohl ziemlich erstaunte. Auch gab es keine großen Portionen, und so bediente ich mich an dem köstlichen Brot, das auf dem Tisch stand. Marcs Mutter sammelte die Teller und das Besteck wieder ein und deckte den Tisch neu. Dann kam sie wieder aus der Küche und stellte weiteres Essen vor mich hin. Ich war erschrocken. Ich hatte so viel Brot gegessen, ich bekam nichts mehr herunter. Es war mir ungeheuer peinlich. Es kamen weitere Gerichte und schließlich der Nachtisch. Ich saß da, grinste und fühlte mich ziemlich dumm.

Später sagte ich zu Marc: »Warum hat deine Mutter nicht alle Gerichte auf einmal gebracht? Sie macht sich doch nur unnötige Arbeit, wenn sie dauernd in die Küche geht und den Tisch immer wieder neu deckt!«

In Indien und Tibet wird das ganze Essen auf einmal auf den Tisch gestellt, einschließlich des Nachtischs. Hier also hatte ich jetzt gelernt, dass ein Essen aus mehreren Gängen bestand.

Als ich den Jetlag überwunden hatte, der mich tagelang beeinträchtigte, begann ich mich zu entspannen und genoss das Leben auf dem Land. Marc ging zum Arbeiten in seine Werbeagentur, und ich konnte mir die ländliche Umgebung in der Nähe seiner Wohnung anschauen. Ich spazierte durch die Felder, legte mich ins Gras, döste vor mich hin und sog den Duft von Blumen und frischer Erde ein. Manchmal pflückte ich wilde Himbeeren, eine für mich neue und aufregende Geschmackserfahrung. Ich ging hinunter zum See und sah den Libellen und Wasserläufern zu. Ich lernte auch ein paar der Bauern kennen, die mir gestatteten, mit ihnen zusammen ein paar Kirschtomaten und frische Früchte zu pflücken. Ein andermal besuchte ich Marcs Schwester, die ein sehr schönes Haus mit einem riesigen Grundstück hatte, auf dem viele Bäume wuchsen; dort gab es einen Gemüsegarten und zwei Pferde.

Ich war glücklich, jeden Tag. Hier hatte ich wieder die Freiheit gefunden, die ich immer schon in der Natur empfunden hatte. Nach der Hitze und dem Lärm von Delhi war das Balsam auf meine Seele.

Hier in Frankreich machte ich mit einer völlig anderen Art von Freiheit Erfahrung, die mir bisher unbekannt war – die Freiheit, als Frau zu leben. Es war für mich eine freudige

Überraschung. Egal wie gebildet eine Frau in Asien ist, die Regeln der Kultur engen sie immer ein. Sie muss permanent darauf achten, diese Regeln nicht zu verletzen. In Indien konnte ich beispielsweise nicht mit Bettlern reden, ohne selbst als »niedere Person« angesehen zu werden. In Dharamsala konnte ich nicht mit einem Mann alleine zu Abend essen, ohne gleich als »Prostituierte« bezeichnet zu werden. Wenn man gut aussieht und sich schön kleidet, wie Dolma und ich es in Manali taten, wird man gleich als »leichtes Mädchen« beschimpft. Es ist nicht einfach, mit all dem Geschwätz und den Gerüchten zu leben.

Der äußere Eindruck und die Wahrung des »Gesichts« sind im Osten sehr wichtig. Je nachdem wie man sich in der Öffentlichkeit bewegt, wird man anders beurteilt. Und man wird im Osten viel und oft beurteilt! Ich habe das nie für eine spirituell besonders wertvolle Art des Denkens gehalten. In Frankreich merkte ich jedoch mit der Zeit, dass sich niemand darum kümmerte, wie ich mich kleidete oder wie ich mich als Frau benahm. Ich glaube, die Frauen im Westen wissen gar nicht, wie privilegiert sie sind und wie außergewöhnlich ihre Situation ist.

Zur Feier meiner neugewonnenen Freiheit beschloss ich, mir die Haare schneiden zu lassen. Ich hatte sie in den vierundzwanzig Jahren meines Lebens kein einziges Mal schneiden lassen, und jetzt reichte mir das Haar bis zu den Waden. Viele Leute in Frankreich drehten sich deshalb nach mir um, und ich wollte moderner wirken und wie eine moderne französische Frau aussehen. Die Französinnen waren extrem elegant. Darüber hinaus war mein langes Haar ein Symbol meiner früheren Existenz in Unterwürfigkeit und Armut. Ich wollte mich neu erfinden für mein neues Leben.

»Bist du sicher?« fragte Marc, als ich ihm von meinem Plan erzählte.

»Absolut«, sagte ich.

»In diesem Fall bringe ich dich zum besten Friseur der Stadt.«

Die Friseuse protestierte ein bisschen, als ich ihr meinen Wunsch vortrug, aber dann begann sie mit ihrer Arbeit, und nach ein paar Stunden hatte ich einen neuen Kopf, und meine Haaren waren hinten zu einem V geschnitten. Ich merkte jetzt, dass ich Naturlocken hatte, wie meine kleine Schwester. Mir gefiel das sehr gut. Während ich so auf dem Gehsteig entlangging, hatte ich das Gefühl, als sei ein großes Gewicht von mir abgefallen.

Um meine Verwandlung perfekt zu machen, nahm mich Marc nach Paris mit, und wir kauften Hosen und Blusen, ein westliches Outfit, das meine Verwandlung vollkommen machte. Marcs Familie hatte eine Wohnung in der Nähe des Stadtzentrums, und ich saugte alles auf, was diese schöne und berühmte Stadt zu bieten hatte: den Eiffelturm, den Triumphbogen, Mont Martre und den Rive Gauche.

Ich war überrascht, Schwarze und alle möglichen Asiaten in Paris zu sehen. »Also ist der Westen gar nicht völlig weiß«, sagte ich zu Marc.

Jetzt und hier begann meine Ausbildung. Ich schaute mir die großen christlichen Kathedralen an und besuchte Sacré Cœur und Notre Dame. Es waren großartige Gebäude, aber sie waren ziemlich leer, nicht so gemütlich und heimelig wie der Jokhang-Tempel, der dunkel und voller Statuen, Rauch und Einrichtungsgegenstände ist.

Ich war jetzt seit einem Monat in Frankreich und beschloss, es sei an der Zeit, nach England zu gehen, wo ich insbesondere London sehen wollte. Marc hatte angeboten, mir in Paris eine Arbeit zu besorgen; ich hätte mich um einen blinden Mann kümmern sollen, aber ich hatte Probleme mit der Sprache. Andererseits hatte ich in Indien durch meine Gespräche mit Raunaq, Arun und durch die Kontakte zu Menschen aus dem Westen viel Englisch gelernt. Weil ich gehofft hatte, irgendwann während meiner Reise nach England zu kommen, hatte ich mir vorsorglich ein Visum für England besorgt, bevor ich Delhi verließ.

Jetzt schrieb ich Michael, dem einzigen Menschen, den ich in England kannte, dass ich in Frankreich sei.

»Komm nach England und bring Marc doch einfach mit«, antwortete er.

Michael war ein älterer Mann, den ich in einem Café kennengelernt hatte, wo ich ein Lassi trank. Wir waren aus Versehen im Eingang des Cafés zusammengestoßen. Er lächelte, ich lächelte zurück, und dann war er weg. Etwa eine Stunde später, ich war gerade auf dem Weg nach Hause, stießen wir wieder zusammen, als er gerade aus seinem Hotel kam.

»Sind Sie Japanerin?« fragte er mich.

Ich weiß nicht, warum die Leute mich immer für eine Japanerin halten. Wir standen auf dem Gehsteig und unterhielten uns. Er sagte, er sei dabei, ein Motorrad zu kaufen, das er mit nach England nehmen wollte, und fragte mich, ob ich ihm behilflich sein könnte, als Dolmetscherin für Hindi. Ich willigte ein, und wir bestiegen eine Rikscha, fuhren zu dem Geschäft mit den Motorrädern, und ich half ihm beim Kauf der Maschine.

»Ich werde heute nacht wieder zurückfahren, aber würden Sie mit mir zu Abend essen?« fragte er.

Also ging ich mit ihm essen, und wir hatten ein paar

schöne Stunden zusammen und tauschten unsere Adressen aus. Er lebte in Brighton an der Südküste Englands.

Marc bestand darauf, mich zu begleiten, um zu sehen, was Michael für ein Typ war. Wir fuhren den ganzen Weg über Amsterdam und dann nach Belgien. Die Fahrt mit der

Am Strand von Brighton (1998). In England habe ich meine neue Heimat gefunden.

Fähre war ein außergewöhnliches Erlebnis. Ich war nie zuvor auf einem Boot gewesen, und auf diesem Schiff gab es alles – ein Casino, ein Kino, eine Diskothek, einen Swimmingpool, Restaurants, Bars und einen riesigen Parkplatz für die Autos, wo alle ihre Fahrzeuge abstellten. Selbst ein Anfall von Seekrankheit konnte mir nicht den Spaß an dieser Reise verderben.

Wir legten in England an, und ich hatte die üblichen Probleme bei den britischen Einwanderungsbehörden, wo ich stundenlang befragt wurde, obwohl ich ein gültiges britisches Visum hatte. Marc antwortete auf all die Nachfragen, aber erst als er den Beamten versicherte, dass er die Verantwortung für mich übernehmen würde, ließen sie uns ins Land. Wenn Marc nicht dabei gewesen wäre, hätte man mich vermutlich wieder zurückgeschickt. Als wir endlich die Kontrollen hinter uns hatten und im Auto saßen, war ich völlig erschöpft und schlief sofort ein. Ich wachte erst auf, als Marc mich wachrüttelte. Wir hatten Brighton erreicht. Es war spät am Abend, und das erste, was ich sah, war der hell erleuchtete Vergnügungspark.

»Hey, wir sind in einem islamischen Land!« rief ich.

Michael holte uns ab und brachte uns zu seinem Haus. Am nächsten Tag ging er mit uns Fish and Chips essen. Ich mag Fisch nicht sonderlich und fragte, ob man nichts anderes bekommen könnte, aber er sagte, dass es in diesem Restaurant nichts anderes gebe. Ich fand das sehr eigenartig.

»Ist das alles, was ihr in England zu essen habt?« erkundigte ich mich besorgt.

»Nein, es gibt hier auch anderes Essen, wir haben auch indische und chinesische Küche«, antwortete er.

Ich war erleichtert. Vielleicht wurde es ja doch ganz nett in England.

Nach einer Woche kehrte Marc nach Frankreich zurück. »Dieser Michael ist ein netter Mensch, es wird ganz okay sein, wenn du hier bleibst«, meinte er zum Abschied.

Ich war traurig, als Marc ging. Er hatte mich mit dem Westen bekannt gemacht, mit ihm hatte ich meine ersten Tage hier verbracht, und ich mochte ihn sehr. Es war November, als ich in Brighton ankam. Das Wetter wurde kalt, der Winter stand vor der Tür. Es wurde früh dunkel, und die meiste Zeit nieselte es aus dem grauen Himmel. Ich mochte das! Ich genoss die Feuchtigkeit, die kühle Luft umstrich mein

Gesicht. Bei diesen Temperaturen konnte man wenigstens atmen. Und es gab keine Mücken. Das englische Klima war wie für mich geschaffen.

Allerdings fand ich nicht alles, was ich hier kennenlernte, so angenehm wie das Klima. Die Pubs, in die Michael mich mitnahm, fand ich nicht besonders attraktiv. Ich trank nur Tee und Limonade und hasste diese verrauchte Atmosphäre und dass sich die Menschen hier betranken. Michael schien es jedoch zu gefallen, deshalb ging ich mit ihm hin. Nach einer Weile hatte ich jedoch genug davon und sagte, dass ich lieber zu Hause bliebe. Und aufräumte. Sein Haus war ein einziges Chaos. Ich glaube, seinen Herd hat nie jemand angefasst, er war völlig verdreckt. Ich hielt das nicht aus. Als ich nach drei Tagen alles einigermaßen in Ordnung gebracht und saubergemacht hatte, begann ich mich wohl zu fühlen.

Michael war groß gewachsen, aufrichtig, gut aussehend und zwanzig Jahre älter als ich. Wie anscheinend alle Männer aus dem Westen war er freundlich und sanft. Er arbeitete als selbständiger Teppichverleger und importierte Möbel aus Indien. Er hatte viel Zeit in Indien verbracht und bewunderte das Land.

Michael war ein guter Mensch, wir kamen bestens miteinander aus. Ich genoss die Zeit mit ihm, und vor allen Dingen konnte er mich zum Lachen bringen. Er war darüber hinaus ein Gentleman und versuchte nie, mit mir ins Bett zu gehen, was ich sehr schätzte. Bei Michael hatte ich das Gefühl, ganz ich selbst sein zu können. Innerhalb weniger Wochen hatte ich mich in ihn verliebt, und das beruhte diesmal auf Gegenseitigkeit. Es wurde Weihnachten, mein erstes Weihnachten in England, und ich bekam Geschenke von Michael, fünf verschiedene. Ich brach in Tränen aus. Nie hatte mir jemand etwas geschenkt.

Zwei Monate später fragte er mich, ob ich ihn heiraten wollte, und ich sagte ja. Wie bei allen Entscheidungen, die meinem Leben eine neue Richtung gaben, entschied ich mich spontan und schnell, aber ich wusste genau, was ich tat. Indem ich einwilligte, Michael zu heiraten, schnitt ich meine Wurzeln ab und trennte mich von allem, das mir vertraut war. Statt dessen würde ich jetzt in einem völlig fremden Land leben, unter Fremden, die andere Sitten hatten.

Aber was hätte mir ein Leben in Indien oder in meiner Heimat Tibet bieten können? Wenn ich es unvoreingenommen betrachtete, hatte ich weder in Indien und erst recht nicht in Tibet eine Zukunftsperspektive. Ich hatte wahrlich alles probiert und mich riesig angestrengt, aber mehr als zweitausend Rupien im Monat als Verkäuferin konnte ich nicht verdienen. Ohne Ausbildung und sonstige Kenntnisse konnte ich mehr nicht erreichen, und ohne Unterstützung durch meine Familie hatte ich praktisch keine Chance auf eine vorteilhafte Heirat. Wo wäre ich denn in zwanzig Jahren? Nirgends!

Michael war ein anständiger Mann, den ich liebte und der mich liebte – und der mir ein neues Leben eröffnen konnte. Michael hielt den Schlüssel für meine Zukunft, den ich allein nicht hatte. Wegen seines Geldes heiratete ich ihn sicher nicht, denn er war ziemlich pleite. Aber ich hatte das Gefühl, mit ihm ein geordnetes Leben führen zu können, ich konnte mir eine Arbeit suchen und mir finanziell ein gewisses Polster schaffen. Und dann, eines Tages, wenn ich Deckyi finden würde, hätte ich ihr wirklich etwas zu bieten –

ein Heim, genug zu essen und jede Menge emotionaler Geborgenheit. Ich würde alles wiedergutmachen, was in den Jahren der Trennung und durch meine Dummheit, sie herzugeben, zu kurz gekommen war.

Im Frühsommer 1998, ich war gerade fünfundzwanzig Jahre alt, zog ich meine türkise Chuba an, ging auf das Standesamt in Brighton und heiratete. Da Michael kein Geld hatte, kaufte ich die Eheringe von dem Geld, das mir Raumaq gegeben hatte. Ein paar Tage vor unserer Hochzeit war Michael mit seinem Motorrad gestürzt und hatte sich den Knöchel gebrochen, und so machte er eine tolle Figur, als er auf Krücken zum Altar schritt. Ich sagte mein Ehegelöbnis in gebrochenem Englisch. Zum ersten Mal in meinem Leben war ich eine offiziell verheiratete Frau. Ich war vollkommen glücklich. Wir würden bis ans Ende unserer Tage zusammenbleiben, und ich würde Michael eine gute Ehefrau sein und alles daransetzen, ihn glücklich zu machen.

Unsere Hochzeit feierten wir in einem Pub mit vielen Freunden von Michael und seiner Familie. Von meiner Seite war niemand da, das machte mich traurig. An diesem besonderen Tag vermisste ich meine Familie, besonders meine Mutter, sehr.

Aber Michaels Mutter war eine sehr warmherzige und offene Frau, und ich nannte sie »Mutter«, obwohl es sich anders anfühlte, als wenn ich es zu meiner eigenen Mutter gesagt hätte. Mit der Zeit gewann ich Michaels Mutter sehr lieb, und sie sorgte sich um mich wie um ihre eigene Tochter. Sie erzählte mir alles aus ihrem Leben, nahm meine Hand, wenn wir zusammen spazierengingen, und ergriff nie für Michael oder für mich Position, wenn ich mit ihm einmal einen Streit hatte. Jeden Sonntag kochte sie den tra-

Das Haus meiner Schwiegermutter in Brighton.

ditionellen Sonntagsbraten für uns, und ich wusch danach ab. Ich liebte das gebratene Fleisch – in Tibet bereiteten wir Fleisch nie im Ofen zu.

Vier Jahre bevor ich nach England kam, war Michaels Vater gestorben, was sehr schade war, denn er muss ein sehr netter Mensch gewesen sein. Michael hatte noch einen Bruder, mit dem ich mich gut verstand.

Ich fand es wunderbar, Teil einer Familie zu sein, und es tat mir im tiefsten Inneren richtig gut. Das letzte Mal war es vor zwanzig Jahren in Tibet so gewesen, als ich als kleines Mädchen in Yarlung von der Wärme und Zuneigung meiner Eltern, Großeltern und Geschwister, meiner Onkel und Tanten umgeben war.

»Man sollte seine Familie nie als etwas Selbstverständliches betrachten und sie so oft wie möglich sehen, solange man sie noch hat«, sagte ich zu Michael, seinen Freunden und zu jedem anderen, der es hören wollte.

Ich war sehr zufrieden mit dem Leben an Michaels Seite. Nach kurzer Zeit war er für mich Vater, Bruder, Mutter und Ehemann in einem, und ich gab ihm all meine Liebe. Wir erzählten uns alles. Irgendwie brachen durch die Heirat und die damit einhergehende emotionale Sicherheit jetzt all die jahrzehntelang aufgestauten Schmerzen und Traumata durch, Dinge, von denen ich bisher nichts gemerkt hatte. Ich kuschelte mich an ihn und erzählte ihm von den Jahren, die ich in meiner Kindheit als Sklavin verbracht hatte, getrennt von meiner Mutter, ohne Liebe, Wärme und Zuneigung, unter einem strengen Regiment. Ich erzählte ihm von der schmerzhaften Einsamkeit und wie ich durch das Überleben an Kraft und Stärke gewonnen hatte. Ich erzählte ihm, wie ich den Tod meiner Mutter erlebt hatte, als ich erst zwölf war, und wie danach alles um mich herum kälter wurde. Und ich erzählte ihm von Deckyi, meiner Seelenqual bei unserer Trennung und meiner dauernden Sorge um ihr Wohlbefinden.

Während ich so redete, liefen mir die Tränen über die Wangen. Ich weinte um den Verlust von allem, was ich je hatte – mein Land, meine Kindheit, meine Mutter, meine Ausbildung, meine Tochter. Ich musste weinen wegen der ungerechtfertigten Unterdrückung und der Leiden meines

Volkes, die es über Jahrzehnte hinweg so tapfer ertrug und seinen Unterdrückern sogar noch Mitgefühl entgegenbrachte, und das, ohne dass irgendein anderes Land ihm zur Seite stand. Ich musste weinen, wenn ich daran dachte, wie unser wertvolles Land und unsere heilige Erde zerstört wurde, wie man die Tiere und Vögel tötete, die Wälder abholzte und den geschundenen Boden mit radioaktivem Müll verseuchte. Und ich weinte, wenn ich an meine eigene Tapferkeit dachte und daran, wie ich mein Leben für die Freiheit aufs Spiel gesetzt hatte. Viele Nächte weinte ich an Michaels Schulter, und er nahm mich in den Arm und tröstete mich.

Während all diese Gefühle aus mir herausbrachen, fiel ich zurück auf die Stufe eines Kleinkinds. Ich, die ich ein Leben lang stark und selbstgenügsam gewesen war, ging los und kaufte mir eine Babyflasche, füllte sie mit Milch und legte mich abends damit nieder. Michael blieb dabei ganz ruhig.

»Wenn es das ist, was du brauchst, dann tue es«, sagte er.

Nach ein paar Wochen war das vernachlässigte Kind in mir zufriedengestellt. Ich warf das Fläschchen weg und nahm es nie wieder zur Hand.

Tagsüber lebte ich mein übliches unabhängiges Leben. Ich liebte Michael, aber ich war deswegen nicht besessen. Ich hatte geheiratet, aber ich war nach wie vor ein freier Mensch. Wir kamen überein, dass wir uns gegenseitig Freiheiten zugestehen und uns nicht auf der Pelle sitzen würden. Das funktionierte gut, denn es kann bisweilen ganz schön kompliziert sein, mit einem Partner aus einer anderen Kultur mit einer ganz anderen Mentalität verheiratet zu sein. Michael ging gerne in den Pub und traf sich mit anderen Leuten. Ich zog es vor, zu Hause zu bleiben, meine Ruhe zu haben und Fernsehen zu schauen. Er liebte die englische Küche, ich die asiatische, und so kochte jeder für sich. Auch aßen wir zu unterschiedlichen Zeiten. Ich mochte Spiele nicht, weder Karten noch Schach, obwohl ich es zwischendurch einmal mit Golf versucht habe.

Aber wir liebten es beide, in der Natur zu wandern. Ich fand das Grün in England ganz besonders schön. Nepal ist ein üppiges und exotisches Land, aber das ist alles nichts gegen das strahlende Grün der englischen Landschaft oder den strahlenden Glanz des blühenden britischen Frühlings. Ich liebte es, den Schafen und Kühen zuzusehen, denn das erinnerte mich ein bisschen an Tibet, obwohl die Bauernhäuser hier im Vergleich zu denen in Tibet eher eigenartig wirkten. In Tibet sah man den Bauern und seine Helfer immer auf dem Feld beim Arbeiten, aber in England habe ich nie jemanden auf dem Feld gesehen. Diese Landwirtschaft schien sich um sich selbst zu kümmern.

Ich wollte von Michael finanziell nicht abhängig sein, und da ich mein Leben lang gearbeitet hatte, war es für mich nicht schwer, einen Job zu finden. An zwei Nachmittagen in der Woche, montags und mittwochs, versorgte ich eine alte Dame, die Mutter eines Freundes von Michael. Das war nicht viel, aber es war ein Anfang. Die Dame war etwa Mitte Achtzig, sie war früher Synchronschwimmerin gewesen und konnte jetzt kaum noch laufen. Es brach mir das Herz. Sie lebte allein, und ihr Sohn kam nur gelegentlich zu Besuch und dann nicht länger als zehn Minuten. Sie war unsagbar einsam. In Tibet lassen wir unsere alten Mütter niemals alleine leben – es bleibt immer ein Mitglied der Familie zu Hause, um nach den Alten zu sehen. In Tibet werden die Mütter sehr geliebt und verehrt, man achtet sie, und ich versuchte, die alte Dame wie meine eigene Mutter zu behandeln. Ich schnitt ihr die Zehennägel, holte Creme aus der Drogerie, um ihr Füße einzucremen, und badete sie in heißem Wasser. Ich machte ihr die Haare, schminkte sie und zeigte ihr das Ergebnis im Spiegel. Ich brachte sie dazu, sich wärmer anzuziehen, da sie sich dauernd erkältete. Sie aß kaum etwas, aber wenn ich mit ihr zusammen aß, ging es besser. Ich fütterte sie wie ein kleines Kind. Und ich hörte ihr stundenlang zu, während sie mir Geschichten aus ihrem Leben erzählte. Ich blieb viel länger bei ihr, als ich bezahlt wurde.

»Gestern und vorgestern warst du gar nicht da«, sagte sie, also kam ich öfter, ohne dafür bezahlt zu werden. Ich empfand Mitleid mit ihr. Bald fasste sie Vertrauen zu mir und bat mich, etwas aus ihrem Geldbeutel zu nehmen, um Kekse und Zigaretten für sie zu kaufen. Drei Monate später starb sie, und ich ging zu ihrem Begräbnis. Ich fand, es war eine schöne Feier, aber als danach alle in den Pub gingen und feierten, war ich schockiert. Wenn in Tibet jemand aus der eigenen Familie stirbt, trauert man ein Jahr lang. Wir waschen uns dann einen Monat lang weder das Gesicht noch die Haare, manche Leute werden vor lauter Trauer auch verrückt, und ganz sicher spielen wir keine Musik und vergnügen uns. Mir lag auf der Zunge zu sagen: »Habt ihr denn keinen Respekt!«, aber ich wusste, dass dies eine andere Kultur war und ich mich besser nicht einmischen sollte.

Nun brauchte ich eine neue Arbeit. Was ich am besten konnte, war putzen, und so bekam ich zuerst einen Putzjob in einer Freimaurerloge und später dann in einem Polizeirevier. Das war irgendwie lustig, da ich offiziell gar keine Arbeitserlaubnis hatte, obwohl ich mit einem Engländer verheiratet war. Da war es wieder, mein altes Karma der Illegalität. Ohne offizielle Papier war es für mich unmöglich gewesen, in meinem eigenen Land, in Tibet, zu leben, und jetzt ging es mir in England wieder so.

Michael und ich waren vor unserer Hochzeit zu einer Anwältin gegangen, um uns bezüglich meines Aufenthaltsstatus beraten zu lassen. Diese Anwältin sagte, wir sollten uns keine Sorgen machen, da mein Visum noch ein paar Monate gültig sei, und wir könnten ohne weiteres heiraten. Als wir dann alle Formulare ausgefüllt hatten, hieß es, wir hätten uns vor unserer Hochzeit um die Aufenthaltserlaubnis kümmern müssen. Wir gingen zu einem anderen Anwalt, und der sagte, es mache im Hinblick auf meinen Aufenthaltsstatus nichts aus, dass wir geheiratet hätten. Und so ging das Durcheinander weiter. Diese Anwälte hatten zwar alle das gleiche studiert, aber sie legten das Recht unterschiedlich aus. Das erinnerte mich irgendwie sehr an Indien.

Schließlich musste Michael eine Aufstellung seiner gesamten Einkünfte beim Innenministerium vorlegen. Man teilte uns mit, dass wir zwei Jahre warten müssten, bevor mein Antrag bearbeitet würde. Während dieser Zeit, so erfuhr ich, durfte ich das Land nicht verlassen, nicht einmal für einen Tagesausflug, und arbeiten durfte ich auch nicht. Ich sollte also herumsitzen und nichts tun und auch keinen Beitrag für dieses Land leisten. Es war verrückt. Michael und ich hatten ziemlichen Stress mit der Bürokratie und dem ganzen Papierkram. Wir konnten nicht einmal einen Urlaub in Frankreich verbringen, um Marc zu besuchen. Keine amtliche Identität zu haben ist ein schreckliches Gefühl. Man existiert nicht – zumindest nicht offiziell.

Ich war nie einfach nur so herumgesessen, und auch jetzt,

wo man es mir praktisch vorschrieb, tat ich es nicht, sondern arbeitete einen Teil meiner Zeit. Fünf Jahre lang belud ich die Geschirrspülmaschine und schrubbte die Töpfe bei den Freimaurern, das Ganze für 3,75 Pfund in der Stunde oder sechzig Pfund in der Woche. Zu Weihnachten bekam ich immer ein Geschenk. Sie sagten, ich sei die beste Arbeiterin, die sie je gehabt hätten.

»Wir werden es dem Dalai Lama sagen, wie toll du bist«, scherzten sie.

Man wunderte sich, wie stark ich war – ich konnte mehrere volle Abfalleimer auf einmal hochheben und wegtragen.

»Ihr hättet mal sehen sollen, wie ich als Kind nasse Teppiche in Lhasa geschleppt habe«, antwortete ich.

Das Abspülen war sehr anstrengend, besonders da ich mich immer verpflichtet fühlte, länger zu arbeiten, um die Sachen noch zu erledigen, die von anderen liegengelassen worden waren. Ich konnte es einfach nicht ertragen, wenn die Dinge nicht ordentlich erledigt wurden.

Dann wechselte ich in das Polizeirevier. Hier war die Arbeit einfacher – ich musste nur Staub wischen und in den Büros saubermachen. Jeden Tag arbeitete ich vier Stunden, entweder von sechs bis zehn Uhr morgens oder von vier bis acht Uhr abends.

Unabhängig von meinen Arbeitszeiten wachte ich jeden Tag morgens um vier auf, um zu beten und zu meditieren, wie ich es seit meiner Zeit beim Dalai Lama in Dharamsala immer tat. Ich betete um ein Ende des Leids für alle Kreaturen. Ich stellte mir meine Familie, meine Freunde und meine Feinde und eine Vielzahl gesichtsloser Fremder vor, die alle um mich herumsaßen, und dann »sah« ich Buddha, der heilendes goldenes Licht verstrahlte und uns alle mit Weisheit, Liebe und Mitleid erfüllte. Und direkt vor mir sah ich vor meinem geistigen Auge Deckyi, meine Tochter, und aus tiefstem Herzen betete ich, sie möge in Sicherheit sein und es möge ihr gutgehen. Und ich flehte darum, eines Tages wieder mit ihr vereint zu sein.

Kapitel 11

Die wiedergefundene Melodie

Mit der Zeit gewöhnte ich mich ganz gut an das Leben im Westen und die hier herrschenden Sitten. Anfangs jedoch war die Beziehung zu einem Mann etwas verwirrend für mich. Michael sagte mir die ganze Zeit, dass er mich liebte, und er erwartete auch von mir, dass ich ihm das sagte. Das war eigenartig für mich. In Tibet sagt niemand: »Ich liebe dich.« Es gibt einfach keine Worte dafür in unserer Sprache. Bei uns geht man davon aus, dass man es schlicht weiß, wenn man geliebt wird, und nicht darüber reden muss.

Die romantischen Gesten hier im Westen waren für mich ziemlich neu. Wenn Michael Kerzen auf den Tisch stellte, fragte ich ihn, wozu das gut sein sollte. Er erklärte, das schaffe eine romantische Atmosphäre.

»Mach dir keine Umstände«, sagte ich dann. »Ich bin eine Frau aus den Bergen.«

Den Inbegriff westlicher Romantik lernte ich einige Monate nach meiner Hochzeit kennen, als wir zu einer kirchlichen Trauung eingeladen waren. Es war ein strahlender Tag, die kirchliche Zeremonie und die Musik waren wunderbar, die Braut sah hinreißend aus. Ich war wie verzaubert. Als die Zeremonie vorbei war, ging man in den Saal, wo die Feier stattfand. Alle setzten sich hin, man unterhielt sich und lachte, aber es gab keine Musik. Wie war das möglich? In Tibet gibt es ohne Musik keine Hochzeit.

»Soll ich zu Ehren des Brautpaars ein paar tibetische Lieder singen?« fragte ich.

Die Gäste sahen mich an und sagten: »Na los, mach schon!«

Ich stand auf und sang ohne Mikrofon ein Lied aus meiner Kindheit. Danach war kurze Stille, und dann brach donnernder Applaus los.

»Sing noch eines«, riefen alle.

Ich sang noch ein Lied, aber sie wollten immer noch eines hören, also sang ich ein drittes Lied.

Nachdem ich mich wieder gesetzt hatte, war ich von Gästen umringt, die mir die Hand schüttelten und mir dankten und sagten, sie hätten meine Stimme sehr schön gefunden. Als der Trubel vorbei war, nahm mich ein Mann beiseite. Er sagte, er sei Mitglied in einer früher mal sehr berühmten Punkband, den Sex Pistols, und meine Stimme habe ihm sehr gefallen.

»Ich gehe mit meiner eigenen Gruppe auf Tournee nach Deutschland, willst du nicht mitkommen? Ich komme für all deine Ausgaben auf.«

Ich war vollkommen verblüfft. Und ich war begeistert. Ich hätte nie gedacht, dass meine Stimme etwas Besonderes sei, geschweige denn, dass man mir einen Job anbieten würde deswegen. Leider konnte ich das Angebot nicht annehmen. Es war mir verboten, Großbritannien zu verlassen. Hätte ich es getan, wäre es unmöglich gewesen, wieder nach England zurückzukehren. Zu meinem großen Ärger konnte ich diese phantastische Gelegenheit nicht ergreifen. Aber die Tatsache, dass mir angeboten worden war, professionell zu singen, und der Applaus auf der Hochzeit gaben meinem Selbstbewusstsein einen ziemlichen Schub.

Ob ich mit Singen vielleicht sogar mein Geld verdienen könnte?

Nachdem dieser Gedanke einmal in der Welt war, ging alles wie von selbst. Kurz nach der Hochzeitsfeier traf ich in Brighton einen Musiker, Geoff Smith, einen berühmten Hackbrettspieler. Freunde hatten ihm von mir erzählt, und er wollte gerne mit mir zusammen spielen, da er von der Musik des Ostens fasziniert war. Er hatte ein eigenes Hackbrett entworfen, das für diese Musik geeignet war – das Instrument hatte einhundertsechzig Saiten.

Wir begannen gemeinsam zu musizieren. Es war etwas völlig anderes, wenn man nicht mehr alleine sang, sondern mit einem anderen Musiker zusammenspielte. Ich musste lernen, auf ihn zu hören, sein Spiel verfolgen und mich in Geduld üben. Aber es war dann doch nicht allzu schwer.

Ich hatte schon immer ein Ohr für jede Art guter Musik. Als ich noch in Lhasa als kindliche Sklavin arbeitete, konnte ich chinesische Liebeslieder nach einmaligem Hören nachsingen. Die Tashis ließen mich immer singen, wenn sie zu Neujahr Besuch hatten und alle Schnaps in sich hineinschütteten. Ich erinnere mich, wie die Gäste lachten, weil so ein kleines Mädchen Liebeslieder sang. Später in Delhi sang ich dann mit viel Freude japanische Lieder und Hindugesänge. Weltmusik hat mir immer gefallen, und seitdem ich nach Europa gekommen bin, habe ich die bulgarische Musik schätzen gelernt. Zusammen mit einem Hackbrettspieler zu musizieren war zwar etwas Neues für mich, aber es fiel mir nicht allzu schwer.

Nach einiger Zeit schlug Geoff vor, dass wir gemeinsam beim Brighton-Festival auftreten sollten. Ich war schrecklich nervös. Spontan zu singen war eine Sache, aber auf der Bühne zu stehen und professionell vor Publikum zu singen war etwas ganz anderes. Mir fielen wieder die Worte meines Vaters ein: »Wer sich öffentlich hinstellt, um zu singen, ist schlimmer als ein dressierter Affe.«

Sängerin war einfach kein respektabler Beruf für eine tibetische Frau mit meiner Abstammung. So etwas machten Menschen aus den niederen Schichten, es war peinlich, sich so in der Öffentlichkeit zu produzieren.

Man muss dazu wissen, dass es bis 1982 in Tibet keine öffentlichen Konzerte mit Eintritt gab. Es gab Feste, aber niemand kaufte dafür eine Eintrittskarte, und niemand wurde dafür bezahlt, dass er oder sie sang. In Tibet ist jeder ein geborener Tänzer und Sänger. Es gehört zu unserer Kultur, aber es ist kein Beruf. Wir singen, wenn wir Häuser bauen, wenn wir die Felder bestellen, und wir singen, um unsere Yaks anzutreiben. Wir klopfen Melodien auf Holzstücke oder spielen die Damyang, eine tibetische Gitarre. Manchmal singen wir auch so etwas wie eine tibetische Oper. Ich erinnere mich, wie sich die Leute in den Sommermonaten im Freien versammelten. Die Frauen brachten die Wäsche mit, die sie im Fluss wuschen, die Männer saßen da und beschäftigten sich mit Spielen, und dazwischen rannten die Kinder herum, und alle sangen und tanzten. Es war also gänzlich undenkbar, dass ich jetzt als Sängerin vor Publikum auftreten sollte.

»Was, um Himmels willen, mache ich hier eigentlich?« fragte ich mich, während ich mich auf meinen ersten Auftritt vorbereitete.

Ich sang ohne Mikrofon, und Geoff begleitete mich. Ich hatte Angst und war zugleich völlig überdreht. Aber den Leuten schien es zu gefallen – und einige weinten sogar, während ich sang.

Das war der Auftakt, und von dort aus nahm die Sache ihren Lauf. Als nächstes traten wir in Broders Bookshop in Brighton auf, wo ein Buch mit Fotografien aus Tibet vorgestellt wurde. Wieder kamen eine Menge Leute, um uns zuzuhören. Wenn ich erst einmal begonnen hatte zu singen, war meine Nervosität verflogen, und ich hatte selbst richtig Spaß dabei. Mir fiel ein, dass ich als Kind in Yarlung ein wahres Schauspieltalent gewesen war – ich machte Aufführungen für meine Großeltern und andere Mitglieder meiner Familie.

Bald ging es mit meiner Karriere als Sängerin steil bergauf. Zwei Monate nach dem Auftritt wurde ich eingeladen, in dem Club The End in London zu singen, wo auch andere Künstler auftraten und man das tibetische Neujahrsfest feierte. Die BBC nahm das Ganze auf und bat mich um ein Interview für eine Sendung mit dem Titel Outlook, die weltweit ausgestrahlt wurde. Für mich war das eine neue und spannende Erfahrung, auch weil ich auf die Sekunde genau vier Minuten lang singen musste. Ich fragte mich, ob mich irgend jemand in Tibet oder Indien hören würde. Die wären ganz schön überrascht!

Dann kamen eine ganze Reihe anderer Redaktionen der BBC auf mich zu, da man von meiner Stimme und meiner Geschichte fasziniert war. Man sagte mir, es habe eine außergewöhnlich starke Resonanz der Zuhörer auf meine Sendung hin gegeben. Ein Mann schrieb sogar ein Gedicht, so sehr bewegte ihn das Ganze. Ich habe das Gedicht aufbewahrt. Es endet mit den Worten:

Sounds are swooping away in all directions,
Only the fading, breathly, single, simple
Note
Dying into silence
Then a woman yearning in a language you don't understand
But yearning.

(Klänge stürzen herab in alle Himmelsrichtungen
nur der Atem des einen, einfachen dahinschwindenden
Tons,
erstirbt in Stille.
Dann eine Frau sehnsuchtsvoll in einer unbekannten Sprache
So sehnsuchtsvoll.)

Am Anfang sang ich die alten traditionellen Lieder, die ich von meiner Großmutter gelernt hatte, als ich auf ihrem Schoß saß, aber dann packte mich eine neue Kreativität. Ich wusste gar nicht, dass ich zu so etwas imstande war: Ich dachte mir eigene Kompositionen aus. Lustigerweise fielen mir viele neue Lieder ein, während ich den Abwasch bei den Freimaurern machte. Beide Arme in den großen Töpfen, heftig schrubbend, kamen mir die Ideen für neue Lieder. Ich füllte die Spülmaschine, und als ich sie anstellte, erinnerte mich das Geräusch des herumwirbelnden Wassers an das Meer, es gab mir einen Rhythmus für das Lied vor, das ich gerade komponierte. Ich stand da, wippte mit dem Fuß und probierte die Melodien aus, die mir in den Kopf kamen.

Ich sang über Dinge, die ich kannte, und meine Lieder kamen von Herzen. Sie erzählten von der Freude, die Tibeter bei ihren Festen empfinden, von der Sonne, die auf ihre Gesichter scheint, während sie zusammen tanzen und singen, und von dem Geist, der jede Sekunde in uns allen lebt und uns nicht nur in diesem, sondern auch im nächsten Leben führt. Ich erzählte in den Liedern vom Tod meiner Mutter, die starb, als ich noch ein Kind war, und ich sang für ihren Seelenfrieden. Ich sang von den Yaks, die Glocken um ihren Hals hatten und auf den Feldern arbeiteten, und ich sang von den Würmern und Insekten, die während der Ernte ihr Leben lassen. Ich sang von Bergen und Flüssen, von Wiesen, von dem blauen Himmel und dem Regenbogen.

Ich sang von tibetischen Wallfahrten, vom endlosen steilen Aufstieg zu den heiligen Orten und den Segnungen, die damit einhergehen. Ich sang von der Freude, die jeder Tibeter empfindet, wenn er den Dalai Lama sieht, und sei es nur einmal in seinem ganzen Leben, und wie der Himmel plötzlich voller Blumen zu hängen scheint, wenn man in sein Gesicht blickt. Und ich sang vom Leid der Menschen auf dieser Welt in ihrem Streben nach Frieden und Freiheit und von der Verantwortung, die wir alle tragen, da wir Liebe und Frieden in die Welt bringen müssen.

Aber nicht nur Tibet war mir Quelle der Inspiration. Auf meinem Weg zur Arbeit bei den Freimaurern freundete ich mich mit einer Möwe an. Ich hörte ihrem Gesang zu und pfiff als Antwort. Darauf antwortete der Vogel, und so ging es dahin, ein Thema mit Variationen. Jeden Tag wartete die Möwe nach der Arbeit auf mich und begleitete mich auf dem Nachhauseweg. Sie flog über meinem Kopf, sprang auf Zäunen und an Straßenecken herum und wartete, bis ich sie wieder eingeholt hatte. Später freundete ich mich mit einer Amsel an, und auch mit ihr hatte ich viel Spaß, als wir zusammen sangen. Für mich waren das alles sehr wertvolle Beziehungen.

Im Jahr 2000 lieh mir Peta, eine Engländerin und gute Freundin, die gerade das Gelübde als tibetisch-buddhistische Nonne abgelegt hatte und der meine Musik sehr gut gefiel, etwas Geld, und so konnte ich meine eigene CD aufnehmen. Ich ging zu den Church Road Studios in Hove, in der Nähe von Brighton, und nahm elf Lieder auf, alles eigene Kompositionen. Auf das Cover der CD kam ein Bild, das mich als junges Mädchen in einem purpurroten Kleid vor einer Kulisse zerklüfteter Berge zeigte. Ich nannte die CD »The Unforgettable Land« – Das unvergessliche Land. Ich hatte keinen Produzenten, keine Plattenfirma im Hintergrund und verkaufte die CD nur bei meinen Auftritten. Mit der Zeit bestellten viele Leute die Platte auch über meine Website, und allmählich bekam ich einige sehr gute Kritiken dafür.

»Als ich ein Exemplar dieser Platte erhielt, war ich zunächst skeptisch. Tibetische Musik aus Brighton würde mich vermutlich nicht vom Hocker reißen. Wie man sich irren kann! Soname erzeugt eine betörende Klangwelt, man hört den Ruf nach ihrem geliebten und gemarterten Heimatland, und dabei ist ihre Musik zugleich Balsam für die Seele. Die Musik wird im wesentlichen von Sonames Stimme getragen, mit ihr hebt sie einzelne Töne hervor, schlägt sie an und setzt sie frei.«

Das schrieb der Musikjournalist Garth Cartwright in *fRoots,* dem internationalen Magazin für Weltmusik.

Inzwischen hatte ich angefangen, mit Fusion-Musik zu experimentieren. Die Mischung unterschiedlicher Stile kam meiner natürlichen Vorliebe für Weltmusik sehr entgegen.

Auch spielte ich jetzt mit anderen Musikern in meinen Konzerten. Wieder gab es einige großartige Kritiken:

»Sonames Konzerte sind ein Ereignis: Sie trägt traditionelle tibetische Tracht auf der Bühne und beginnt alleine ohne Begleitung mit einer Stimme, die jeden Lautsprecher an seine Grenzen bringt. Später kommen dann noch Phil Jackson mit dem Didgeridoo, Julian Franks als Perkussionist und Eurick Adam als Gitarrist hinzu. Die subtile Begleitung der Band bringt Sonames schwingende, jodelnde Stimme richtig zur Geltung.«

Alle meine Freunde in Brighton waren über den Erfolg meiner Musik freudig erstaunt und ermunterten mich zu immer größeren Unternehmungen. Mark, ein guter Bekannter, schlug vor, meine CD an Andy Kershaw, einen bekannten Discjockey zu schicken. Kershaw war bekannt dafür, dass er damals im ersten Programm des BBC-Hörfunks Weltmusik spielte und sich für diese Art von Musik einsetzte. Ich hatte seine Sendung oft gehört und war sehr von ihm angetan.

»Ach nein, er wird meine Platte nie anhören. Ich habe keine Plattenfirma. Es ist nur meine eigene CD. Ich lasse das lieber«, sagte ich auf Marks Vorschlag.

»Doch, es lohnt sich, es bei Andy Kershaw zu versuchen. Ich weiß, dass seine Freundin in einem Café in Crouch End im Norden von London arbeitet. Vielleicht finden wir sie, und dann fragen wir, ob sie ihm deine CD überreicht. Das ist besser, als sie am Empfang bei der BBC abzugeben, wo sie dann nur in einem großen Stapel verschwindet«, meinte Mark.

Gesagt, getan. Am selben Tag bestiegen wir den Zug nach London und suchten in allen Cafés und Restaurants in Crouch End nach dem Mädchen. Es war ein echtes Abenteuer. Endlich fanden wir die richtige Kneipe, aber sie war nicht da. Sie hatte ihren freien Tag. Ich gab die CD mit einem Begleitbrief einer anderen Kellnerin und bat sie, Kershaws Freundin die Platte zu geben. Ehrlich gesagt, glaubte ich nicht, dass sie das tun würde.

Zu meinem großen Erstaunen klingelte ein paar Tage später das Telefon, und am anderen Ende war der Produzent von Andy Kershaw, um mir zu sagen, dass er meine Platte am Donnerstagabend spielen würde und sie zudem in seinem BBC World Service Programm vorstellen wollte. Ich war sprachlos.

Am Donnerstag versammelten Michael, Mark und ich uns um das Radio und hörten gespannt zu. Ich zitterte vor Aufregung. Andy Kershaw erzählte seinen Hörern von meiner Flucht und sagte dann: »Zwar ist ihre CD nicht im Geschäft zu kaufen, aber Sonames Musik ist phantastisch.«

Das bedeutete mir sehr viel. Jetzt hatte ich das Gefühl, dass meine Musik wirklich etwas wert war, und entsprechend groß war der Motivationsschub, nun mit vermehrter Kraft an meiner Karriere als Sängerin zu arbeiten.

Am 17. Februar 2001, einem Samstag, hatte ich mein erstes Solokonzert in der Kommedia in Brighton, einem großen Konzertsaal, der mehrere hundert Menschen fasst. Zwar hatte ich bei meinen Auftritten mit Geoff schon allerhand Erfahrungen gesammelt, aber jetzt wollte ich die Freiheit eines Soloauftritts.

Wie alles, was ich in meinem Leben erreichte, kam auch dieser Auftritt einfach so zustande. Ich ging los, schritt hinaus ins Unbekannte, klopfte an die Türen und versuchte mein Glück. Ich sprach den Manager persönlich an, überreichte ihm meine CD, gab ihm die Mappe mit den Kritiken meiner Konzerte, und er sagte, es wäre ihm eine Freude, wenn ich im Kommedia auftreten würde. Es ist immer wieder erstaunlich, was man erreicht, wenn man die Dinge mit Energie angeht.

Ich gestaltete mein eigenes Plakat, das ich überall in ganz Brighton aufhängte, und das Kommedia Theatre schaltete eine große Anzeige in der lokalen Tageszeitung mit einem Bild von mir. Das Konzert war ausverkauft. Ich sang zweimal eine Dreiviertelstunde lang, mit einer Viertelstunde Pause dazwischen. Ein Auftritt von dieser Dauer bedeutete für mich einen echten Durchbruch, und es stärkte mein Selbstvertrauen enorm, dass er so ein Erfolg war. Das Publikum war einfach wunderbar.

Durch dieses Konzert kam ich zu weiteren Engagements, meistens bei Musikfestivals in Großbritannien. Diese Auftritte machten viel Spaß, obwohl ich beim ersten Mal mit meiner tibetischen Tracht viel zu prächtig gekleidet war und schnell noch mal lossausen musste, um mir ein Outfit im Zigeunerlook zu besorgen. Bei den meisten Festivals trat ich umsonst auf, aber es machte viel Spaß, und ich sammelte wertvolle Erfahrungen.

Allerdings waren nicht alle meine Bemühungen, meine Karriere als Sängerin zu fördern, so erfolgreich. Beispielsweise hatte ich von der Barbican Concert Hall in London gehört und dachte, dort könnte ich nach dem gleichen Muster vorgehen wie in Brighton: meine CD abliefern und hoffen, dass man mir einen Konzerttermin anbieten würde. Da ich mich sofort verlief, sobald ich Brighton verließ, brachte für gewöhnlich Michael mich überall hin, aber jetzt war er gerade geschäftlich in Indien, und ich beschloss, dass es Zeit war, mich auch in dieser Hinsicht auf eigene Füße zu stellen. Also machte ich mich allein auf den Weg zum Barbican. Ich wusste, wie man mit dem Zug von Brighton zur Victoria Station in London kommt, und von dort würde ich mich dann schon durchfragen. Auch dass die Londoner U-Bahn ein Netz von Tunnels und Knotenpunkten ist, wusste ich, und so machte ich mir einen Plan wie Hänsel und Gretel: Ich sammelte Kieselsteine am Strand in Brighton, wollte dann nach London fahren, mich durchfragen und meinen Weg mit Kieselsteinen markieren, damit ich wieder zurückfand. So machen wir es in Tibet.

Ich konnte nie einen Stadtplan lesen, die Worte und Linien waren für mich wie Spuren von trippelnden Vögeln im Sand. Es war mir immer ein Rätsel gewesen, wie die Touristen in Indien mit Hilfe eines Buchs ihren Weg finden konnten. Erst als ich in einem Flugzeug über die Landschaft flog, erkannte ich, dass die Straßen von oben wie Linien aussehen und Seen wie blaue Kreise. Landkarten sind für einen Tibeter etwas Unvorstellbares. Wir können das Land erleben, aber wir können es nicht lesen.

Mit meinen Kieselsteinen in der Hand fragte ich nach dem Weg zum Barbican und folgte zwei Geschäftsleuten, die sagten, dass sie ebenfalls dorthin wollten. Unterwegs legte ich an jeder Straßenecke, an der ich abbog, einen Kieselstein hin. Schließlich war ich beim Empfangsschalter angelangt, wo man mir sagte, ich müsse einen Termin vereinbaren. Das war zuviel für mich – ich gab auf.

Mehr Glück hatte ich mit der isländischen Sängerin Björk, die ich immer schon bewundert hatte. In bescheidenem

Ausmaß empfand ich eine gewisse Ähnlichkeit zwischen ihr und mir: Sie ist auch klein und hat eine große Stimme. Sie kommt ebenfalls aus einem kleinen Land und hat ihre Musik in der ganzen Welt bekannt gemacht.

Durch einen glücklichen Zufall war meine Freundin Peta mit dem Manager von Björk befreundet. Da sie wusste, dass ich ein großer Fan von Björk war, arrangierte sie für mich ein Treffen mit ihm, als er und seine Familie Björk auf ihrem Bauernhof in Sussex besuchten. Wir verstanden uns gut, und sie vermittelte mir eine Einladung für einen Auftritt mit ihrer ehemaligen Band, den Sugar Cubes, in Island.

Zu dieser Zeit hatte ich endlich ein Einjahresvisum bekommen, das es mir offiziell erlaubte, das Land zu verlassen. Aber die Behörden in Island erkannten meinen gelben Reisepass nicht an, und Björks Manager musste die Polizei bitten, mich am Flughafen abzuholen, damit ich ins Land gelassen wurde. Wenn man keine normalen Dokumente hat, ist das Leben in vieler Hinsicht sehr viel schwerer, als man sich vorstellen kann.

Island gefiel mir sehr gut – die Landschaft war unglaublich schön, und ich trieb mich zehn Tage lang auf der Insel herum. Zu meiner Überraschung war Island nicht mit Eis bedeckt, obwohl der Name es vermuten lässt. Aber hier war alles grün. Grönland hingegen, sagte man mir, soll großenteils voller Eis sein!

Das Konzert war ein voller Erfolg. Eine Unmenge von Journalisten war anwesend. Mein Bild war auf der Titelseite der lokalen Zeitungen, und ich bekam phantastische Kritiken. Die Isländer kannten meine Art von Musik nicht, und es hieß, alle seien ganz hin und weg von diesem Sound.

Eher durch Zufall als weil ich es so beabsichtigt hatte,

wurde ich durch meine Lieder und meinen öffentlichen Erfolg zur Botschafterin meines Landes. Meine Freunde in Brighton sagten: »Du singst für Tibet!«

»Nein, ich singe für mich«, sagte ich.

»Das stimmt nicht«, antworteten sie.

Allmählich dämmerte mir, dass ich durch die Art und Weise, wie ich meine Musik präsentierte, durch meine Interviews und mein öffentliches Auftreten Tibet repräsentierte, ob ich es nun wollte oder nicht. Die Menschen auf der Straße sprachen mich an und sagten: »Sie sind doch die Sängerin aus Tibet. Wir haben ihr Konzert gehört. Vielen Dank dafür.«

Mir war das immer peinlich, denn ich wusste, dass ich ohne das tibetische Volk und seine Heiligkeit den Dalai Lama ein Nichts war. Wären die Verhältnisse in Tibet anders, würde ich vermutlich gar nicht singen, und keiner würde mich kennen. Nur wegen der Popularität des Dalai Lama und seiner außergewöhnlichen Persönlichkeit sind wir Tibeter so beliebt und im Exil willkommen.

Natürlich war ich nur allzu gerne bereit, meine Stimme für die tibetische Sache zu erheben, wo immer es ging. Persönlich war ich jetzt frei und ohne politischen Druck, und ich hatte das Gefühl, dass ich alles in meiner Macht Stehende tun musste, um das Leid zu lindern, das, wie ich aus eigener Erfahrung wusste, in meinem Heimatland herrschte. Ich lebte hier im Paradies und hatte so viele Möglichkeiten. Ich hatte sogar schwimmen gelernt! Wie konnte ich all das für mich beanspruchen, wenn es so vielen anderen schlechtging?

Manchmal sprachen Menschen aus dem Westen mit mir über ihre Probleme, und dann erzählte ich ihnen, was ich durchgemacht hatte, und erzählte ihnen vom Joch der Tibeter. Meist sagten sie dann, das habe ihnen die Perspektive zurechtgerückt, und es ginge ihnen jetzt besser, weil sie merkten, was sie eigentlich alles hätten.

In Tibet hält man den Menschen eine Pistole an den Kopf, sie werden gefoltert und getötet, und die Familie muss danach den Leichnam wegräumen und das Geld für die Pistolenkugel bezahlen. Wenn man in Tibet mehr als ein Kind hat, oder zwei in den ländlichen Gebieten, wird man zur Abtreibung gezwungen, und der Fötus wird durch die Toilette weggespült. Für ein Volk, das glaubt, alles Leben sei heilig, ist das ein großes Übel. Tibetische Straßenhändler, die öffentlich gegen die hohen Steuern protestieren, die ihnen von den Chinesen auferlegt werden, werden wegen politischer Straftaten angeklagt, auch wenn es ihnen nur darum ging, ihren Lebensunterhalt zu sichern. Das ist Sklaverei.

Im Bewusstsein der Freiheiten, die ich genoss, ging ich bei jeder sich bietenden Gelegenheit lieber zu Fuß, als mit dem Bus zu fahren, um das gesparte Geld meinem Land zu spenden. Aus dem gleichen Grund ging ich nie abends aus. Und wo immer sich die Möglichkeit ergab, sang ich, um Geld für die Sache Tibets zu sammeln.

So kam ich in Kontakt zu Joanna Lumley. Heute weiß ich, dass die bekannte Schauspielerin weltberühmt ist durch ihre Rolle als Paty in der erfolgreichen und beliebten Fernsehshow *Absolutely Fabulous.* Sie wuchs in Indien auf, ihre Großeltern waren in Tibet gewesen, und sie war seit langem eine Verehrerin des Dalai Lama. Auch war sie eine engagierte Unterstützerin der Kampagne zur Befreiung Tibets. Als ich gefragt wurde, ob ich bei einer von ihr organisierten

Wohltätigkeitsveranstaltung auftreten wollte, wusste ich das alles noch nicht, aber ich sagte mit großer Freude zu. Ihr Name sagte mir allerdings gar nichts, und ich erkannte sie auch nicht, als ich zu der Veranstaltung kam. Erst später, als Michael mir erzählte, dass er sie mehrmals in der Sendung *Absolutely Fabulous* gesehen hatte, realisierte ich, wer sie war.

Ehrlich gesagt, beeindrucken mich Ruhm und Reichtum nicht sonderlich, Talent hingegen weiß ich zu schätzen. Ich mag die Menschen so, wie sie sind, und nicht deshalb, weil sie reich sind. In der Lehmhütte eines Yogis fühle ich mich ebenso wohl wie in einem noblen Landsitz.

Das Konzert fand in einem unter Denkmalschutz stehenden Haus in West London statt, das einer wohlhabenden indischen Familie gehörte. Joanna war anmutig, charmant und wunderbar angezogen – und sie verkniff sich jede witzige Bemerkung! Es kamen viele Reiche, und wir nahmen zehntausend Pfund ein, was ein toller Erfolg war. Zwei Monate später organisierte Joanna Lumley ein weiteres Konzert zur Unterstützung Tibets, diesmal in ihrem eigenen Haus, und bat mich, wieder mit dabei zu sein und aufzutreten.

Ihr Mann ist Dirigent, und so gab es im Garten des Anwesens einen eigenen Musikraum, in dem das Konzert stattfand. Joanna trug tibetische Tracht, eine Chuba, und steuerte großzügig Champagner und Essen bei. Wieder nahmen wir zehntausend Pfund ein – das Geld floss zum größten Teil in die Unterstützung politischer Gefangener, darunter die Nonnen, die in der Frauenabteilung des berüchtigten Drapchi-Gefängnisses eingesperrt sind.

Dieses Anliegen lag mir sehr am Herzen, da das Schicksal der politischen Gefangenen in Tibet besonders bitter ist.

Joanna las die bewegenden Zeilen von Passang Lhamo, einer tibetischen Nonne, die eingesperrt wurde, weil sie friedlich gegen die chinesische Herrschaft protestiert hatte. Sie hatte eine erschütternde Schilderung der Schläge und Folterungen verfasst, die sie und ihre Mitgefangenen in einem bestimmten Gefängnistrakt, dem sogenannten Rukhag 3, erleiden mussten. Lhamo beschreibt darin unter anderem, wie sie mehrere ihrer Mitschwestern sterben sah.

Gefangenen geht es in Tibet insgesamt schlecht. Man gibt ihnen menschliche Exkremente zu essen, man foltert und schlägt sie, bis sie fast verrückt werden. Dann benachrichtigt man ihre Familien, die sie abholen sollen, damit sie nicht im Gefängnis sterben. Oft genug besteht ihr einziges Vergehen darin, dass sie dem Dalai Lama gefolgt sind oder sich für die Freiheit Tibets eingesetzt haben.

Über diese Verbrechen wird nie berichtet, und niemand außerhalb des Landes ist darüber informiert. Ich glaube, man fürchtet sich vor China und seiner wirtschaftlichen Macht. Wenn es einem selbst gutgeht, so wie uns hier im Westen, dann wird man taub für das Leiden der anderen – und in gewisser Weise ist das auch eine Art von Gefängnis, in dem man dann lebt.

Am 23. November 2003 erreichte mein künstlerisches Engagement für meine Heimat seinen Höhepunkt, als ich das Angebot bekam, bei einer großen Gala zur Unterstützung des Tibet Relief Fund im Royal Opera House in Covent Garden in London aufzutreten. Die Karten kosteten einhundertdreißig Pfund, und die Einnahmen gingen an den Hilfsfonds für Flüchtlinge. Das Ganze hieß »Ein Abend für Tibet« und wurde von einer eindrucksvollen Liste berühmter Persönlichkeiten unterstützt, darunter Prinz Charles,

Mick Jagger, Richard Gere, Annie Lennox, Joanna Lumley, Clive Anderson und Ruby Wax.

Ich sollte zusammen mit der herausragenden britischen Sopranistin Lesley Garret singen, was für mich eine große Ehre war, aber in letzter Minute musste sie wegen einer Grippe absagen. Für sie sprang Yvonne Kenny ein, eine ebenso berühmte australische Diva, die regelmäßig an der Royal Opera auftritt und darüber hinaus an allen großen internationalen Häusern wie der Mailänder Scala, der Berliner und der Wiener Staatsoper, der Pariser Oper, den Opernhäusern in Hamburg, München und Zürich, der Carnegie Hall und anderen renommierten Orten gesungen hat. Wie immer hatte ich keine Ahnung, wie angesehen meine Partnerin war – was vielleicht ganz gut war.

Ich hatte außerdem keine Idee, was das Royal Opera House war, ob mich ein eher großer oder ein eher kleiner Saal erwartete. Ich erzählte Michael nebenbei, dass ich dort singen sollte, und er sagte: »Du weißt wohl nicht, wie wichtig das Royal Opera House ist! Hier finden die größten und besten Opern und Ballettaufführungen statt. Die größten Stars der Welt treten hier auf. Es ist eine große Ehre, wenn man dich hier einlädt.«

Meine Antwort war: »Was soll's. Ich singe nicht für mich, sondern für Tibet. Ich werde ihnen nicht mal meine eigenen Kosten in Rechnung stellen – und auch für deine Eintrittskarte werde ich zahlen.«

Das tat ich dann auch. Als der Abend kam, zog ich meine rote Chuba mit den schwarzen Blumen an, legte meinen tibetischen Schmuck an und ließ die Haare offen über den Rücken fallen. Ich war überhaupt nicht nervös, als ich auf die Bühne ging. Aber das Publikum wirkte steif, die Herren in schwarzen Anzügen, die Damen in langen Abendkleidern. Ich dachte, ich müsste sie etwas auflockern.

»Sie sehen in ihren schicken Kleidern wunderbar aus, aber alles ist etwas verkrampft. Bewegen Sie Ihre Arme, vergnügen Sie sich, wir sind hier für Tibet zusammengekommen«, sagte ich.

Es ging ein Grinsen durch die Reihen. Dann sang ich ihnen mein geliebtes Mantra des Mitleids, das Mantra Tibets vor: Om Mani Padme Hum, das ich mir auf der Flucht immer vorgesagt hatte. Und das Publikum begann mit mir zu singen. Es war phantastisch, wie dieser heilige Klang in der Floral Hall des Royal Opera House, dem Tempel westlicher Kultur, widerhallte. Es entspannte das Publikum zusehends. Danach sang ich ein Lied mit dem Titel »Verletzlich«, das ich selbst komponiert hatte, und in dem es um meine Sehnsucht nach Tibet und meinen Wunsch zurückzukehren ging:

Ich werde wieder singen
Unter dem Baum in den Bergen
Die Regentropfen auf seinen Blättern
werden mir den Rhythmus vorgeben
Ich werde zurückkehren
Um den kühlen Frühling zu erleben.

Am Ende gab es großen Applaus, und jeder sagte, dieser Abend sei etwas ganz Besonderes gewesen. Im Anschluss an das Abendessen, das ganz wunderbar war, nahm ich den letzten Zug nach Brighton, wo ich in einer bescheidenen kleinen Wohnung mit Michael lebte. Am anderen Morgen stand ich wie immer früh auf, um meine Gebete zu sprechen, und machte mich auf den Weg zu meinem Putzjob im Polizeirevier. Ich brauchte das Geld, um zu überleben, denn trotz meiner wachsenden Popularität war das Geld immer noch knapp.

Es war ein komisches Leben. Da stand ich auf der Bühne und war ein Star, und im nächsten Moment lief ich mit dem Staubtuch herum und leerte Papierkörbe aus. Wie Aschenputtel war ich auf den großen Ball gegangen, hatte meinen Schuh verloren und war jetzt wieder in der Küche gelandet.

Aber mein Auftritt im Royal Opera House hinterließ einen bleibenden Eindruck. Der *Observer,* eine große englische Tageszeitung, brachte einen ganzseitigen Artikel über mich unter der Überschrift »From Cleaning Lady to Leading Lady«, sinngemäß etwa: Von der Putzfrau zur Frontfrau. Sie machten ein Foto von mir, wie ich mit einem Besen den Boden in einem Büro schrubbte, und daneben plazierten sie ein Bild, das die vornehmen Räumlichkeiten des Royal Opera House zeigte. Die Gala selbst wurde von der BBC aufgezeichnet und gesendet, und man sah die Bilder in der ganzen Welt. Später hörte ich, dass die Menschen in Dharamsala die Übertragung tatsächlich gesehen hatten, auch meine alte Freundin Dolma. Sie konnten es nicht glauben! Ich übrigens auch nicht.

Auch das Sonntagsmagazin des *Daily Telegraph* berichtete in Farbe über meinen Auftritt: »Mit einer Stimme, so klar, als könnte sie Glas zerspringen lassen, singt sie alte Volkslieder und eigene Kompositionen von ihrem Leben in Tibet.«

Das war schön gesagt. Ich gab eine Menge Radiointerviews für Sender aus Dänemark, der Schweiz, den USA und Deutschland. Auch bekam ich viele Anrufe und E-Mails, und aus der Schweiz schickte mir jemand fünfzig Pfund.

Diese Publicity verhalf mir zu Auftritten bei verschiedenen Festivals in Großbritannien und in ganz Europa. Ich sang in Malaga in Spanien auf einem Festival, bei dem die unterschiedlichsten Musikstile vertreten waren, von Rock 'n' Roll über Jazz bis zur Weltmusik. Der Süden Spaniens gefiel mir, obwohl das Wetter dort nach dem Leben in England etwas zu heiß für mich war. Ich fuhr nach Macugnaga im Piemont in Norditalien, um am jährlichen Festival von San Bernardino teilzunehmen. Dort gewann ich den Preis als beste Künstlerin, was für mich sehr aufregend war. Es war der erste Preis, den ich je in meinem Leben gewonnen hatte, und mein Auftritt wurde im italienischen Fernsehen landesweit übertragen. Aus dem Nichts war ich plötzlich dabei, berühmt zu werden.

Nur in Tibet kannte mich niemand. Meine Familie konnte nicht wissen, was mir alles widerfahren war. Ich fragte mich, was mein Vater gesagt hätte. Meine Mutter, die Großeltern und meine Geschwister wären vermutlich stolz auf mich gewesen, wenn sie gesehen hätten, was ich aus eigener Anstrengung und ohne Ausbildung geschafft hatte. Selbst in meinen kühnsten Träumen hätte ich mir bei meiner Flucht aus Tibet nie vorzustellen gewagt, dass die Dinge sich so entwickeln würden.

Das Größte in meinem bisherigen Leben aber war ein Auftritt für die Weltfriedenszeremonie des Dalai Lama, die in der Usher Hall in Edinburgh in Schottland im Juni 2004 stattfand. Andere Musiker nahmen ebenfalls daran teil, und es gab eine bewegende Zeremonie unter dem Titel »Möge der Frieden siegen«. Der Dalai Lama hielt eine anrührende Rede über das Heranwachsen einer neuen engagierten Generation. Danach konnte ich mit ihm sprechen.

»Wo kommst du her? Bist du gerade aus Tibet gekommen?« fragte er mich.

Ich bekam kaum ein Wort heraus, so aufgeregt war ich in der Gegenwart seiner Heiligkeit.

»Ich komme aus Yarlung und habe eine Zeitlang in Indien gelebt«, gelang es mir schließlich zu antworten.

Er wirkte unglaublich groß, wenn man direkt vor ihm stand, aber es war eher die Größe seiner Gegenwart als die seines Körpers. Er war sanft und stark zugleich, wie ein Baby. Einerseits war ich selig und glücklich, und andererseits hatte ich das Gefühl, nicht hierher zu gehören. Der Dalai Lama strahlte Liebe und Freundlichkeit aus, aber es war, als ob er durch mich hindurchschauen konnte und direkt auf den Kern meines Wesens blickte. Das war nicht sehr angenehm.

Ich muss noch viel an meiner inneren Reinigung arbeiten, erst dann bin ich es wert, vor dem Dalai Lama zu stehen, dachte ich. Wäre ich ein Yogi und hätte jahrelang ernsthaft meditiert, dann hätte ich möglicherweise von seiner Gegenwart profitieren können, und mein spirituelles Wachstum hätte einen Sprung gemacht. Meine Ziele waren von anderer Art: Ab und an gelobte ich, nicht mehr zu lügen, nicht über andere zu tratschen und einen klareren Geist zu haben.

Zögernd reichte ich ihm meine Gebetskette und bat ihn, sie zu segnen. Er nahm sie ohne Zögern, sprach Mantras darüber und blies sie mit seinem Atem an. Noch einen Monat später zitterte ich, wenn ich daran dachte.

Kapitel 12

Das Wiedersehen

Auch wenn ich für meine Auftritte als Sängerin quer durchs Land reiste und jede Menge öffentliche Aufmerksamkeit bekam, hatte ich meine Tochter nicht vergessen. Ich musste immerzu an sie denken. Meine Welt erweiterte sich mehr und mehr, und es machte mir Spaß aufzutreten, neue Leute kennenzulernen und in der Welt herumzukommen, aber für mich war das Singen nur eine vorübergehende Phase im Leben. Ich konnte mir nicht vorstellen, für immer eine Sängerin zu sein. Mein Kind hingegen war etwas für das ganze Leben.

Ich hatte nie die Hoffnung aufgegeben, Deckyi eines Tages zu finden und all das wiedergutzumachen, was sie in den Jahren unserer Trennung vermisst hatte. Ich glaubte, dass die tragischen Umstände, unter denen sie leben musste, ihr geschadet hatten, besonders dass sie von ihrer Mutter getrennt worden war. Über diesen Gedanken wurde ich sehr traurig und beschloss, keine Kinder mehr zu bekommen.

»Wenn ich noch mehr Kinder habe, werden sie meine ganze Zeit beanspruchen, und wenn ich Deckyi dann finde, wird sie sich wieder vernachlässigt fühlen. Auch würde ein Baby, das in England auf die Welt käme, alle die Sicherheiten und Möglichkeiten haben, die Deckyi nicht hatte. Das könnte ich ihr nicht antun«, sagte ich zu Michael.

Das mache ihm nichts aus, meinte er, er sei ohnehin zu alt, um Vater zu werden.

Er war ein derart guter Mensch, und trotz aller kulturellen Differenzen hatten wir eine sehr starke Bindung zueinander.

Ich hatte immer noch keine Ahnung, wo Deckyi sich aufhielt oder was sie machte, aber hinter den Kulissen arbeiteten die geheimen Kräfte des Karma für mich.

Eines Tages im Herbst des Jahres 2002 sprach ich mit einer tibetischen Freundin in London, und sie erwähnte einen Mann, der tibetische Flüchtlinge nach New York brachte. Ich war begeistert.

»Ich kenne diesen Mann aus meiner Zeit in Dharamsala und würde gerne mit ihm sprechen. Kannst du mir seine Telefonnummer besorgen?« fragte ich.

Ich rief ihn in den USA an, und er war sehr freundlich.

»Das kostet dich ein Vermögen«, sagte er. »Ich rufe dich gleich zurück.«

Wir unterhielten uns, und ich fragte ihn, ob er etwas von Tenzin wisse. Seit meinem letzten misslungenen Telefongespräch mit ihm aus Delhi hatte ich keinen Kontakt mehr mit dem Vater meiner Tochter gehabt. Den Zettel mit seiner Telefonnummer hatte ich damals wütend weggeschmissen.

Mein Gesprächspartner sagte mir, dass er Tenzin tatsächlich hin und wieder bei irgendwelchen Anlässen sehe und dass er mir seine Telefonnummer besorgen werde. Eine halbe Stunde später hatte ich sie.

Ich nahm meinen ganzen Mut zusammen und rief an. Eine Frau nahm den Hörer ab. Ich stellte mich als »eine alte Freundin« vor, die Tenzin sprechen wollte. Daraufhin sagte sie, dass sie seine Frau sei. Tenzin sei gerade nicht zu Hause, ich solle es doch später noch einmal probieren.

Als ich das nächste Mal anrief, war sie wieder am Apparat und sagte, Tenzin sei noch nicht zurück. Ich fasste mir ein Herz und schenkte ihr reinen Wein darüber ein, wer ich war, und erklärte, dass ich nur wegen Deckyi anrief. Ich ging davon aus, dass sie, die ebenfalls Tibeterin war, von mir wusste.

»Alles, was ich sagen kann, ist, dass Deckyi in einer Schule in Indien ist. Mehr möchte ich nicht sagen, um Tenzin nicht zu verärgern. Sie müssen mit ihm persönlich sprechen. Aber setzen Sie alles daran, mit ihr Kontakt aufzunehmen, denn Tenzin hat sie nicht mehr gesehen, seit er weggegangen ist. Sie sind ihre Mutter, und sie braucht Sie.«

Etwas später rief ich noch mal an und bekam Tenzin an den Hörer. Er sprach nicht viel, aber ich legte diesmal nicht auf, sondern fragte ihn nach Deckyi. Doch er wollte mir überhaupt nichts sagen. Er wiederholte nur, was ich bereits wusste, dass sie in Indien sei, und sagte dann: »Aber ich möchte nicht, dass sie mit dir Kontakt aufnimmt, lass sie in Frieden. Ihre Ausbildung in Indien ist bald zu Ende, und dann werde ich sie hierher nach Amerika holen.«

Es entstand eine Pause, und dann fügte er hinzu: »Meine Familie in Tibet hat viel Geld für Deckyis Erziehung ausgegeben, und es war nicht leicht. Ich habe viel Geld nach Tibet geschickt, um Deckyi und meine Familie zu unterstützen. Jetzt bin ich wirklich am Ende.«

Aha, dachte ich, er will Geld.

Nach ein paar Minuten merkte ich, dass er recht hatte. Ich hatte nichts zu Deckyis Erziehung beigetragen – nicht, weil ich es nicht gewollt hätte, sondern weil ich nicht wusste, wo sie war. Wenn das alles war, was nötig war, um meine Tochter zu finden, dann war das in Ordnung. Ich ließ mir seine Adresse geben und schickte ihm sofort eintausendfünfhundert Pfund, die ich über die Jahre auf einem gesonderten Konto für meine Tochter gespart hatte. Im Austausch bekam ich die Adresse und Telefonnummer von Deckyi. Das war der beste Deal, den ich je gemacht habe.

Mehr konnte ich im Moment über sie nicht in Erfahrung bringen. Ich wusste weder, wie es ihr ging, noch, wie sie nach Indien gekommen war. Alles, was ich wusste, war, dass sie in einer von der tibetischen Regierung geführten Schule in Mussorie war. Mussorie war eine alte britische Garnison in den Bergen des indischen Himalaja, etwa vierzehn Stunden mit dem Bus von Dharamsala entfernt.

»Wenn du sie anrufst, sag ihr nicht, wer du bist. Der Schock wäre zu groß für sie.« Das waren Tenzins Abschiedsworte.

Ohne Zögern wählte ich die Nummer. Ich hatte seit neun Jahren nicht mehr mit meiner Tochter gesprochen und fragte mich, wie ihre Stimme jetzt wohl klingen mochte. Sie kam ans Telefon, und ich tat, wie mir geheißen, und stellte mich als eine Freundin ihrer Mutter vor, die aus Tibet anrief. Deckyi sagte kaum etwas, aber ich ließ nicht locker und fragte immer weiter: »Wie geht es dir? Wie ist es in deiner Schule? Welche Schuhgröße hast du jetzt?«

Ich wollte ihr ein Paar neue Schuhe schicken, aber sie wurde misstrauisch, als ich anfing, über die Schuhe zu sprechen, weil ich das englische Wort »number« verwendete, als ich sie nach ihrer Schuhgröße fragte. Niemand in Tibet kennt dieses Wort.

Es war, als würde ich mit einem Geist sprechen. Deckyi war so weit weg und wenig gesprächig. Es überraschte mich nicht – warum sollte sie sich anders verhalten, wenn irgendeine fremde Person sie aus heiterem Himmel anrief?

Aber mein Herz war weit geöffnet. Sie war jetzt so nah und gleichzeitig so weit weg, und das nicht nur im Sinn der geographischen Entfernung. Ich wollte nach ihr greifen, aber es war eine undurchdringliche Wand zwischen uns.

Ich war den Tränen nahe, wir hatten beide soviel verloren, aber ich riss mich zusammen, bis ich den Hörer aufgelegt hatte. Dann weinte ich mich an Michaels Brust aus.

»Nur Geduld«, sagte er und streichelte mir die Schulter. »Wenn du erst mal einen legalen Status hier hast, kannst du losfahren und sie besuchen, und dann wird alles besser.«

Er hatte recht. Nun wusste ich zwar endlich, wo meine Tochter war, aber ich konnte das Land nicht verlassen, weil ich keine Papiere hatte. Ich war sehr frustriert.

Durch Zufall hatte ich den Kontakt mit einem Deutschen, Alfred Röver, aufrechterhalten, den ich in meiner Zeit in Delhi kennengelernt hatte. Er war sehr nett zu mir gewesen und hatte mir einmal sechstausend Rupien geschickt. Das war für mich damals eine dermaßen große Summe, dass ich das Geld sofort zurücküberwies. Alfred war seit den sechziger Jahren, als der Dalai Lama ins Exil ging, ein aktiver und großzügiger Unterstützer der tibetischen Sache – und er war einer der Spender, die das Geld für die Schule aufbrachten, in der Deckyi war.

Ich sprach mit ihm, erklärte die Situation und bat ihn, bei seinem nächsten Besuch in Mussorie mit Deckyi zu sprechen, sie zum Essen einzuladen und ihr alles von mir zu erzählen. Ich wusste, dass man ihr nichts von mir berichtet hatte, und glaubte, es sei gut, wenn sie erführe, dass ihre leibliche Mutter lebte, dass es ihr gutging, dass sie in England war und immer an sie dachte.

Röver versprach, meine Bitte zu erfüllen. Aus Mussorie

zurückgekehrt, wusste er zu berichten, dass Deckyi ein liebenswertes Mädchen sei, aber nicht wirklich verstanden hätte, was er ihr erzählt hatte. Auch sagte er, dass er ein Foto von ihr mitgebracht habe, das er mir zuschicken wollte.

Diese Neuigkeiten erwärmten mein Herz. Ich wartete in freudiger Erwartung auf das Bild meiner Tochter, die ich so lange nicht mehr gesehen hatte. Als der Brief kam, riss ich ihn auf und sah das Passfoto eines wunderschönen jungen Mädchens mit einem herzförmigen Gesicht und vollen Lippen, von denen ein geheimnisvolles Lächeln ausging. Ihr Haar war in der Mitte gescheitelt, und sie trug eine Schuluniform nach westlichem Vorbild mit einer weißen Bluse, einer gestreiften Krawatte und einem Pullover mit V-Ausschnitt. Ich betrachtete ihr feingliedriges Gesicht und konnte darin wenig von mir entdecken. Sie war definitiv das Kind ihres Vaters.

Dieses Foto war jetzt mein kostbarster Besitz, und bald war es an allen Ecken eingerissen, weil ich es immer wieder hervorholte.

Im nächsten Jahr, 2003, bekam ich das Einjahresvisum im Pass eingetragen, und so konnte ich England zum ersten Mal seit fünf Jahren verlassen und hoffentlich ohne allzu große Probleme auch wieder einreisen. Jetzt konnte mich nichts mehr davon abhalten, meine Tochter zu sehen!

Im Juni bestieg ich zum zweiten Mal ein Flugzeug der Aeroflot und machte mich von Delhi aus auf den Weg nach Dharamsala, wo ich mit einem Lehrer von Deckyi im Hotel Drepung Osel-ling verabredet war, der sie dorthin bringen sollte. Mittlerweile war ich eine geübte Reisende, und so klappte jetzt alles wie am Schnürchen, wenn man davon absieht, dass mein Koffer mit all den Geschenken für Deckyi bei der Aeroflot verlorenging. Es sollte ein zehntägiger Aufenthalt werden, genügend Zeit, dachte ich, um sich kennenzulernen, ohne die Dinge zu überstürzen.

Auf der langen Fahrt von Delhi nach Dharamsala durch die Nacht war ich wegen des verlorengegangenen Koffers schlechter Laune. Der Bus holperte über die staubige Straße, vorbei an kleinen Orten und Dörfern, die nie zur Ruhe zu kommen schienen, und als die Sonne aufging, hatten wir die Ebene des Himachal Pradesh erreicht.

Frauen in herrlich bunten Saris arbeiteten in den Feldern und sahen aus wie exotische Vogelschwärme, die sich dort niedergelassen hatten. Sikhs mit pastellfarbenen Turbanen waren mit ihren Fahrrädern unterwegs, zogen sahnefarbene Kühe hinter sich her oder knatterten mit alten, verrosteten Autos die Straße entlang. Lumpenbündel lagen zusammengekauert am Straßenrand und schliefen. Das war das Indien, das ich kannte, bunt, chaotisch und staubig. Obwohl es erst dämmerte, war die Hitze bereits unerträglich, denn es war jetzt Sommer hier.

Während der Bus sich über die Serpentinen nach Dharamsala, der Heimat des Dalai Lama, hinaufschraubte, wurde ich immer aufgeregter. Ich hoffte, dass meine Tochter sich ebenso auf das Wiedersehen freute wie ich. Aber ich wagte es nicht, mir Hoffnungen zu machen. Wir waren so lange getrennt gewesen, und wer konnte schon wissen, was sie wirklich für mich empfand.

Um halb sieben kam der Bus ratternd zum Stehen, und sofort rannte ich zum vereinbarten Treffpunkt beim Hotel. Wie sich herausstellte, war das Hotel voller indischer Touristen und vollständig ausgebucht. Damit hatte ich nicht gerechnet. Ich hatte vergessen, dass im Juni und Juli die

Hauptreisezeit war, wo jeder versuchte, der Hitze zu entfliehen, und in die Berge fuhr. Panik erfasste mich. Wie sollen Deckyi und ich uns hier jemals finden?

Ich ging zu verschiedenen Hotels in der Nähe, aber sie waren alle ausgebucht, und ich konnte Deckyi nirgends entdecken. Verzweifelt eilte ich zurück zur Busstation in der Stadtmitte und sah mich nach einem wartenden jungen Mädchen um. Mein Magen schnürte sich vor Angst zusammen, und mein Mund war so trocken wie der Boden eines Vogelkäfigs. Menschenmassen waren überall an der Busstation, aber ich konnte niemanden erkennen, der auch nur entfernt mit der Deckyi Ähnlichkeit hatte, die ich vom Foto her kannte. Ich rannte zwischen den Menschen herum, die Straßen hinauf und wieder zurück, aber ohne Erfolg.

Nach zwei oder drei Stunden vergeblichen Suchens sprach mich ein Tibeter an, an dem ich bereits mehrmals vorbeigelaufen war, und fragte, ob ich gerade aus England gekommen sei.

Ich bejahte. Es war Deckyis Lehrer. In seiner Begleitung war ein dreizehnjähriges Mädchen mit kurzem dichtem Haar.

»Hier ist Ihr Kind«, sagte er.

Ich stand da und war bass erstaunt. Vor mir stand ein außergewöhnlich hübsches Mädchen, das ungewöhnlich groß war, viel größer als ich. Das überraschte mich – auf dem Foto konnte man nicht erkennen, wie groß Deckyi war. Sie schlägt nach ihrem Vater, dachte ich, der ist über einen Meter achtzig groß. Kein Wunder, dass ich sie nicht erkannt hatte.

Wir sahen einander an und taxierten uns gegenseitig. Meine Gefühle in diesem Moment sind nicht zu beschreiben. Es wäre völlig unangemessen gewesen, wenn ich sie, wie es wohl jeder Mensch aus dem Westen getan hätte, umarmt und geküsst hätte. In Tibet zeigt man Gefühle selten auf körperliche Art in der Öffentlichkeit, besonders dann nicht, wenn man den anderen nicht sehr gut kennt.

Deckyi war in Begleitung eines weiteren Mädchens, die so alt war wie sie und die sie als ihre Schwester Dolga vorstellte.

Ich wollte ihr so viele Dinge sagen, aber sie sah so verletzlich aus und so gar nicht von dieser Welt, dass ich nicht wusste, wie ich anfangen sollte. Außerdem standen wir hier mitten auf dem Busbahnhof.

»Geh und schau, ob wir in diesem Gästehaus ein Zimmer bekommen können – sag ihnen meinen Namen«, sagte ich zu dem zweiten Mädchen, der »Schwester«. Mir war eine Pension eingefallen, die von einem alten Bekannten betrieben wurde. »Wir warten hier auf dich.«

Der Lehrer ging mit, und Deckyi und ich blieben allein zurück. Wir setzten uns auf einen großen Stein am Straßenrand, und ich fühlte mich elend, weil ich nichts hatte, was ich ihr geben konnte. Ich schaute auf ihre Füße und sah, dass die Schuhe ihr zu klein waren und aus dem Leim gingen – es brach mir das Herz. Ich hatte ihr Schuhe aus England mitgebracht, aber die waren in meinem Koffer, der irgendwo in Indien verlorengegangen war.

»Weißt du, ich bin wirklich deine Mutter«, sagte ich und zog alte Fotos von uns beiden heraus, auf denen man sie als kleines Kind mit mir sah. Ich wollte, dass sie sicher wusste, dass ich wirklich die war, für die ich mich ausgab.

»Es war schrecklich, dass ich dich verlassen musste, aber ich hatte keine andere Wahl«, sagte ich hilflos.

Deckyi in ihrer Schule in Mussorie (2004).

Deckyi sagte nichts. Ich verstand sie. Es muss komisch sein, wenn eine Fremde kommt und dir sagt, dass sie deine Mutter ist. Das ist sicher kein angenehmes Gefühl. Zudem musste ich für eine Mutter sehr jung gewirkt haben. Ich war gerade mal dreißig, und sie war dreizehn.

Dolga kam zurück und sagte, sie habe uns in dem Gästehaus untergebracht. Die folgenden Tage waren merkwürdig und seltsam unbeholfen. Wir lebten zu dritt in einem Raum und versuchten, uns näher kennenzulernen. Nach und nach entstand ein kleines Bild dessen, was Deckyi nach unserer Trennung widerfahren war.

Nachdem ihre Großeltern sie zurück nach Tibet gebracht hatten, lebte Deckyi bei ihrer Tante, der Schwester ihres

Vaters. Sie nannte diese Frau, die eine Tochter hatte, die nur einen Monat älter als Deckyi war, »Mutter«. Das war also Dolga, die sie mir als ihre Schwester vorgestellt hatte. Niemand hatte ihr je von mir erzählt oder meinen Namen erwähnt. Sie wusste überhaupt nicht, dass es mich gab. Offensichtlich hatte die Familie ihres Vaters beschlossen, mich aus ihrem Leben zu tilgen.

Es war schrecklich für mich. Jedes Kind muss wissen, dass es Vater und Mutter hat, auch wenn beide nicht da sind.

»Hast du dir manchmal überlegt, dass deine Tante vielleicht gar nicht deine Mutter ist?« fragte ich Deckyi.

»Ich habe sie Mutter genannt, aber ich hatte das Gefühl, dass das nicht stimmt«, sagte Deckyi ruhig.

Sowohl Dolga als auch sie nannten mich jetzt »Mutter«. Die Freude, dieses Wort aus dem Mund meiner Tochter zu hören, minderte das zwar beträchtlich, aber natürlich änderte es nichts an meiner Mutterliebe zu ihr.

Es war, wie ich befürchtet hatte: Deckyi hatte Probleme bekommen, als es darum ging, in die Schule zu gehen. Da sie nicht in Tibet geboren war, fehlten ihr die ordnungsgemäßen Papiere, die sie berechtigt hätten, am staatlichen Bildungswesen teilzunehmen. Ihre Verwandten waren ratlos. Als meine Tochter sieben Jahre alt war, bezahlten sie einen Geschäftsmann, der Deckyi und ihre »Schwester« illegal über die Grenze nach Nepal und Indien bringen sollte, damit sie die Schule in Mussorie besuchen konnten. Deckyis Tante schickte ihre eigene Tochter nicht nur als Begleitung mit, sondern weil sie glaubte, dass sie in Indien eine bessere Ausbildung bekommen würde als in Tibet.

Meine Tochter war also auch aus Tibet geflohen, doch

verlief ihre Flucht Gott sei Dank weniger dramatisch als meine. Sie musste nur einmal in einer Gegend, in der es keine Kontrollpunkte gab, über einen Berg klettern. Hätte ich nur damals diese Route gekannt! Kurz bevor ich nach Frankreich und England abreiste, war sie in Indien angekommen. Wir waren also einige Monate auf demselben Kontinent gewesen, ohne dass ich es damals wusste. An dieser Neuigkeit hatte ich ziemlich zu schlucken.

Deckyi war weiterhin sehr in sich gekehrt und still, während Dolga freundlich war und aus sich herausging. Meine Befürchtung, dass Deckyi seelische Narben davongetragen haben könnte, schien sich zu bestätigen. Ich hätte sie so gerne liebevoll in den Arm genommen, hätte so gerne eine Beziehung zu ihr aufzubauen begonnen, aber das war unmöglich, solange die beiden Mädchen die ganze Zeit zusammen waren. Die beiden waren offensichtlich sehr eng befreundet, und ich wollte keinen Keil zwischen sie treiben, indem ich Deckyi bevorzugte. Es hätte vermutlich ohnehin nicht funktioniert, denn Deckyi zeigte mir gegenüber keinerlei Gefühle.

Dadurch, dass ich zwei- oder dreimal wegen meines Koffers nach Delhi zurückmusste, der irgendwann endlich aufgetaucht war, wurde die Situation auch nicht besser. In dem Koffer waren alle meine Kleider und natürlich auch Deckyis Geschenke. Ich empfand die Fahrten nach Delhi als fürchterliche Zeitverschwendung. In dieser Zeit konnte ich nicht mit Deckyi zusammensein, und bei der glühenden Hitze vierundzwanzig Stunden im Bus zuzubringen ermattete mich jedesmal. Während ich nach Delhi fuhr, ließ ich die Mädchen bei dem Besitzer des Gästehauses zurück; dort waren sie gut aufgehoben. Tibetische Schulmädchen benehmen sich in aller Regel gut und sind nicht so wild wie ihre Alterskameradinnen hier im Westen.

Ab und an, wenn die Mädchen nicht gerade fasziniert vor dem Fernseher in unserem Zimmer saßen, konnten wir uns ein wenig unterhalten.

»Warst du traurig, weil dich deine Eltern verlassen haben? Es muss für dich doch sehr schwer gewesen sein in der Schule in Indien – so ganz allein, ohne Vater und Mutter?«

»Nicht wirklich, alle Kinder in dieser Schule sind in einer ähnlichen Situation. Entweder sind die Eltern getrennt oder es sind Waisenkinder oder die Eltern sind in Tibet«, antwortete sie.

Später erfuhr ich, dass Deckyi in der Schule sehr beliebt und dafür bekannt war, dass sie mit jüngeren Mädchen gut umgehen konnte. Sie war sehr musikalisch und spielte auf den tibetischen Musikinstrumenten – ganz wie mein Vater. Man hatte ihr das Kochen beigebracht – ganz und gar nicht wie ihrer Mutter!

Ich machte mir Sorgen wegen ihres Mangels an Begeisterungsfähigkeit und ihrer Apathie. Sie schien wenig Freude am Leben zu haben und war so anders als die fröhliche, aufgekratzte Tochter, die ich in Erinnerung hatte – die Kleine, mit der ich immer spielte, die mit allen Ladenbesitzern der Gegend befreundet war und die im Alter von zwei Jahren tapfer alleine losmarschiert war, um ihre Freundin zu besuchen, die mehrere eng gewundene Gassen entfernt wohnte. Ich fand sie damals erst wieder, nachdem ich einen Tag wie verrückt nach ihr gesucht hatte. Sie saß froh und glücklich bei ihrer Freundin.

Die ältere Deckyi dagegen war distanziert und zurückhaltend. Sie war bescheiden, reserviert und hatte eher konservative Ansichten – auch hier völlig anders als ihre Mutter!

»Bitte binde dein Haar zusammen, trag es nicht offen. Und zieh keine Hosen an – nimm lieber die Chuba«, sagte sie zu mir.

Sie war sehr tibetisch. Ich versuchte sie dazu zu bewegen, die T-Shirts, die ich ihr mitgebracht hatte, anzuziehen, aber sie bestand darauf, selbst in der brütendsten Hitze eine Jacke mit langen Ärmeln zu tragen.

Dolga hingegen war eher entspannt, auch zeigte sie mir gegenüber viel mehr Zuneigung. Aber sie hatte auch eine normale Kindheit erlebt und war emotional stabiler. Dolgas Mutter hatte die beiden Mädchen in Indien besucht, sooft es ging. Ich wusste das zu schätzen und war ihr überhaupt sehr dankbar für alles, was sie für Deckyi getan hatte.

Deckyi erzählte, dass sie ab und zu von ihrem Vater angerufen wurde, aber er hatte sie nie besucht, obwohl er wusste, wo sie lebte. Seit er damals verschwunden war, hatte er sie nie mehr zu Gesicht bekommen. Sie war gerade mal elf Monate alt gewesen.

Unsere gemeinsame Zeit ging viel zu schnell vorbei. Der Lehrer kam und holte die beiden Mädchen wieder ab, um mit ihnen nach Mussorie zu fahren. Ich blieb allein zurück, innerlich zerrissen von meinen widerstreitenden Gefühlen. Der Besuch war kurz gewesen, und er war, das musste ich zugeben, kein durchschlagender Erfolg. Ich hatte meine Tochter zwar körperlich, aber nicht emotional wiedergefunden. Ich hatte auf dieses Wiedersehen lange gewartet, hatte mich danach gesehnt, aber jetzt war ich enttäuscht. Ich saß an der Bushaltestelle in Dharamsala, wartete auf den Bus nach Delhi und weinte. Während der ganzen Fahrt zurück war ich wie weggetreten – als stünde ich unter Drogen. Ich konnte nichts zu mir nehmen. Es war, als wäre ich verrückt geworden.

Ich betete von Herzen zu Tara, dem weiblichen Buddha, die das Weinen der Welt hört und denen zu Hilfe eilt, die in Not sind. Ich hatte sie seit meiner Kindheit geliebt. Meine Großmutter hatte mir Geschichten von ihr erzählt, von ihrer Schönheit und ihren unglaublichen Taten. Sie war sehr mächtig.

»Bitte, Tara, meine Tochter und ich haben so viel durchgemacht. Hilf mir jetzt, stark zu sein.«

Natürlich sah ich ein, dass Deckyi wieder in die Schule zurückmusste, was ich ohnehin für sehr wichtig hielt. »Das einzige, was ich mir von dir wünsche, ist, dass du die Schule fertig machst, denn deine Mutter hat keine Schulbildung. Es würde mich sehr glücklich machen. Mach dir aber keinen Stress, sieh zu, wie weit du es schaffst.« Das hatte ich zu ihr gesagt.

Ich wusste, dass ich nach England zurückmusste, um mein Leben wieder aufzunehmen. Ich musste auf eigenen Füßen stehen, Geld verdienen, das ich für Deckyi sparen konnte, auch wenn es im Grunde genommen unmöglich war, in England etwas auf die Seite zu tun, denn das Leben dort war unglaublich teuer. Schließlich schaffte ich es wenigstens, ihr über die Schule ein Taschengeld zu schicken, das ich sie mit Dolga zu teilen bat. Es waren einhundert Rupien in der Woche, genug, um sich Süßigkeiten und ein paar andere Dinge zu kaufen. Es war nicht viel, aber es war unendlich viel mehr, als ich selbst damals gehabt hatte.

Zurück in England rief ich Deckyi regelmäßig an, fragte, wie es ihr in der Schule ginge, und hielt mich auf dem laufenden. Oft sprach ich mehr mit Dolga als mit Deckyi. Dolga war die Redseligere von den beiden.

Es war für mich nach wie vor eine riesige Erleichterung, dass ich Kontakt mit meiner Tochter hatte, gleichzeitig aber fühlte ich mich nach jedem Telefongespräch mit ihr schlechter. Das war eine neue Art der Qual für mich. Solange ich nicht wusste, wo sie war und was sie machte, konnte ich mein Leben selbständig führen. Jetzt war Deckyi immer um mich herum, sie besetzte mein Leben. Wenn ich ein Stück Schokolade aß, dachte ich daran, wie sehr Deckyi sich darüber freuen würde, wenn ich in einem Park spazierenging, stellte ich mir vor, ob es Deckyi hier gefallen würde, wenn ich Kleider kaufen ging, wünschte ich mir, meine Tochter sei hier, um mit ihr die Geschäfte zu durchstöbern.

Ich konnte nicht wieder bloß an mich denken. Aber ich konnte auch nichts für sie tun, denn sie war weit weg. Sie musste die Schule ohne weitere Unterbrechung beenden, und auch wenn ich ihr gesagt hatte, dass sie nach England kommen könnte, was ihr zu gefallen schien, so wäre das im Augenblick gar nicht möglich gewesen, weil ich die britische Staatsbürgerschaft nicht besaß.

Ich wünschte sie mir aufrichtig herbei und wollte ihr alle Möglichkeiten eröffnen, die auch ich jetzt hatte, aber gleichzeitig machte ich mir Sorgen, dass ich ihr zu nahe treten könnte. Sie hatte viel durchgemacht, und ich wollte sie nicht noch einmal fallenlassen.

Ich wusste, dass sie emotional gestört war, und ich wollte ihre Probleme nicht noch vergrößern. Doch war das kein Grund, sie allzusehr zu verzärteln. Als Deckyi mir sagte, dass ihre Schulnoten schlechter geworden seien, antwortete ich ihr, dass sie dann nie nach England kommen könnte. Leute mit schlechten Schulnoten dürften nicht einreisen! Das stimmte natürlich nicht, aber der Trick funktionierte; sie setzte sich hin, und im nächsten Zeugnis waren ihre Noten viel besser.

Die strikte Disziplin, mit der ich aufgewachsen war, hatte mir in meinem Leben geholfen, auch wenn ich sie damals hasste. Heute merkte ich, dass ich dadurch die Stärke bekommen hatte, alle Krisen zu überleben. Ich wollte Deckyi diese Möglichkeit nicht vorenthalten.

Kapitel 13

Blutsbande

Alles schien zur gleichen Zeit zu passieren. Ich kam eines Abends nach einem Auftritt bei einem Folkfestival in Wales nach Hause zurück, als Michael zu mir kam und sagte: »Jemand hat dir einen Brief aus China geschrieben.«

»Das ist unmöglich. Ich kenne niemanden in China«, antwortete ich.

Aber tatsächlich, auf dem Brief war eine chinesische Briefmarke. Neugierig riss ich den Umschlag auf. Darin stand nur ein einziger Satz: »Ich bin deine Schwester Lackchung Dolka, und das ist meine Telefonnummer.«

Ich schluckte. Ich hatte meine kleine Schwester, die zehn Jahre jünger war als ich, nur zweimal in meinem Leben gesehen. Das erste Mal, als sie noch ein Baby war, und das zweite Mal bei einem meiner seltenen Besuche in Yarlung, damals war sie vier Jahre alt. Das alles war vor meiner Flucht aus Tibet gewesen und mittlerweile Jahrzehnte her. Die ganze Zeit über hatte ich nie etwas von ihr oder irgend jemand anderem aus meiner Familie gehört. Sie hatte aus Tibet geschrieben, wo man jetzt natürlich chinesische Briefmarken verwendete. Wie in aller Welt hatte sie mich ausfindig gemacht?

Ohne einen Moment zu zögern, wählte ich die Nummer, die in dem Brief angegeben war. Ich hatte keine Ahnung, wie spät es dort jetzt war, es war mir auch egal. Am anderen

Ende war eine sehr angenehme Stimme zu hören, es war Lackchung.

»Ich bin's, Soname«, sagte ich.

»O mein Gott«, sagte sie.

Dann sagten wir beide »Hallo« und brachen in Tränen aus.

Keine von uns brachte irgendein Wort heraus, so überwältigt waren wir und so glücklich, dass wir uns gefunden hatten.

»Wir haben die ganzen Jahre nicht gewusst, ob du noch lebst oder tot bist«, sagte Lackchung.

In den folgenden Wochen rief ich oft an, und alle Tanten, Onkel und Cousinen wurden ans Telefon gerufen. Alle sagten sie nur »Hallo«, und dann weinten sie. Es war wie ein Wunder. Ich hätte nie gedacht, dass ich jemals wieder mit meiner Familie sprechen würde. Es war, als wären sie von den Toten auferstanden. Unsere Telefonrechnung betrug in diesem Vierteljahr sechshundert Pfund, aber jeder Penny davon war gut angelegt.

Wie hatte meine Schwester mich ausfindig gemacht? Ich hatte von Zeit zu Zeit aus Indien meinem Vater Briefe geschickt, die ich Leuten mitgab, die nach Tibet zurückgingen. Ich wollte ihn wissen lassen, wo ich war, was ich machte und dass es mir gutging. Ich wusste nie, ob diese Briefe ihn jemals erreichten, denn ich erhielt nie eine Antwort. Als ich in England war, schrieb ich ihm weiterhin – es ginge mir gut und die Gegend sei schön. Dass ich einen Engländer geheiratet hatte oder dass ich als Sängerin auftrat, erwähnte ich nicht. Er wäre ausgerastet, wenn er das gewusst hätte.

Durch den Kontakt mit meiner Schwester erfuhr ich, dass

mein Vater alle meine Briefe bekommen hatte. Sie waren in holpriger Sprache verfasst, grammatikalisch schlecht, wie ich es in Indien eben gelernt hatte. Er hatte alle Briefe aufgehoben und sie hinter der Holzvertäfelung in seinem Haus versteckt. Eines Tages hatte mein Vater meiner Schwester Lackchung von den Briefen erzählt und auch gesagt, dass ich irgendwo in Indien lebte. Meine Schwester, die inzwischen verheiratet war und deren Schwiegervater geschäftlich immer wieder nach Indien fuhr, bat ihn, ihr alle Briefe zu geben, damit ihr Schwiegervater bei einer seiner nächsten Reisen nach Indien nach mir suchen konnte. Also brachte er ihr die Briefe, doch beim Durchlesen stellten sie fest, dass ich gar nicht mehr in Indien lebte, sondern nach England gegangen war. Sofort setzte meine Schwester sich hin und schrieb mir jenen Brief.

Mein Karma war unglaublich. Jahrelang waren meine Familie und meine Tochter verschwunden und dann, innerhalb weniger Monate, hatte ich beide wiedergefunden!

Nachdem sich die anfängliche Aufregung ein wenig gelegt hatte, rief ich in regelmäßigen Abständen an. Ich hatte eine günstige Telefonverbindung ausfindig gemacht, bei der mich die Minute nur einen Pence kostete. Das war phantastisch. So konnte ich sorglos stundenlang telefonieren und meine Schwester und meine Verwandten auf diese Weise ein bisschen besser kennenlernen. Ihnen war es praktisch nicht möglich, mich anzurufen. Sie hätten dafür eine Kaution von dreitausend Yuan, das entspricht etwa dreihundert Euro, bei der lokalen Telefongesellschaft hinterlegen müssen. Das war für sie ein enormer Betrag, ein ganzer Monatslohn. Nach dem Telefonat hätten sie dann den nicht verbrauchten Betrag zurückerstattet bekommen. Wer konnte sich so einen Luxus leisten? Offenbar war das Leben in Tibet um keinen Deut einfacher geworden.

Ich nahm begierig alle Neuigkeiten auf – alles, was sie mir am Telefon erzählen konnten. Die Leitungen wurden abgehört, und man musste darauf achten, nichts zu sagen, was auch nur im entferntesten nach Politik oder Aufwiegelung klang. Das hätte sie sofort ins Gefängnis gebracht. Also beschränkten wir uns auf sichere Themen und sprachen nur über Familienangelegenheiten. Ich erfuhr, dass meine Schwester jetzt in Lhasa war und einen Arzt geheiratet hatte, der tibetische Medizin praktizierte. Sie hatte bereits ein Kind, ein kleines Mädchen, ein Jahr alt. Lackchung erzählte mir, dass sie in einer Fabrik arbeitete, wo man Teppiche mit komplizierten tibetischen Motiven webte. Zehn Arbeiterinnen brauchten drei Monate für die Fertigstellung eines einzigen Teppichs. Sie war eine gute Arbeiterin, aber die Bezahlung war sehr schlecht.

Ich erfuhr, dass mein Vater und meine Brüder immer noch in Yarlung lebten. Meine beiden Brüder waren verheiratet, hatten Kinder und betrieben beide Landwirtschaft. Mein Vater war alt geworden und stürzte immer wieder. Vor kurzem war er die Treppe hinuntergefallen und hatte sich schwer verletzt. Sie hatten ihn ins Krankenhaus gebracht, wo sie ebenfalls eine große Summe im voraus bezahlen mussten, bevor man ihn überhaupt aufnahm und behandelte. Mein Vater konnte sich das nicht leisten, also übernahm der Mann meiner Schwester die ganze Rechnung. Wenn man arbeitslos oder arm war, bekam man einfach keine medizinische Behandlung, sagte meine Schwester.

Es waren schlimme Verhältnisse, denn immer mehr Stellen wurden von den Chinesen besetzt, und Tausende Tibeter waren ohne Arbeit. Ich beschloss, mich nie wieder über das britische Gesundheitswesen zu beschweren. Hier bekam wenigstens jeder einen Arzt zu sehen, wenn er krank war, egal ob arm oder reich.

Ich erzählte von meiner Hochzeit, von meiner Karriere als Sängerin und von meiner Tochter. Aber ich ging dabei nicht allzusehr ins Detail. Ich wollte sie nicht mit all dem Ärger belasten, den ich hinter mir hatte. Auf keinen Fall konnte ich ihr etwas von meiner Flucht erzählen oder vom Dalai Lama, den die chinesische Propaganda als Reinkarnation des Teufels darstellte. Hätte ich nur seinen Namen erwähnt, geschweige denn berichtet, dass ich ihn getroffen hatte, wären sie alle in größte Schwierigkeiten gekommen. Ich hatte Mitleid mit meiner Schwester und all den Tibetern, die unter diesen schrecklichen Bedingungen ihr Leben fristen mussten. Das Leiden im Lande schien kein Ende zu nehmen.

Durch die regelmäßigen Anrufe bei meiner Schwester und meiner Tochter wuchs der Wunsch, sie zu sehen. Natürlich war ich glücklich hier in England, aber es gibt nichts Stärkeres als die Bande des Bluts, zumal da ich praktisch mein ganzes Leben von meiner Familie getrennt gewesen war.

Da mein Visum abgelaufen war, hatte ich meine Tochter seit unserem letzten Treffen nicht mehr gesehen, aber Ende 2004 bekam ich endlich einen legalen Aufenthaltsstatus in Großbritannien und konnte endlich wieder reisen. Es war eine komplizierte Angelegenheit, aber ich schaffte es, mich mit Deckyi und meiner Schwester in Delhi zu verabreden. Meine Schwester hatte Tibet nie verlassen, aber sie war berechtigt, Reisedokumente zu beantragen, die ihr einen

Aufenthalt in Indien ermöglichten. Ich lieh bei der Bank tausend Pfund, und im Dezember 2004 flog ich zur großen Familienzusammenführung.

Treffpunkt war das Haus von einem Freund des Mannes meiner Schwester in Majnu Katilla. Dort ist die tibetische Kolonie in Delhi, wo die Flüchtlinge über die Jahre zusammengekommen waren und ihre Geschäfte, Hotels und Restaurants eröffnet hatten.

Als mein Flugzeug auf dem Indira-Gandhi-Flughafen landete, hatte ich keine Vorstellung davon, was aus diesem Besuch in Indien entstehen würde. Mein Leben erschien mir wie eine einzige lange Reihe nervenaufreibender Abenteuer. Würde meine Tochter jetzt etwas mehr auf mich zugehen, nachdem sie Zeit gehabt hatte, sich an die Vorstellung zu gewöhnen, dass es in ihrem Leben eine richtige Mutter gab? Würden wir uns jetzt näherkommen? Und wie würde es mit meiner Schwester sein? Würde sie eher konservativ und zurückhaltend sein, wie es sich für eine wohlerzogene tibetische Frau gehörte, oder eher unkonventionell, so wie ich? Würden wir überhaupt eine gemeinsame Basis finden, da wir doch so unterschiedliche Leben gelebt hatten?

Selbst unter viel besseren Vorzeichen können Familientreffen eine riskante Angelegenheit sein, denn es sind immer starke Gefühle im Spiel, die nur knapp unter der Oberfläche lauern. Was aber hier auf mich zukam, war ziemlich unberechenbar.

Ich verlief mich in den engen, verwinkelten Gassen von Majnu Katilla, und auch mein Gepäck, das auf einer Rikscha transportiert wurde, ging wieder einmal verloren. Schließlich fanden jedoch sowohl meine Koffer als auch ich das Haus, in dem meine Familie auf mich wartete. Der vereinbarte Treffpunkt lag über einem kleinen Lebensmittelladen. Ich kam zur Tür herein, und alle Gesichter hellten sich auf vor Freude und Überraschung. Es war eine wunderbare Begrüßung, eine fröhliche Versammlung aller Geister der Vergangenheit. Auf engstem Raum drängten sich meine Schwester, ihr Schwiegervater, ihre Nachbarn aus Lhasa, eine Freundin von ihr, die alle aus Tibet angereist waren, und meine Tochter Deckyi, ihre Cousine Dolga und die Besitzer des Hauses. Meine Schwester stürzte auf mich zu, wir fielen uns in die Arme und küssten uns auf den Mund. Wir wussten beide, dass wir uns in dieser Situation nicht zurückzuhalten brauchten. Irgendwie hatte ich das Gefühl, noch einmal meine Mutter zu umarmen. Ich war heimgekehrt.

Lackchung Dolka war so klein wie ich, sie war schlank, ihre Haare reichten bis zur Mitte ihres Rückens, und sie war so ausnehmend schön wie am Tag ihrer Geburt, als mein Vater sie nach einer Göttin benannte. Ich war erstaunt, dass sie so westlich daherkam, sie trug Jeans und ein T-Shirt und verwendete Make-up. Sie sah moderner aus als ich. Das hatte ich nicht erwartet. Ich trage meist einen Rock oder eine tibetische Chuba, und Make-up benutze ich nur auf der Bühne, und auch dann nur ein bisschen Rouge.

Der Empfang durch meine Tochter war deutlich zurückhaltender – sie sah kaum vom Fernseher auf, als ich ins Zimmer kam. Ganz offensichtlich war sie immer noch nicht wieder in Verbindung mit ihren Emotionen. Dolga hingegen kam auf mich zu und umarmte mich, was meine Tochter in keinster Weise zu stören schien. Kein Zeichen von Eifersucht, nichts. Ich hätte mir so gewünscht, dass die beiden die Rollen getauscht hätten. Deckyi war sehr cool. Vielleicht taute sie auf, wenn ich ihr mehr Zeit gab, dachte ich.

Wir hatten geplant, nach Bodhgaya zu fahren. Das ist der Ort, an dem Buddha vor zweitausendfünfhundert Jahren seine Erleuchtung unter dem Bodhibaum hatte. Für Buddhisten ist das der heiligste Platz auf der ganzen Welt. Vor seinem Tod sollte jeder Buddhist nach Möglichkeit eine Pilgerreise dorthin machen, aber nur die reichsten Tibeter konnten sich das leisten. Dezember, mitten im Winter, war die beste Zeit für eine solche Reise, denn Bodhgaya liegt in Bihar im Nordosten Indiens, dem heißesten, ärmsten und korruptesten Bundesstaat des ganzen Subkontinents. Seit den Zeiten des Buddhas hatte sich die Gegend zu einer gefährlichen und schmutzigen Ecke entwickelt, und niemand käme auf die Idee, freiwillig dorthin zu gehen, außer aus spirituellen Gründen.

Wir quetschten uns in den Zug und besetzten ein ganzes Abteil, wo wir es uns gemütlich machten und die dreitägige Reise genossen. Alle waren lustig und lachten, man tauschte die aktuellen Neuigkeiten aus – eine typische tibetische Pilgergruppe. Selbst Deckyi und Dolga schienen ihren Spaß zu haben. Sie hörten Hindimusik auf ihrem Walkman, den ich aus England mitgebracht hatte. Ich hatte auch meine CD mitgebracht, um meiner Familie die Musik vorzuspielen, die ich selbst komponiert hatte. Nach kurzer Zeit konnten sie die Stücke mitsingen, und wir sangen gemeinsam. Dabei merkte ich, dass meine Schwester eine hervorragende Stimme hatte.

Kurz nach der Grenze von Bihar hielt der Zug plötzlich mitten in der freien Landschaft an, und wir schauten zum Fenster hinaus, um zu sehen, was los war. Draußen rannten Männer, die sich Tücher vors Gesicht gebunden hatten, den Zug entlang. Die berüchtigten Straßenräuber, die den gesamten Bundesstaat terrorisierten, hatten die Gleise gesprengt und den Zugführer bewusstlos geschlagen. Er lag blutüberströmt neben den Schienen. Wir waren völlig verängstigt und schlossen uns sofort in unserem Abteil ein. Immer wieder kam es vor, dass die Banditen Pilger auf dem Weg nach Bodhgaya ausraubten – eine leichte Beute für die Verbrecher. Warum bloß musste mein Leben immer so dramatisch verlaufen! Ein Reporter der BBC, der ebenfalls im Zug war, fing an, das Ganze zu filmen.

Der Zug fuhr jetzt rückwärts und entfernte sich von der Gefahrenzone, aber das konnte uns nicht wirklich beruhigen. Dann blieb er wieder stehen, erneut in einer gottverlassenen Gegend. Dort standen wir stundenlang. Inzwischen hatten wir alle ziemlichen Hunger und Durst, da seit langer Zeit keine fliegenden Händler mehr an unseren Fenstern vorbeigekommen waren, die den Fahrgästen Speisen und Getränke verkauften.

Plötzlich fuhr der Zug langsam vorwärts, stoppte dann aber wieder und bewegte sich in die andere Richtung zurück. So ging es unendlich lange hin und her. Ich hatte das Gefühl, dass wir eher zurück als nach vorne fuhren, und hätte mich nicht gewundert, wenn wir plötzlich wieder in Delhi gelandet wären. Glücklicherweise war es den Banditen nicht gelungen, in den Zug einzudringen.

Schließlich, am fünften Tag unserer Reise, fuhren wir im Bahnhof von Gaya ein, einer Stadt in der Nähe von Bodhgaya. Es war zwei Uhr morgens, und niemand hatte es gewagt, den Zug zu verlassen, da alle Angst vor weiteren Überfällen hatten. Die Polizei, so sagte man uns, sei machtlos, da sie selbst zuviel Angst vor den Banditen hatte. Wir stapelten unser gesamtes Gepäck auf einen großen Haufen und setzten uns im Kreis darum herum, ohne es für eine Sekunde aus den Augen zu lassen. Einer ging los und holte etwas zu essen und Getränke. So warteten wir fünf Stunden bis Sonnenaufgang, während uns die Moskitos fast zu Tode stachen.

Endlich wurde es hell, und wir wagten uns nach draußen, um mit Taxis nach Bodhgaya zu fahren. Das gestaltete sich schwieriger als erwartet, weil die Fahrer zunächst immer nur einen von uns je Wagen mitnehmen wollten. Offensichtlich hatten wir es mit einem Taxikartell zu tun. Bihar machte seinem Ruf alle Ehre.

Bei der Ankunft in Bodhgaya hatte ich das Gefühl, den Niederungen der Hölle entronnen und im Himmel angekommen zu sein. Es war zugegebenermaßen ziemlich heruntergekommen, überall lungerten Bettler herum, die um Almosen baten, aber dennoch war an diesem Ort der Frieden spürbar, und alles war durchdrungen von einer mächtigen spirituellen Kraft. Der Buddha musste hier wirklich etwas ganz Außerordentliches erlangt haben, dachte ich, da man es noch Jahrtausende danach spüren konnte. Mit meinen Füßen denselben Boden zu berühren, auf dem Buddha gegangen war, flößte mir Ehrfurcht ein.

Nachdem wir unser Hotel bezogen hatten, gingen wir sofort zu der Stelle, an der Buddha nach Jahren intensiven spirituellen Lebens sich unter den Bodhibaum gesetzt und so lange meditiert hatte, bis er Erleuchtung fand. In diesem Augenblick hatte er der Welt gezeigt, was ein Mensch erreichen kann – er zeigte uns damit das ungeheure Potential, das in unser aller Geist liegt.

Am Ort der Erleuchtung war ein riesiger steinerner Stupa errichtet worden, der eine große Buddhastatue barg, und während ich zur Rückseite dieses monolithischen Bauwerks ging, sah ich zu meinem großen Erstaunen, dass ein Nachkomme des ursprünglichen Bodhibaums immer noch an dieser Stelle wuchs. Der Baum war eingezäunt, aber Pilger hatten Gebetsfahnen über den Zaun geworfen, die jetzt in seinen Ästen hingen und in der leichten Brise flatterten. Ich setzte mich hin und meditierte. Angesichts der Kraft dieses Ortes fühlte ich mich klein und war voller Demut.

Lackchung und ich kamen besser miteinander zurecht, als ich es mir jemals hätte träumen lassen. Jeden Morgen, wenn ich aufwachte, freute ich mich darauf, sie zu sehen. Sie war eine sehr friedfertige Frau, sehr feminin und sehr fein. Zu meiner großen Freude hatte sie Briefe von meinen Brüdern mitgebracht. Es tat gut, von ihnen zu hören. Sie schickten mir ihre Grüße und schrieben: »Wir sind sehr stolz auf dich, auf alles, was du für dich erreicht hast. Es ist schön zu hören, dass du noch genauso verrückt bist wie früher!«

In den kommenden vier Wochen gelang es mir, einen Eindruck von Tibet zu bekommen, wie es sich seit meinem Weggang entwickelt hatte. Ich erkannte das Land fast nicht mehr wieder, so sehr hatte es sich zum Schlechteren verändert. Die Frauen bleichten sich jetzt ihre Haut mit kosmetischen Mitteln, um heller auszusehen. Weiße Haut galt mehr als die natürliche dunkle Hautfarbe der Tibeter. Ich fand das schockierend, denn die Frauen Tibets waren immer stolz auf ihr Erscheinungsbild gewesen. Auch fand ich es erschrekkend, dass den Nomaden verboten worden war, mit ihren Herden durch das Land zu ziehen; sie mussten sich jetzt in einem begrenzten Gebiet aufhalten. Die Folge war, dass ihre Yaks und ihre Schafe Hungers starben. Damit war das Ende der traditionellen Lebensweise eingeläutet.

Meine Schwester berichtete, dass es sehr schwer sei, Arbeit zu finden, außer für Chinesen, die bei der Vergabe von Arbeitsplätzen immer an erster Stelle kamen. Oder man hatte Geld, um die richtige Person zu bestechen und ihr einen Kühlschrank oder ein großes Fernsehgerät zu schenken. Die Jugendlichen tranken viel, weil sie keine Perspektive hatten. Bauern wie meine Brüder verdienten nicht genug, um ihre Kinder in die Schule zu schicken, und mussten nebenher in anderen Jobs arbeiten. Man musste jetzt für jede Schule in Tibet Schulgeld bezahlen ...

Je mehr meine Schwester erzählte, um so schlechter fühlte ich mich. Das Schlimmste aber war für mich, dass es immer noch keine Informations- und Redefreiheit in Tibet gab. Die Menschen wussten daher gar nicht, was in ihrem eigenen Land vorging. So wusste beispielsweise niemand in Tibet von dem Skandal, dass die kindliche Reinkarnation des Panchen Lama verschwunden war – gekidnappt von den Chinesen, die den Jungen irgendwo in China versteckt hielten. An seine Stelle hatten sie eine ihrer Marionetten gesetzt.

Wer sich in politische Angelegenheiten einmischte, musste mit dem Schlimmsten rechnen. Für Diebstahl oder Vergewaltigung gab es nur leichte Strafen, aber wenn man über den Dalai Lama sprach oder friedlich demonstrierte, wurde man gefoltert und für Jahre ins Gefängnis geworfen. Wer die göttlichen Wahrheiten des Buddha predigte, hatte sofort die Soldaten im Haus, wurde als Terrorist beschimpft und mit dem Tode bedroht, wie es erst vor kurzem dem außergewöhnlich tapferen Mönch Tenzin Gellek widerfahren war. Zwar durften die Menschen beten, das Cora praktizieren und um die Tempel herumgehen, und in den Schulen gab es einen allgemeinen Religionsunterricht, der auf Prinzipien der Moral basierte. Aber jede Verbreitung der tiefen spirituellen Wahrheiten, die den Kern des tibetischen Buddhismus bilden, zur Übung der eigenen Weisheit anleiten und die Schönheit des Mitgefühls lehren, wurde als Hochverrat verfolgt. Die staatlichen Autoritäten fürchteten sich vor der Kraft der wahren Religion.

Im Gegenzug erzählte ich meiner Schwester von all den tragischen Dingen, die mir widerfahren waren. Was sie zu hören bekam, ließ ihr die Tränen übers Gesicht laufen. Sie hatte nie eine solche Armut gesehen, wie sie hier in Indien herrschte, und konnte sich jetzt vorstellen, wie verzweifelt und verängstigt ich damals gewesen sein musste.

»Du Arme, was du alles durchgemacht hast. Es muss die Hölle gewesen sein – und keine Familie, die dich unterstützt hätte«, sagte sie.

Dann fragte ich sie, ob sie sich noch an unsere Mutter erinnern könne, aber sie hatte keine Erinnerung an sie. Ihre Antwort war für mich sehr erhellend. Lackchung war vier gewesen, als unsere Mutter starb – Deckyi war noch nicht ganz drei Jahre alt, als ich sie ihren Großeltern übergab. Auch sie konnte keine Erinnerung mehr an mich haben. Jetzt verstand ich ihr Verhalten besser als zuvor.

Aber das machte die Sache auch nicht einfacher. Deckyi blieb weiterhin schwierig und zeigte wenig Neigung zur Kooperation. Sie saß im Hotelzimmer, schaute Fernsehen oder hatte ihren Walkman auf und zeigte absolut kein Interesse, sich uns anzuschließen, wenn wir die heiligen Stätten besichtigten. Ihr Mangel an Antrieb machte mir Sorgen. Sie kam nicht einmal mit uns zu den Mahlzeiten – ich musste ihr das Essen aufs Zimmer bringen.

Ich versuchte mein Bestes, sie aus sich herauszulocken,

aber nach einer Weile gab ich es auf und überließ sie sich selbst. Ich zog mit den anderen los und ließ Dolga und Deckyi mit etwas Geld im Hotel zurück. Dolga ging los und kaufte etwas zu essen, das sie dann auf dem Zimmer aßen. Dolga wurde zu einer Art Dolmetscherin für Deckyi, und Deckyi teilte sich nur mehr über sie mit.

»Was willst du machen? Du kannst niemanden zwingen, dich zu lieben«, meinte meine Schwester.

Sie hatte natürlich recht, aber es war dennoch schwer für mich. Einmal legte ich abends meine Hand auf Deckyis Knie. Sie stieß mich weg. »Ich mag solche Zärtlichkeiten nicht!« sagte sie.

Mir fiel auf, dass Dolga und sie sich dauernd berührten und in den Arm nahmen. Ich bin nicht besitzergreifend und auch nicht eifersüchtig, aber die Zurückweisung meiner Tochter schmerzte mich sehr. Ich ging auf die Dachterrasse des Hotels, und in der Dunkelheit unter den Sternen fing ich an zu weinen. Wenn du selbst einmal Kinder hast, wirst du die Gefühle einer Mutter verstehen und auch wissen, wie sehr sie ihr Kind liebt, dachte ich.

Als meine Tränen versiegten, wurde ich philosophisch und sah die Dinge klarer und mehr in einer spirituellen Weise: Lass sie gehen, sagte ich mir. Ich liebe meine Tochter sehr, und ich werde das Beste für sie tun, aber schlussendlich ist jeder von uns selbst für sein Leben verantwortlich. Das gilt auch für Deckyi. Wir müssen alle unser eigenes Karma abarbeiten, und jeder hat sein eigenes Leidensmuster. Niemand ist ohne Probleme, auch Millionäre haben welche. Unsere Bestimmung als Menschen ist es, geboren zu werden, zu altern und zu sterben, folglich endet jede Beziehung in einer Trennung. Wenn wir dieses Leben verlassen, sind wir allein, wir tragen das mit uns, was wir geschaffen haben, und es macht keinen Sinn, sich an etwas zu hängen – es führt nur zu Schmerz. Diese Überlegungen halfen mir, die Dinge in Relation zu sehen, und als ich wieder vom Dach herunterkam, fühlte ich mich ruhiger.

Eine andere große Enttäuschung betraf Deckyis Ausbildung. Wie sich herausstellte, war der Unterricht in Mussorie nicht sehr gut. Sie konnte kaum Englisch, und es wurde deutlich, dass sie auch in den anderen Fächern hinterherhinkte. Es schien, als sei der größte Wunsch, den ich für ihre Zukunft hatte, geplatzt. Ich beschloss, sie statt dessen in der privaten internationalen Schule in Mussorie unterzubringen. Die Schule hieß Woodstock, hatte hohe Standards, und das Schulgeld für Deckyi würde ich schon irgendwie auftreiben. Als erstes sorgte ich am Ende unserer Reise nach Bodhgaya dafür, dass sie eine Aufnahmeprüfung machen konnte.

Auch körperlich war Deckyi in eher schlechtem Zustand. Als ich eines Tages ihr Haar kämmte, merkte ich, dass ihr Kopf voller Läuse war. Überall auf der Kopfhaut waren Eier und fürchterliche Pickel. Sie sagte mir, das sei normal in ihrer Schule, Dolga habe ebenfalls Läuse. Die Lehrer hätten versucht, die Läuse mit Hilfe von sehr heißem Wasser, Salz und irgendeiner Seife loszuwerden, aber alles, was sie damit erreichten, war, dass dadurch die Haarwurzeln ausgebleicht wurden. Ich verbrachte Stunden damit, mit einem ganz feinen Kamm durch ihr extrem dickes Haar zu kämmen, um auf diese Weise die Läuse zu entfernen. Ich wollte, dass sie bei ihrer Aufnahmeprüfung einen passablen Eindruck machte. Ihr Körper war übersät mit wunden Hautstellen, die die Folge irgendeiner unbekannten Krankheit sein mussten. Ich beschaffte mir ein Antibiotikum, das tatsächlich gegen die Krankheit half. Allerdings behielt sie Narben davon zurück.

Nach einem Monat war unsere gemeinsame Zeit vorüber, und ich brachte Deckyi und Dolga zu ihrer Schule zurück. Ich blieb noch so lange da, bis Deckyi ihre Aufnahmeprüfung gemacht hatte. Leider bestand sie die Prüfung nicht – sie war zu weit hinterher in dem Stoff. Unter diesen Umständen konnte ich momentan nichts mehr für sie tun, obwohl ich den Traum, ihr eine vernünftige Ausbildung zu ermöglichen, ganz gewiss nicht aufgegeben hatte. Schweren Herzens, aber auch ein wenig resigniert, verabschiedete ich mich von meiner Tochter und fuhr mit dem Bus zu meiner Schwester und den anderen Reisegefährten, die bereits nach Dharamsala gefahren waren, um den Dalai Lama zu hören.

Die Menschen strömten zu Hunderten in den Tempel des Dalai Lama und verteilten sich im Vorhof, Tibeter ebenso wie Menschen aus dem Westen. Es war wie ein großes Fest. Diejenigen Tibeter, die monatelang gelaufen waren, um hierherzukommen, und die all ihre Ersparnisse für diese einmalige Erfahrung drangegeben hatten, waren leicht zu erkennen: Die Frauen hatten rosige Wangen, und die braunen Gesichter der Nomaden waren gegerbt von Wind und Wetter und durchzogen von Lachfalten. Männer, so alt wie mein Großvater, mit langen weißen Haaren, drehten ihre Gebetsmühlen, und es lag eine Stimmung freudiger Erwartung in der Luft – als wären wir alle spirituell ausgehungert und wüssten, dass wir gleich Nahrung bekommen würden.

Wie alle Tibeter war auch meine Schwester völlig aus dem Häuschen, als sie den Dalai Lama zum ersten Mal erblickte.

»Mein Gott, kein Wunder, dass du so spirituell geworden

bist«, war ihr Kommentar. »Eine solche Erfahrung werden wir nie wieder machen.«

Da verstand ich, dass es ein großer Verlust für Tibet, aber ein großer Gewinn für die Welt war. Wären die Chinesen nicht einmarschiert und hätten den Dalai Lama ins Exil gezwungen, wäre die Welt nie mit diesem großen Mann in Kontakt gekommen, und sie wäre heute ärmer.

Ich fühlte mich jetzt tapfer und stark genug, nach Ngawang Panchen, dem Mönch mit der Taschenlampe, zu suchen, der mich im Gebüsch entdeckt hatte, als ich gerade im Begriff stand, vor meiner Flucht die Flucht anzutreten, und der mich auf dem Rücken getragen hatte, als ich nicht mehr weiter konnte und sterben wollte. Ich hatte es nicht gewagt, mit ihm Kontakt aufzunehmen, als ich noch in Dharamsala lebte, weil ich nicht wollte, dass er von Deckyi erfuhr und davon, dass ich verlassen worden war, auch sollte er nichts von der skandalösen Affäre mit dem Mann aus Amdo erfahren, die meinen Ruf schwer geschädigt hatte. Damals war ich einfach zu erregt und wütend gewesen, aber inzwischen waren zehn Jahre vergangen, und ich wollte ihn wiedersehen.

Ich stellte ein paar Erkundigungen an und fand ihn im Nechung-Kloster am Fuß des Berges, auf dem der Haupttempel steht. Wir sahen uns an und lächelten. Wie sich herausstellte, war er sich über all die Jahre treu geblieben und auf seinem Weg weiter vorangegangen. Das war nicht jedem geflohenen tibetischen Mönch beschieden, der mit den Verlockungen der Welt draußen in Kontakt kam.

Ngawang Panchen und ich setzten uns hin und redeten und gingen unsere unglaubliche gemeinsame Reise noch einmal miteinander durch. Im Rückblick wirkte das Ganze irreal, als wäre es nie geschehen. Wir erinnerten uns an die Entbehrungen, die wir durchlittten hatten, und lachten über die Geschichte, als mich die Gruppe verloren hatte, weil ich zurückgeblieben war, um mein Geschäft zu verrichten. Wir hatten gemeinsam viel erlebt, und ich wusste, dass das Band zwischen uns für immer halten würde.

Ich erfuhr, dass er mit dem Nechung-Orakel gut bekannt war, einem Mönch, der im Zimmer neben ihm wohnte und der als das offizielle Staatsorakel von Tibet galt. Das Nechung-Orakel ist eine besondere Institution des tibetischen Buddhismus und hat über die Jahrhunderte eine wichtige Rolle in der Politik Tibets gespielt. Der Mönch, durch den das Orakel spricht, versetzt sich in Trance und vermittelt die Botschaften der mächtigen Schutzgötter, die über das Land wachen. Wir Tibeter nehmen die nicht-materielle Welt sehr ernst! Es ist ein unglaubliches Erlebnis, das Nechung-Orakel in Aktion zu sehen. Er trägt ein spezielles Gewand und einen extrem schweren Kopfschmuck, der ihm das Genick brechen würde, wäre er nicht in Trance. Er tanzt, besessen von der Gottheit, und mit zischender Stimme gibt er Ratschläge und Vorhersagen von sich. Ein Mönch rennt hinter ihm her und versucht alles mitzuschreiben. Das Orakel weiß nicht, was es gesagt hat, und nach der Trance muss man es aus dem Tempel tragen, da es vor Erschöpfung ohnmächtig ist. Die Mönche, die für diese Aufgabe ausgewählt und ausgebildet werden, leben oft nicht sehr lange, da ihre Körper durch die Trance sehr geschwächt werden. Ich dachte mir, wie wunderbar es wäre, wenn ich Ngawang Panchen nach England einladen könnte, damit er den Menschen dort von seinem eigenen Leben und von der besonderen Aufgabe des Nechung-Orakels berichten könnte.

Als die Ferien sich dem Ende näherten, waren meine Schwester und ich uns sehr nahegekommen. Es war ein Wunder, dass wir uns wieder getroffen hatten, und als wir uns verabschiedeten, um jede wieder in ihr Leben zurückzukehren, spürte ich ganz deutlich, dass dies kein Abschied für immer sein würde.

Kapitel 14

Die Gegenwart

Nach den vier Monaten, die ich in Indien und mit meiner Familie verbracht hatte, konnte ich das Leben, für das ich mich entschieden hatte, mit neuen Augen sehen. Meine Entscheidung war richtig, es war kein Fehler, hier zu sein. England war das perfekte Land für mich! Vom Wetter einmal abgesehen, liebte ich die geistige Freiheit und das offene soziale Klima, in dem ich hier lebte. Der für den Osten typische ewige Zwang, sein Gesicht und den Anstand zu wahren, die Betonung des äußeren Erscheinungsbilds, empfand ich als schrecklichen Druck. Ich bin ein natürlicher, spontaner Mensch, und es ist mir lieber, wenn ich so sein kann, wie ich bin. Wenn ich zum Beispiel einen Streit mit Michael hatte, musste ich nicht so tun, als wäre alles in Ordnung, weder ihm gegenüber noch gegenüber unseren Freunden. Ich konnte ganz offen sagen: »Wir haben uns gestritten«, und jeder würde das akzeptieren.

Als ich nach England kam, kaufte ich jede Menge kleiner goldener Schmuckstücke auf Flohmärkten, denn für eine Frau in Indien war das wichtig – so zeigte sie ihren »Reichtum«. Aber ich trug den Schmuck nie, denn es bestand keine Notwendigkeit dazu. Schmuck bedeutete mir nichts, und so schenkte ich ihn meiner Schwester.

Ich schätze die Toleranz, mit der man hierzulande Menschen mit körperlicher und geistiger Behinderung entgegentritt, etwas, das ich im Osten nie kennengelernt hatte. Das Leben von Behinderten ist dort die Hölle. Zudem finde ich es gut, dass in England jeder sich ein besseres Leben schaffen kann, wenn er bereit ist, dafür zu arbeiten.

Auf der anderen Seite hatte ich mit einer Reihe britischer Eigenarten ein Problem, zum Beispiel mit dieser Obsession für Hitler und den Zweiten Weltkrieg. Jede Woche sah man im Fernsehen eine neue Serie über den Krieg, dabei war das doch nun sechzig Jahre vorbei, wozu also die Aufregung? Konnte man das nicht vergessen? Dabei hatte man die Lektion aus der Vergangenheit offenbar nicht gelernt. Die ewigen Bilder von Kämpfen, von Bombardierungen, von Schmerz und Leid hielten England und die anderen westlichen Länder nicht davon ab, weitere Kriege zu führen und das Elend immer von neuem zu wiederholen.

Auch diese Fixierung der Engländer auf das Bergsteigen konnte ich nicht verstehen, schon gar nicht ihre Vorliebe für den Himalaja. Wie kann man so etwas zum Zweck der Erholung machen? Warum sollte man über Berge klettern, wenn es nicht notwendig war wie bei mir und all den anderen, die ihr Leben auf der Flucht riskiert hatten. Können die Menschen aus dem Westen ihre kostbare menschliche Wiedergeburt nicht sinnvoller einsetzen? Diese Bergsteiger müssen sogar Psychologen haben, die ihnen helfen, wenn sie Angst bekommen. Es ist kein besonderer Ruhm, einen Berg zu besteigen, auch wenn es ein sehr hoher Berg ist. Wenn man sich körperlichen Herausforderungen stellen will, kann man auch in abgelegene und klimatisch schwierige Regionen gehen und armen Bauern bei der Ernte helfen. Damit hilft man wenigstens anderen Menschen, sich zu ernähren.

Immer noch rufe ich Deckyi regelmäßig an und entdecke eine kleine, aber doch wahrnehmbare Änderung in ihrer Haltung mir gegenüber: Sie wirkt etwas lebendiger und gesprächiger. Unsere gemeinsamen Ferien waren eine harte Zeit, aber es ist eine Art familiärer Brücke zwischen uns beiden entstanden. Ich weiß, dass sie noch mehr Zeit braucht. Sie ist jetzt gerade mal fünfzehn Jahre alt, und das ist ein schwieriges Alter für Mädchen, sie sind sehr verletzlich, erst recht, wenn sie so eine schwierige Familiengeschichte haben wie Deckyi. Ich hoffe immer noch, dass sie eines Tages nach England kommt, damit ich ihr all die Möglichkeiten eröffnen kann, die mir nie zur Verfügung standen. Aber es ist ihre Entscheidung. Ich habe ihr gesagt, dass sie frei wählen kann. Sie kann hierherkommen, und wenn sie will, kaufe ich für sie ein Ticket nach New York, damit sie ihren Vater sehen kann. Bis jetzt hat sie sich dazu nicht geäußert, aber ich finde, sie sollte die Möglichkeit haben, auch ihn kennenzulernen. Ich habe mit ihm nicht mehr gesprochen, seit er mir Deckyis Telefonnummer gegeben hat. Ich sehe auch keinen Anlass dafür. Er hat eine andere Frau geheiratet, und unser gemeinsames Karma ist damit beendet.

Was immer auch geschehen wird, ich bin stark. Wenn Deckyi mich ablehnt, werde ich zwar am Boden zerstört sein, aber ich werde damit umgehen können. Ich merke, dass es für mich an der Zeit ist, mich für längere Zeit zurückzuziehen. Der spirituelle Samen, der mir bei meiner ersten Begegnung mit dem Dalai Lama eingepflanzt wurde, beginnt langsam zu wachsen, und ich bin der festen Überzeugung, dass es nichts Wichtigeres im Leben gibt als die Entwicklung der eigenen spirituellen Natur. Denn was sonst kann man mitnehmen, wenn man stirbt? Aber der spirituelle Weg erfordert Liebe und Zuneigung. Wer sein Herz nicht entwickelt, für den sind religiöse Unterweisungen sinnlos. Man kann sein Leben in einer Höhle mit Meditation verbringen und die Techniken des Yogis perfektionieren, aber wer dabei nicht lieben kann, dem nützt das alles nichts.

Wenn meine Tochter zu mir kommt, werde ich diesen Wunsch jedoch hintanstellen, denn zuallererst bin ich für sie verantwortlich.

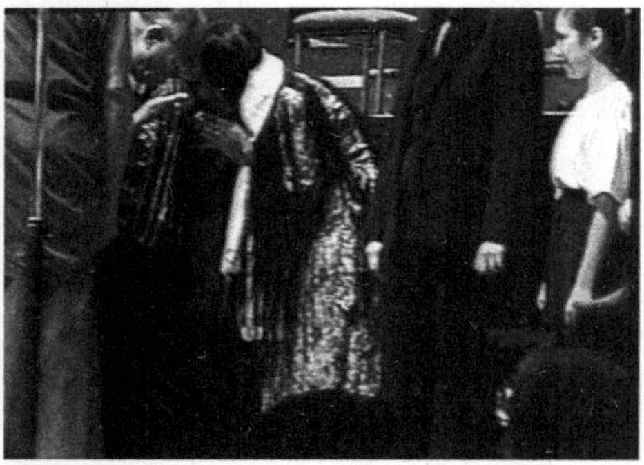

Begegnung mit dem Dalai Lama.

Ich denke nicht allzuviel über die Zukunft nach. Ich habe gelernt, dass es besser ist, für den Tag zu leben. Das Hier und Jetzt ist das einzige, was wir haben. Jeden Morgen wache ich auf und danke Buddha, dass ich am Leben bin, um einen neuen Tag zu erleben und zu beten, dass dieser Tag es wert ist, gelebt zu werden. Daher besitze ich auch sehr wenig. Ich könnte meine ganze Habe in einem Koffer unterbringen – das passt zu meinem Nomadentum und meiner tiefen Freiheitsliebe. Ich bin immer bereit aufzubrechen, falls es nötig ist. Und das ist auch gut so, denn Michael und ich haben beschlossen, uns zu trennen. Wir sind weiterhin gute Freunde, aber unsere Wege gehen in unterschiedliche Richtungen. Michael möchte reisen und mehr Zeit in Indien verbringen. Ich möchte in England bleiben.

Trotz meiner vielen und schweren Arbeit habe ich immer noch nicht viel Geld verdient – wenn ich welches habe, gebe ich es weg. Die Menschen geben mir Geld oder ich verdiene etwas, und ich gebe es sofort weiter. Da ich selbst den größten Teil meines Lebens in bitterer Armut verbracht habe, kann ich es nicht mit ansehen, wenn andere Menschen Not leiden. Ich habe dieses Jahr in Indien ein Paar kennengelernt, das Geld brauchte, um nach Australien zu reisen, und ich habe ihnen die benötigte Summe geschickt, sobald ich wieder hier war. Auch habe ich für unsere ganze Reisegruppe die Fahrt nach Bodghaya und Dharamsala bezahlt, einfach weil ich es so wollte. Nicht dass ich immer die Spendierhosen anhätte – ich kaufe meine Kleider in Secondhandläden und gehe lieber zu Fuß, als Geld für den Bus auszugeben. Aber das Geld zirkuliert und fließt, deshalb mache ich mir keine Sorgen darum. Ich weiß, dass es auch zu mir fließen wird, und ich muss mir keine Sorgen machen, dass ich verhungere. Ich werde nie wieder Angst vor Hunger oder Obdachlosigkeit haben müssen.

Mit meinen Engagements als Sängerin geht es bergauf, und es gibt Pläne für eine Tournee durch Australien und Europa. Aber ich bin da nicht sehr ehrgeizig und werde die Dinge nehmen, wie sie kommen. Inzwischen habe ich ein neues Projekt begonnen, das mir sehr am Herzen liegt: den Bau einer Klinik im Norden Indiens, das Gyuto Tantric University Hospital, in dem sowohl Mönche als auch Menschen aus der Umgebung versorgt werden sollen. Im Moment müssen die Menschen in dieser Gegend sechs Stunden mit dem Bus fahren, wenn sie medizinische Hilfe brauchen. Arme und Bettler sollen in dem neuen Krankenhaus gratis behandelt werden. Das Projekt hat die Unterstützung des Dalai Lama und des Karmapa, eines weiteren bedeutenden tibetisch-buddhistischen Lamas. In dem neuen Krankenhaus sollen sowohl westliche Medizin als auch traditionelle Heilverfahren angewandt werden. Das Grundstück ist bereits vorhanden, und ein paar großzügige deutsche Ärzte haben die Einrichtung gespendet. Nur das Gebäude muss noch errichtet werden, und die Kosten dafür belaufen sich auf über zweihundertfünfzigtausend Pfund. Wann immer es möglich ist, werde ich auftreten und singen, um Geld für dieses Haus zu sammeln.

Auch mit meiner Schwester in Tibet habe ich regelmäßigen Kontakt. Sie hat mir vor kurzem erzählt, dass unser Vater gestorben ist. Sein Ende war bemerkenswert. In den letzten Jahren seines Lebens hatte er sich zurückgezogen, um sein altes Kloster wieder aufzubauen, und das Leben eines Mönchs geführt, wenn auch als Laie. Das war der eigentliche Traum seines Lebens gewesen.

Meine Schwester erzählte mir, dass er am Tag vor seinem Tod nach Yarlung zurückgekommen sei und ein paar Dinge aus seinem Haus geholt und sich von allen Nachbarn verabschiedet habe, weil er sie nie wieder sehen würde.

»Sei nicht dumm, wir werden uns wiedersehen«, sagten sie.

Er war nicht krank und machte einen glücklichen Eindruck. Er ging zurück in sein Kloster und saß bis drei Uhr morgens scherzend mit den Mönchen zusammen, dann ging er in sein Zimmer. Als die Mönche ihn morgens aufwecken wollten, war er tot. Er lag da mit einem gelösten Ausdruck im Gesicht, ein Zeichen, dass seine Meditationen erfolgreich waren.

Ich war unglaublich traurig, als ich die Nachricht erhielt. Hätte er mir gegenüber doch nur etwas mehr Wärme gezeigt, wir hätten ein gutes Verhältnis haben können. Wenn ich ihn vor seinem Tod noch einmal gesehen hätte, hätte ich versuchen können, die Kluft zwischen uns zu überwinden. Jetzt wird es nicht mehr möglich sein.

Zum ersten Mal in meinem Leben bin ich jetzt eine ordentliche Staatsbürgerin mit einer anerkannten Identität. Am 6. Juli 2005 erhielt ich im Rahmen einer Zeremonie im Rathaus von Hove in der Nähe von Brighton die britische Staatsbürgerschaft. Ich zog mein mitternachtsblaues Cheong-Sam-Samtgewand an, das mir meine Schwiegermutter geschenkt hatte, und ging mit Michael ins Rathaus, um meine Staatsbürgerurkunde abzuholen. Ich weinte für uns alle, die wir uns dort eingefunden hatten, weil die britische Regierung allen das Recht auf Staatsbürgerschaft gab: Alten und kleinen Kindern, hässlichen Menschen und Gebrechlichen. In Asien wäre das undenkbar. Es war ein wunderbarer, ganz besonderer Moment. Mein Herz war davon berührt – das war echte Spiritualität. Sie gaben uns die Freiheit, ohne zu fragen, was wir ihnen im Austausch dafür geben würden. Sie ließen es sich sogar etwas kosten, man lud uns zu Tee, Kaffee und einem Imbiss ein, und jeder erhielt einen Füllfederhalter in einer Schachtel.

Der Tag war für mich doppelt bedeutsam, denn es war zugleich der siebzigste Geburtstag des Dalai Lama. Michael und ich gingen danach in einen Pub, um zu feiern. Der Barmann kannte mich und hielt einen Lapsang Souchong

Tee für mich bereit, da ich immer noch keinen Alkohol trinke.

Zu Hause brachte ich die Einbürgerungsurkunde sofort in einem Rahmen an der Wand an. Jetzt bin ich kein Phantom mehr!

Bei aller Liebe und Bewunderung für England sehne ich mich aber immer noch nach Tibet, meiner Heimat. Es sind nicht die Städte, die mir fehlen, es ist die Landschaft. Ich habe Sehnsucht nach den zerklüfteten Bergen, dem weiten offenen Himmel, dem Gefühl endloser Weite – nach der ganzen großen Unberührtheit der Natur. Ich möchte mein Gesicht in den schnell dahinfließenden kalten Bächen waschen und den Geschmack des klaren kalten Wassers spüren. Ich möchte auf die schneebedeckten Abhänge klettern und in einem Weidenkorb hinunterrutschen. Wie gern würde ich einfach zu meinen Nachbarn gehen und endlos mit ihnen schwatzen, ohne mich vorher mit ihnen verabreden zu müssen. Die Menschen auf dem Land in Tibet verfügen über eine Freundlichkeit und einen Nachbarschaftssinn, den ich nirgendwo sonst auf der Welt gefunden habe.

Über Jahre hinweg habe ich meine Haare gesammelt, die beim Kämmen in der Bürste hängengeblieben sind, in der Hoffnung, dass irgend jemand sie eines Tages zu dem heiligen Berg mitnehmen könnte, auf dem meine Mutter bei ihrem Himmelsbegräbnis den Vögeln übereignet wurde. Ich habe bereits eine große Tüte voll davon. Eines Tages werden sie nach Tibet zurückgebracht werden, so dass ein Teil meines Körpers zurückkehrt. Vielleicht bringe ich sie auch selbst dorthin.

Ein persönliches Wort

Jetzt und in Zukunft engagiere ich mich mit aller Kraft für die benachteiligten Menschen in Nordindien: die Ausgestoßenen, die Bettler und die tibetischen Flüchtlinge, die dort im Exil leben. Um ihnen zu helfen, habe ich Roter Lotus gegründet.

Seine Heiligkeit der Dalai Lama und Seine Heiligkeit der Karmapa haben angeregt, das Gyuto Tantric University Hospital zu bauen, das die Versorgung dieser Region in den Ausläufern des Himalaja mit allopathischer und tibetischer Medizin sicherstellen soll (www.gtuh.org).

Die nächstgelegenen Krankenhäuser befinden sich jetzt noch fünf Stunden von Dharamsala entfernt in Chandigarh beziehungsweise sogar zwölf Stunden entfernt in Neu-Delhi. Deshalb soll nun direkt vor Ort, am Exilsitz Seiner Heiligkeit, eine Klinik mit fünfzig Betten und zwei Operationssälen entstehen, an der drei in westlicher Medizin ausgebildete Ärzte und zwei nach tibetischer Heilkunst arbeitende Ärzte tätig sind.

Die medizinische Versorgung am Gyuto Tantric University Hospital wird allen Hilfsbedürftigen zur Verfügung stehen, unabhängig von ihrem Glauben oder davon, welcher Kaste oder sozialen Klasse sie angehören.

Nähere Informationen über das Projekt zur Gründung des Gyuto Tantric University Hospital und über Spendenmöglichkeiten erhalten Sie unter

www.roterlotus.org

Dank

Allen voran möchte ich Seiner Heiligkeit dem Dalai Lama danken, denn ohne Ihn wäre dieses Buch niemals geschrieben worden; Ihm ist es zu verdanken, dass Tibet in das Augenmerk der Weltöffentlichkeit gerückt ist und dass die Menschen sich für unsere Kultur interessieren.

Außerdem möchte ich Vicki Mackenzie danken, die so phantastisch zuhören kann; wir haben oft zusammen geweint während der Arbeit an diesem Buch.

Ebenfalls eine große Hilfe waren Tashi Tsering vom Amnye Machen Institute in Dharamsala, ein überragender Gelehrter und eine wandelnde Enzyklopädie für tibetische Geschichte, und sein Freund und Übersetzer Sonam Tsering von der Library of Tibetan Works and Archives.

Ein großes Dankeschön auch an meinen Agenten Ivan Mulcahy und an alle Mitarbeiter des Droemer Verlags, dass ihr an mich geglaubt habt.